KB121081

켄 윌버의

신

A SOCIABLE GOD
by Ken Wilber

Copyright ⓒ 1983, 2005 by Ken Wilber
All rights reserved.

Korean translation copyright ⓒ 2016 by Gimm-Young Publishers, Inc.
Published by arrangement with Shambhala Publications, Inc., Boston through Sibylle
Books Literary Agency, Seoul.

켄 윌버의 신

1판 1쇄 발행 2016. 3. 15.
1판 2쇄 발행 2018. 8. 27.

지은이 켄 윌버
옮긴이 조옥경·김철수

발행인 고세규
편집 황여정 | 디자인 정지현
발행처 김영사
등록 1979년 5월 17일(제406-2003-036호)
주소 경기도 파주시 문발로 197(문발동) 우편번호 10881
전화 마케팅부 031)955-3100, 편집부 031)955-3200 | 팩스 031)955-3111

이 책의 한국어판 저작권은 시빌에이전시를 통한 저작권사와의 독점 계약으로 김영사에 있습니다.
저작권법에 의해 한국 내에서 보호를 받는 저작물이므로 무단전재와 무단복제를 금합니다.

값은 뒤표지에 있습니다. ISBN 978-89-349-7384-3 03100

홈페이지 www.gimmyoung.com   블로그 blog.naver.com/gybook
페이스북 facebook.com/gybooks   이메일 bestbook@gimmyoung.com

좋은 독자가 좋은 책을 만듭니다.
김영사는 독자 여러분의 의견에 항상 귀 기울이고 있습니다.

이 도서의 국립중앙도서관 출판예정도서목록(CIP)은 서지정보유통지원시스템 홈페이지(http://seoji.
nl.go.kr)와 국가자료공동목록시스템(http://www.nl.go.kr/kolisnet)에서 이용하실 수 있습니다.
(CIP제어번호: CIP2016004986)

켄 윌버의

신

켄 윌버 지음 | 조옥경 · 김철수 옮김

김영사

4 　《켄 윌버의 신》은 2005년 샴발라 출판사에서 재발행한 켄 윌버의 《A Sociable God: Toward a New Understanding of Religion》의 완역본이다. 저자 켄 윌버는 1949년 1월생으로 현재 생존하는 미국의 가장 저명한 철학자이자 영향력 있는 사상가 중 한 사람으로 추앙되고 있으며, 21세기를 살고 있는 우리에게 무엇보다 절실하게 필요한 통합적 비전과 방법론을 명확하게 제시한 인물로 인정받고 있다. 또한 자신의 통합 모델을 정치 · 경제 · 사회 · 문화 · 교육 · 종교 등 실생활 곳곳에 어떻게 적용할 수 있는지, 적용할 경우 어떤 이점이 있는지를 상세하게 보여주고 있다. 20대 초반에 쓴 첫 번째 책을 필두로 지금까지 20여 권에 이르는 저서가 나와 있으며, 20여 개 언어로 번역되기도 했다. 우리나라에서도 10여 년 전부터 꾸준히 번역되어 현재 15권에 이르며, 학계의 관심은 물론 일반 독자들의 교양 필독서로 꼽힐 만큼 그 입지가 점점 커지고 있다.

그런 만큼 여기서 켄 윌버와 그의 저서에 대해서 새삼스럽게 길게 설명할 필요는 없겠지만, 처음 접하는 독자를 위해 촌평 몇 개를 소개하는 것은 괜찮을 것 같다.

지금까지 어느 누구도 윌버만큼 동서양의 지혜를 그토록 깊고 넓게 통합시킨 사람은 없었다.

—로버트 키건Robert Kegan

21세기는 셋 중 한 명을 택해야 한다. 아리스토텔레스냐, 니체냐, 아니면 켄 윌버냐.

—잭 크리텐든Jack Crittenden

달라이 라마를 제외하고 윌버만큼 탁월한 지성을 갖춘 사람을 만나본 적이 없다.

—프랜시스 본Frances Vaughan

5

켄 윌버는 플라톤 이래 가장 위대한 사상가 중 한 사람이다.

—짐 게리슨Jim Gerison

프로이트, 마르크스, 아인슈타인이 세계관을 바꾸어놓은 것만큼이나 켄 윌버도 머지않아 새로운 세계관의 창시자로 인식될 것이다.

—존 화이트John White

켄 윌버를 '플라톤, 아리스토텔레스, 니체, 프로이트, 마르크스, 아인슈타인' 같은 위대한 인물들과 나란히 놓고 비교하는 것이 너무 과장되고 편향된 촌평 같아 보일 수도 있겠지만, 그의 저서를 한 권씩 읽어가다 보면 저절로 머리가 끄덕여지면서 이토록 극찬한 이유를 수긍하게 된다.

윌버의 40여 년에 걸친 연구와 저술 활동은 그의 사상과 이론, 모델에서 획기적인 전환점이 되었던 시기를 기준으로 편의상 제1기(1973~1977), 제2기(1978~1983), 제3기(1983~1994), 제4기(1995~2000), 제5기(2000년 이후)로 나뉘는데, 이 책은 제2기를 마무리하고 제3기로 넘어가는 결정적인 시기에 쓰여진 책이다. 1983년 초판에 이어 1984년에도 출간된 바 있으나, 그 후 무려 20여 년이 지난 2005년에야 단행본으로 재출간되어 한동안 책을 구할 수 없었던 시기도 있었다. 2005년 판에는 본문의 절반이 넘는 장문의 머리글이 실려 있는데, 여기서 저자는 20여 년 사이에 보다 정밀해지고 확장된 자신의 통합비전을 일목요연하게 소개하면서 이를 통해 이 책의 의미를 새롭게 조명한다. 그렇기 때문에 국내 독자들에게는 늦은 감이 있긴 하지만 2005년 판의 번역본이 오히려 유리할 수도 있을 것 같다.

《켄 윌버의 신》은 1982년 여름 어느 주말 3박 4일 만에 완성된 책으로 알려져 있다. 금요일 오후에 쓰기 시작해서 월요일 오전에 완성된 원고를 출판사로 우송할 정도로 매우 짧은 시간에, 매우 강력한 지적 공간에서 거의 신들린 듯한 상태로 빠르게 작성된 책이라는 특징을 갖고 있다. 윌버의 책 쓰는 스타일은 머릿속에서 이미 완성된 책을 보통 3개월 이내에 끝낼 만큼 빠른 것으로 알려져 있지만, 3박 4일 만에 더구나 컴퓨터도 없던 시절에 이 책을 썼다는 것에는 놀라움을 금할 수 없다. 물론 이 책은 윌버의 저술 중 비교적 얇고 간결하며 요약된 형태를 취하고 있다. 그러나 반짝이는 새로운 아이디어로 가득 차 있을 뿐만 아니라 매우 압축된 내용을 담고 있어서 이것들을 풀어내고 빈곳을 채워 좀 더 완성된 그림으로 만드는 데는 상당한 노력이 필요할 것으로 보인다. 이 책은 1978년 일어났던 존스타운Jonestown의 대규모 자살 사건에 대한 반응으로 쓰여졌다는 얘기도 있지만, 그렇다 하더라도 당시 초개인심리학과 스펙트럼심리학 분야에서의 의식 연구 성과를 사회학에 불어넣으려는 것이 주목적이라고 보는 것이 옳을 것 같다. 앞서 나온《아트만 프로젝트Atman Project》와《에덴을 넘어Up from Eden》에서처럼(두 권 모두 "초개인적 관점Transpersonal View"이라는 부제가 붙어 있다) 이 책의 부제도 처음엔 "초개인사회학 개설A Brief Introduction to a Transpersonal Sociology"이었지만, 출간 직전 '초개인'을 '초월Transcendental'로 변경했는데, 이는 윌버가 1980년대 초반 이미 초개인심리학의 한계를 꿰뚫어보고 자신의 통합적 비전을 수립하기 위해 거리를 두기 시작했음을 보여주는 결정적인 사례라고 할 수 있다. 지금이라면 아마도 "통합사회학 개설"이라는 부제를 달았을지도 모를 일이다.

원서 제목인 "A Sociable God"을 우리말로 직역하면 '사교적인 신'쯤 되지 않을까 생각된다(이미 나와 있는 몇몇 번역서에도《사교적인 신》으로 소개되어 있다). 그러나 여기서 "사교적"이란 "붙임성 있고 싹싹하며 남들과 잘 어울리다"라는 의미라기보다는, 사회적 교환社會的交換, social exchange이라는 말에서 머리글자 사社와 교交를 따서 줄인 것으로 보는 것이 더 타당할 것 같다. 즉 존재하는 모든 개체는 또 다른 개체들과 사회를 이루면서 집합적으로 존재하므로 개체는 자신을 둘러싼 물리적·사회적 환경과 부단히 상호작용interaction 또는 상관적 교환relational exchange을 해야 하며, 그렇게 하고 있음을 의미한다. 달리 말하면 인간은 물질·신체·마음·혼·영이 혼합되어 있는 복합개체로서, 복합개체의 각 수준은 외부 세계의 같은 발달 수준에 있는 요소들과의 상관적 교환 시스템, 즉 물질은 물질과(음식 섭취), 신체는 신체와(성적 재생산), 마음은 마음과(상징적 의사소통), 영은 영과(신과의 교감) 교환하는 시스템이라는 것이다. 윌버는 이것을 종종 "독자성agency은 언제나 공동성/공존 속의 독자성agency-in-communion이다"라고 표현하기도 한다.

이 책에서 저자는 일차적으로 세계관에 초점을 맞추면서 일반적인 의식의 스펙트럼(태고, 마술, 신화, 합리, 심령, 정묘, 원인, 비이원)을 간략하게 요약한다. 그런 다음 "종교"라는 단어가 사용되는 아홉 가지 다른 방식, 즉 종교에 대한 아홉 가지 정의를 차례로 제시하면서 최소한 수평적 정당성horizontal legitimacy(그 종교가 특정 수준에서 의미, 통합, 가치를 얼마나 잘 제공해주는지)과 수직적 진정성vertical authenticity(그 종교가 상위 수준으로의 변용을 얼마나 잘 촉진시켜주는지)을 구분해야 할 필요가 있음을 강조한다. 이 두 척도를 혼동할 경우 한때 꽤 정당했던 하위 수준의 믿음이 약해지는 것을 영적인 관심과 민감성이 완전히 소실되는 것으로 오해하지만, 실은 사회 전반의 무게중심이 한 단계 올라서면서 보다 진정한 종교적 관여로 이행해가는 과도기적 현상일 수 있다고 역설한다(신에 대한 신화적인 긍정보다 합리적인 부정이 오히려 더 나을 수 있다는 것이다). 이 책에서 윌버가 사용한 "심도의 준거"와 "판정 척도"는 전체적인 포용, 즉 해당 구조가 내적으로 온우주의 얼마나 많은 부분을 담을 수 있는가 하는 것으로서, 자아중심에서 민족중심으로, 그런 다음 세계중심, 우주중심으로 포용의 심도가 점점 더 깊어지는 것을 말하며, 이 하나의 척도로 다양한 문화운동과 종교운동의 건전성을 판정할 수 있다는 것이다.

이런 식으로 윌버는 종교심리학과 종교사회학에 대한 눈부시고 도전적인 이 개론서에서 모든 종교운동의 진정성에 대한 검증 가능한 과학적인 판단을 내릴 수 있도록 해주는 신뢰할 만한 방법론 체계를 제시하고 있다. 따라서 이 책은 미국에서의 신흥종교운동, 동양적 신비전통의 유입, "시민종교"의 와해 및 종교 체험과 명상 등에 대한 논의에 있어 즉각적인 관련성을 갖고 있다. 이러한 개념적 구분과 검증 가능한 방법을 채택함으로써 윌버는 사회가 위험한 사이비 종교나 종파(존스타운이나 시나논Synanon 같은)와 진정하고 유익한 영적인 길(선禪이나 카발라Kabbalah 같은)을 구별할 수 있기를 희망한다.

또한 이 책이 심층사회학의 필요성을 간략하지만 설득력 있게 주장하고 있어서 더 깊고 더 넓은 사회학을 요구하는 큰 소리로 남게 되리라고 기대한다. 끝으로 저자는 영적 지식도 다른 모든 타당한 지식과 마찬가지로 실험적이고, 반복 가능하며, 공적으로 검증 가능한 방법론이 있다는 점을 역설하면서 우리가 그런 방법론을 실천한 결과 "신이 있을 수 있는 모든 사회의 통합체로 보일 때, 사회학 연구는 예상치 못했던 새로운 의미를 띠게 되고, 우리 모두는 이미 형성된 동시에 형성되어가는, 해방된 동시에 해방시키는 사회적인 신sociable God, 즉 타자로서는 참여를 요구하고, 참자기로서는 동일성을 요구하는 신 안에 잠겨 있음을 알게 된다."라는 말로 끝맺는다.

혼자서 3박 4일 만에 완성한 책을 두 명의 역자가 몇 달에 걸친 씨름 끝에 번역을 마칠 수 있었다. 그의 원서를 읽을 때는 늘 가슴 두근대는 기대와 즐거움이 있고, 또한 모든 문장을 다 번역하지 않고도 읽어나갈 수 있지만, 번역에서는 그럴 수 없기 때문에 처음이 아님에도 불구하고 매번 어려움을 겪게 된다. 번역에 따르는 어려움은 한두 가지가 아니지만, 그중에서도 윌버 특유의 전문용어와 동서고금의 지혜 전통에서 사용해온 용어들의 경우 그에 상응하는 우리말 용어가 아직 통일되어 있지 않아 적절한 용어 선택에 여전히 어려움이 있었다. 대표적인 용어로는 quadrants(분면), flatland(평지), transpersonal(초개인), subconsciousness(하의식) 등을 들 수 있다. Quadrants란 두 개의 직선을 90도로 교차시켰을 때 만들어지는 네 개의 면을 말하는데, 윌버의 통합 이론의 근간을 이루는 중요한 용어이자 개념이다. 기존의 번역서에서는 대부분 "상한象限"으로 번역했으나 본서에서는 "분면粉面"으로 옮겼다. 둘 다 quadrants를 의미하는 적절한 용어이지만 상한이란 말은 일상적으로 잘 사용되지 않을 뿐만 아니라 네 개의 면을 연상하기 어렵기 때문에 좀 더 의미가 쉽게 전달되는 "분면"을 택했다. Flatland는 "평지, 평원, 평면, 이차원" 중 어느 것을 선택해도 무방해 보이지만 "평지"가 저자의 의도를 가장 잘 전달한다고 생각되어 선택했으며, transpersonal은 역자에 따라 "초개인, 자아초월, 초개아, 트랜스퍼스널" 등 여러 용어를 쓰고 있지만, 윌버는 이 용어를 "prepersonal, personal, transpersonal"과 같이 수준이나 단계를 나타낼 때도 사용하고 있어서 "초개인"을 택했다. Subconsciousness를 "잠재의식"이라 하지 않고 "하의식"이라고 옮긴 것도 같은 맥락이다. 이럴 경우 어떤 것이 맞고 틀리고의 문제가 아니라 의미를 더 잘 전달할 수 있는 용어 선택의 문제이고 일관성 유지의 문제일 테지만, 이로 인해 독자들이 불편이나 혼란을 겪지나 않을까 하는 염려를 떨칠 수 없다.

30여 년 전에 출간된 책을 이제야 볼 수 있게 된 점은 아쉽지만, 켄 윌버의 저술 중 또 한 권의 책이 국내의 독자를 만날 수 있게 되어 역자로서는 기쁘기 그지없다. 그동안 윌버의 저서를 꾸준히 읽어온 독자들에겐 또 하나의 작은 기쁨이 되기를 바라며, 이 책으로 켄 윌버를 처음 접하는 독자에게는 이 책의 주제에 대한 새로운 이해와 영감을 갖게 되는 것뿐만 아니라 또 다른 저서로 이어가는 계기가 되었으면 하는 바람이다. 저자 자신도 얘기하고 있지만 이 책은 한 번 읽어서 전체를 이해하기가 쉽지 않을 수도 있다. 따라서 역자들 역시 저자가 권하듯이 두 번 이상 읽을 것을 적극 권장하며, 그럴 경우 얻는 것도 그만큼 많을 것이라고 확신한다.

끝으로 국내의 어려운 출판 여건에도 불구하고 지속적으로 좋은 책을 발굴해서 소개하고 있는 김영사 임직원 여러분들께 이 자리를 빌어서 감사의 말을 전한다. 《켄 윌버의 신》 출간은 물론이고, 오래전에 절판되어 구할 수 없던 켄 윌버의 《모든 것의 역사 A Brief History of Everything》를 새롭게 다듬어 펴낸 것도 국내 독자에 대한 배려와 높은 안목 없이는 어려운 일이라는 점을 잘 알기에 다시 한 번 감사드리며, 《켄 윌버의 신》의 편집과 교정 과정을 세심하게 진행해준 편집팀, 그리고 책이 나오기까지 뒤에서 수고하신 그 밖의 모든 분들께 고마움을 전한다.

2016년 1월

옮긴이 조옥경 · 김철수

일러두기

1 이 책은 《A SOCIABLE GOD》을 완역한 책입니다.

2 본문에서 옮긴이 각주는 파란색 숫자로, 지은이 각주는 ●로 표기하였습니다.
   단 '2005년판 머리글'의 지은이 주석은 글의 성격상 후주로 처리하였고, 본문에는 검은색 숫자로 표기하였습니다.

3 본문에 나오는 [ ], " "와 볼드체로 강조한 부분은 모두 지은이의 표기입니다.

4 본문에 나오는 책명이나 인물명 등 외래어 고유명사는 영문을 병기하되 처음 등장할 때만 표기하였고,
   일부 용어들은 독자의 이해를 돕기 위해 문맥에 따라 영문과 한자를 여러 번 재병기하였습니다.

  우리의 종교, 우리의 신, 그리고 우리 자신도 우리가 생각하는 그런 것이 전혀 아닐지도 모른다. 물론 이 말에 새로운 것이란 아무것도 없다. 켄 윌버가 《에덴을 넘어Up from Eden》에서 격조 높게 기술했던 것처럼, 역사란 참으로 그런 것들의 진보적인 진화의 표현으로 읽혀질 수 있을 것이다. 왜냐하면 종교는 인간 본성에 대한 최상의 표현을 이끌어내고, 최악의 표현에 대한 변명을 제공하는 등 실로 엄청난 범위의 행동 배후에서 구동력이 되어왔기 때문이다. 문화 전체가 자신들의 종교적 신념을 위해 살았고, 종교적 신념을 위해 죽였으며, 종교적 신념을 위해 죽었다. 그렇기에 종교가 심리학·사회학·인류학의 중심적인 관심사 중 하나였다는 것은 그다지 놀라운 일도 아닐 것이다.

  종교는 서양의 역사 대부분에 걸쳐 현실을 규정하는 엄청난 힘이었으며, 진실에 대하여 다르게 생각하거나 진실을 밝혀내는 다른 방법을 제안했던 사람들에게는(예컨대 갈릴레오) 적이었다. 그러나 최근의 역사는, 마치 보상이라도 하려는 듯, 종교에 대하여 친절하지 않았다. 종교는 현실의 주요 조달자로서의 기반을 점차 과학과 합리주의에게 빼앗겼다. 합리적인 관점에서 볼 때 종교는 정말로 전前과학적인 사고방식의 유물, 세련되지 못한 시대의 불운한 잔여물처럼 보이기도 한다. 신은, 죽지 않았다면, 심리적으로 미성숙한 자들의 일방적인 갈망을 통해서만 간신히 살아가는 빈사 상태에 놓여 있는 것으로 보인다.

하지만 최근 들어 신은 전통적인 모습뿐만 아니라, 동양과 서양에서, 드러나거나 감춰진 모습으로, 근본주의적fundamental이거나 영지적gnostic인 형태로 귀환하여 극적으로 무대에 복귀하고 있다. 기독교에서는 근본주의의 부활과 관조적·신비주의적인 접근의 재출현이라는 두 가지 모습을 보여주었다. 이에 더해서 요가, 선, TM(초월명상법) 같은 온갖 비서구적인 종교와 수행법의 전례 없는 유입도 있었다. 이들 중 어떤 것은 종교 자체의 본질에 대한 우리의 가장 기본적인 가정에 의심을 불러일으킬 만큼 우리의 전통적인 신념이나 수행과는 너무나 근본적으로 다르다. 예를 들어 불교는 어떤 절대자나 신도 상정하지 않으면서, 통제된 심리 과정과 의식 상태를 목표로 하는 정밀한 정신 훈련 프로그램을 중심으로 한다. 섬뜩한 병적인 측면에서 보면, 이 분야에는 종교적 병리 현상이 끝없이 이어지기도 한다. "사이비 종교", "존스타운 Jonestown[1]", "통일교" 등은 이제 귀에 익숙한 용어가 되었다.

따라서 종교 연구가 어떤 형태를 취하든 심리학과 사회학 둘 다에게 있어 새로운 중요성을 갖게 된 것은 그다지 놀라운 일이 아니다. 사회학자들은 "신흥종교"를 연구하면서 특히 그것의 출현을 보다 큰 사회

---

1 1978년 신자들의 집단 자살이 있었던 곳.

적 패턴과 그로 인해 생길 수 있는 병리를 연결시키는 데 적극적이었다. 따라서 그들은 종교적 동기를 사회적 수준에서의 부적절성과 심리적인 미성숙성에 연관시키는 경향이 있었다. 종교적 미성숙과 병리는 그들의 심리적 대응물을 반영한다는 증거가 없지 않기 때문에, 물론 그들은 종종 옳았다.

그렇지만 늘 괴롭혀온 문제가 남아 있다. 우리는 무언가를 잃어버린 것일 수도 있지 않을까? 이것이 정말로 종교의 전부일까? 어쨌든 붓다, 그리스도, 노자, 샹카라Adi Shankara[2], 오로빈도Aurobindo[3], 그리고 그 밖의 위대한 성자와 성현들은 인간발달의 최상위 수준을 대표하며 인류 역사에 가장 큰 영향을 미쳤다고 일컬어오지 않았던가. 적어도 토인비Toynbee, 톨스토이Tolstoy, 베르그송Bergson, 제임스James, 쇼펜하우어Schopenhauer, 니체Nietzsche, 매슬로Abraham Maslow[4] 등은 그렇게 말한 바 있다. 따라서 우리는 이렇게 물을 수도 있을 것 같다. 우리를 지도해주는 사회학적 가정과 이론 및 방법론은 미성숙성과 병리를 밝혀내는 데뿐만 아니라, 위대한 종교 주장 중 어떤 것은 훈련을 통해 성취 가능한 인

---

2 788~820, 인도에서 가장 추앙받는 힌두 철학자이자 종교학자. 그는 베다와 우파니샤드에 근거해서 아트만과 브라만의 합일을 강조하는 아드바이타 베단타를 창안하였다. 세계는 환상이고 유일한 실재인 브라만은 인식을 초월해 있으며 사람들은 무지로 인해 가현假現인 세계와 실재인 브라만을 혼동하고 있다는 것이다. 브라만은 우리 자신의 본질인 아트만과 같으며 현상과 본질은 다르지 않다는 불이주二의 입장을 설파하였다.

3 1872~1950, 20세기 인도의 가장 뛰어난 철학자이자 현자. 그가 주장한 새로운 영성의 길인 '통합요가'를 통해 세 체계로 구성된 인간의식 모델을 제안했으며 상승하고 하강하는 흐름을 통합하고, 저 세상과 이 세상, 초월과 내재, 영spirit과 물질을 결합시키려 노력하였다. 주요 저서로는 《The Life Divine》, 《The Synthesis of Yoga》 등이 있다.

4 1908~1970, 미국의 심리학자. 건강한 사람들의 심리를 주로 연구했으며, 인간의 자기실현, 성장의 최종점 등에 대한 체험적인 연구를 통해 독자적인 유기체 이론을 전개하였다. 그의 동기 이론은 욕구 이론의 효시로 알려져 있다. 대표적인 저서로 《Motivation and Personality》, 《Toward a Psychology of Being》, 《Religions, Values, and Peak Experiences》 등이 있다.

간 경험이며 발달의 높이라는 것을 밝혀내는 데도 적합한 것일 수 있지 않을까?

실제로 이러한 높이가 밝혀질 수 있다는 점을 명확하게 보여주려는 것이 이 책의 목표이며, 그 심리학적 틀은 최근 발달한 초개인transpersonal심리학 분야에서 취하고 있다.

최근 20여 년에 걸친 심리학 연구에서는 의식의 본질과 의식변용 기법, 심리생리 과정의 자기조절 및 비서구 심리학 영역에 대한 관심이 극적으로 고조되었다. 종전에 인간의 잠재력을 규정한다고 생각하던 것들을 넘어선 의식의 상태, 심리적 성숙 수준 및 자발적 통제 등이 있음을 인정하는 것이 일반적인 추세가 되었다. 인본주의 심리학은 그런 영역에 초점을 맞추려는 노력에서 먼저 출현했으나, 그 모델조차 연구해야 할 모든 현상을 포괄하는 데는 적절하지 못하다는 것이 판명되자 초개인심리학이 뒤를 이어 출현했다. "초개인"이란 용어는 분명히 전통적인 인격 및 자아를 넘어선trans 자각과 정체감의 경험 및 그런 상태를 포함시키기 위해 선택되었다.

서양에서는 이런 것들을 보통 절정 경험peak experience이라고 불렀으며, 처음에는 드물게, 그리고 비자발적으로만 일어난다고 추측했다. 그러나 그 후 어떤 동양 심리학과 종교적 수행에서는 그런 상태에 대한 자세한 기술뿐만 아니라 의지로 그런 것들을 획득하기 위한 가르침과 기법들이 포함되어 있다는 사실이 밝혀졌다. 갑자기, 그리고 서양 심리학자들에겐 상당한 놀라움과 함께, 동서양의 위대한 종교 중 비교적秘敎的, esoteric 핵심 중 어떤 것은 예전엔 말도 안 되는 것처럼 또는 병적인 것처럼 보였던 것이지만, 이제는 심리 과정과 의식의 자발적 통제를 위한 기법들로 이해될 수 있다는 것이 명백해지기 시작했다. 특정 예를 하나만 들어보면, 명상은 이제 세상을 등지는 퇴행적이고 자폐적인 도피가 아니라 주의력 훈련 전략으로 보게 되었다. 그리고 이런 새로운 해석은 이제 경험적인 연구로부터 의미 있는 지지를 받고 있다.

따라서 위대한 종교들이 반드시 병적인 것은 아니었으며, 그런 현상의 성질을 상태 의존적인 것으로 이해하기에 앞서 오히려 우리 자신의 서양 심리학적 틀이 그런 현상을 편하게 포함시킬 수 없도록 했다는 것이 분명해졌다.

물론 동양적이거나 종교적인 모든 것이 그렇다고 말하는 것은 아니다. 모든 종교 주변에는 왜곡과 독단적 교리, 병리, 오해 및 오용이 분명히 존재한다. 실제로 종교적 정신 훈련의 실용적인 핵심이 흔히 겉으로 드러난 의례적 치장과 교리에 파묻혀 있거나, 까다로운 요구 사항에 부합하는 것으로 간주된 소수를 위한 비밀 가르침의 핵심으로 유보되어 있기도 하다. 그러나 이런 정신 훈련의 핵심 기법은 어디에서 발견되든 매우 다양한 시스템 속에서 확실히 놀라운 유사성을 보여주며, 또한 공통된 심리 원리와 세계관 및 초월적 상태는 이른바 "종교의 초월적 통일", "영원의 철학perennial philosophy", "영원의 심리학"을 가리키는 경향이 있다.

전통적인 심리학 모델에다 초개인 차원을 추가한 것은 인간 활동의 주요 영역에 대한 의미 있는 재해석을 가능하도록 해주었다. 그러나 사회학 이론에는 그에 상응하는 차원이 빠져 있었으며, 따라서 종교 연구에서 때로는 지나치게 환원론적인 접근으로 의심받아왔다. 그렇기에 이 책은 사회학 이론에 초개인 차원을 추가하는 것을 목표로 하고 있다.

이런 작업을 하는 데 있어서 초개인심리학의 탁월한 이론가로 인정받고 있는 켄 윌버만큼 자격을 갖춘 사람도 없을 것이다. 자신의 수많은 저술과 논문에서, 그는 그 누구도 견줄 수 없을 만큼 세계의 주요 심리학과 종교 시스템의 통합을 시도했으며 또한 보여주었다. 《의식의 스펙트럼Spectrum of Consciousness》에서 그는 서로 다른 심리학 체계와 종교 시스템 사이의 갈등은, 그것들을 서로 다르지만 부분적이나마 상보적인 것으로서 의식의 구조와 무의식 수준을 언급하는 것으로 볼 경우 해소 가능하다는 점을 보여주었다.《아트만 프로젝트Atman Project》에서 그는 아동기와 청년기뿐만 아니라 깨달음의 다양한 수준을 통과해가는 확장된 발달심리학 모델을 제시하였다.《에덴을 넘어》에서는 이 모델을 인간의 진화라는 보다 큰 영역에 적용하였다.

이제《켄 윌버의 신A Sociable God》에서 그는 동일한 모델을 취하면서, 그것을 다양한 사회적 상호작용을 평가하는 발달론적 틀로 사용하고 있다. 이 책은 그러므로 위계적 평가를 위한 결정적인 기준이 결여되었던 현상학적 해석학과 같은 요즘의 사회학적 분석 방법에 올바른 추가물을 제공해준다. 또한 이 책은 어떤 한 수준의 사회적 상호작용을 취해서 그것을 모든 수준의 범례로 삼는 함정에 빠지지 않도록 해주는 수단을 제공해준다. 예를 들어 마르크스는 모든 행동을 경제적인 면에서 해석했으며, 프로이트는 성욕이라는 면으로 해석했다. 그렇게 해서 예술, 철학, 종교 및 모든 "고차적인" 활동이 경제적 탄압이나 성적 억압의 표현이 되고 말았다.

윌버는 또한 이 발달론적인 틀에다 다양한 인식론적인 양식mode, 즉 지식을 획득하는 방식에 대한 분석을 추가한다. 감각적·지적·관조적 모드는 전적으로 동일하지 않으며 서로 환원시킬 수 없는 다른 영역 또는 다른 범주의 지식을 산출해낸다는 사실이 종종 망각되곤 한다. 개념적인 상징적 지식은 객관적인 감각 차원으로 환원시킬 수 없으며, 관조적인 것은 개념적인 지식으로 환원시킬 수 없다. 그런 식으로 환원시킬 경우 범주의 오류category error를 초래하게 된다. 따라서 각 영역별 지식의 타당성을 수립하는 방법들은 특정적이다. 객관적인 자료의 경우 분석적·경험적인 방법이, 상징적인 의사소통의 경우 해석학적 방법이, 그리고 관조적 영역의 경우에는 직접적인 영지적 파악이 사용된다.

이러한 일반적인 도식을 기술한 후 윌버는 오늘날 사회학이 당면하고 있는 특정 문제, 특히 종교적인 이슈에 그것들을 적용한다. 먼저 그는 "종교religion"라는 단어가 사용되어온 다양한 방식들을 식별해내는 데 반드시 필요한 과제를 수행한다. 그러면서 그는 요즘 일어나고 있는 많은 혼란이 정확하지 않거나 의미가 혼합된 단어 용법에서 비롯된다는 점을 보여준다.

다음으로 그는 종교의 진화 문제로 화제를 돌리면서 현재의 종교의 지위와 앞으로의 진화 방향을 자신의 발달론적인 틀에 견주어 해석한다. 신화적 신념에서 멀어지면서 합리성의 증가로 향해 가는 최근의 진보는 반反종교적 또는 탈脫종교적 진화의 증거로 널리 해석되어왔다. 그러나 윌버는 이런 식의 진보는 전前합리적 상태가 **초超합리로 향해 가는** 합리적 상태에게 길을 내줌에 따라 일어나는 단계 특유의 적절한 변이라는 점에 주목하면서 이 전반적인 운동을 재구성한다. 이러한 진화적인 관점에서 볼 때 종종 그런 것처럼 종교를 전합리·합리·초합리적 발달 위계에 있는 몇 개의 수준 중 특정 수준과 동일시하지 않고 전합리 수준과 동일시할 때만 우리의 현재 국면이 반종교적인 것처럼 보이게 된다. 이 주목할 만한 관점은 또한 윌버가 진정성authenticity이라고 부르는 것을 확실하게 해주는 방법을 가능케 해준다. 여기서 진정성이란 종교가 초개인 수준에 이르기까지 발달을 촉진시키는 정도를 의미한다. 윌버는 이것을 "정당성legitimacy"과 구별하는데, 그는 정당성을 종교가 현 발달 수준에 있는 다수의 사람들의 심리적 욕구와 사회적 욕구를 충족시켜주는 정도로 정의한다. 이 모든 것들은 바로 이 책의 보다 독창성이 풍부한 또 다른 부분으로 이끌어간다.

요즘의 종교적인 격동과 신흥종교는 점차 증가하고 있는 합리성이라는 현재의 발달 국면에 대한 그들의 반응에 비추어서 검토될 수 있다. 윌버는 최근 크게 세 가지 형태의 사회학적 반응이 일어나고 있다고 제안한다. 첫째는 이제는 한물간 신화적 수준에 계속 매달리려는 시도이며(예컨대 "도덕적 다수"), 둘째는 현재 진행 중인 합리적 세속화 과정을 받아들이는 것이고(자유주의 지식인 계층이 그런 것처럼), 셋째는 소수이긴 하지만 합리성을 부정하지 않고 그것을 받아들이면서 집중적인 요가적·영지적 수행을 통해 합리성을 넘어섬으로써 초합리적 변용을 시도하는 것이다. 만일 그런 일이 정말로 일어난다면, 윌버가 제시한 이 마지막 집단은 광범위한 진화적 진보를 위한 효과적인 촉매제가 될 수도 있을 것이다. 충실한 합리적 수준의 발달과 그런 다음 그 수준을 넘어가기 위해서는 그와 같은 광범위한 진전의 중요성은 아무리 높이 평가해도 지나친 일이 아니다. 영양실조, 빈곤, 인구 과잉, 사회원인성 병리 및 탄압과 같은 예방 가능한 원인으로 인한 세계 도처의 고통을 기꺼이 바로잡으려는, 뿐만 아니라 전부는 아닐지라도 엄청난 자기파괴를 피하려는 우리의 자발성과 노력은 거기에 달려 있을지도 모른다. 이러한 진화적인 변이의 평가를 가능하게 하는, 검증 가능하고 비판적이며 포괄적인 사회학 모델을 제시한 켄 윌버의 기여의 중요성 또한 과소평가되어서는 안 될 것이다.

이 책은 매우 두툼한 장편의 책이 되었을 수도 있었을 것이다. 그러나 얼마 되지 않는 지면에 수많은 새로운 아이디어를 포함시키고 제시한 것은 실로 놀라운 일이 아닐 수 없다. 저자는 우리에게 상세한 교과서보다는 스스로 발견할 수 있는 틀을 주고자 이런 방식을 선택했다. 그렇지만 이 개요는 사회학자와 심리학자들 모두를 앞으로 오랜 시간 그것을 연구하고 채워 넣기에 바쁘게 하는 데는 충분하다 해도 좋을 것 같다. 왜냐하면 이 책은 종교심리학과 종교사회학이 앞으로 새로운 분기점으로 옮겨 갈 수 있는 방법을 제시해놓았기 때문이다.

로저 월시Roger Walsh[5]

5 철학·정신의학·인류학을 섭렵하고, 기독교 신비주의·불교·수 피즘·힌두교 등 세계의 영적 전통 및 사상을 연구하며 다수의 저 명한 책들을 저술했다. 현재는 캘리포니아 의학대학 교수로 재직 중이며, 초개인심리학의 선구자로 평가받고 있다.

방법론적인 무법자

접시닦이로서의 나의 삶

이 책은 여전히 내가 좋아하는 책 중 하나이다. 나는 이 책의 중심적인 요지가 오늘날에도 처음 출판되었을 때만큼이나 타당하다고 말할 수 있어 기쁘다. 실은 이 책의 메시지가 그 어느 때보다 오늘날 훨씬 더 중요하고 타당하다고 말할 수 있어 훨씬 더 기쁘다. 처음 출판되었을 당시, 이 책은 지배적인 학술문화(해체적인deconstructive 포스트모더니즘)와 지배적인 반문화(낭만적인 생태원시주의ecoprimitivism)를 포함해서 사방으로부터 공격받았다. 그러나 20여 년이 지난 지금 당시 지배적이었던 담론 양식들은 지배력을 잃게 되었고, 이제는 영적 참여의 사회학을 포함해서 사회학이 보다 통합적이고 균형 잡히고 포괄적인 접근 방법으로 탐구할 수 있는 길이 열렸다. 나는 이 책이 **심층사회학**, 뿐만 아니라 종교를 바라보는 근본적으로 새로운 방식을 요구하는 큰 목소리로 우뚝 서리라고 믿고 있다.

이 책은 세 가지 핵심적인 일을 수행한다. 첫째, **"종교적"** 또는 **"영**

적"이란 말에는 적어도 십여 가지 다른 의미가 있으며, 따라서 그런 주제에 대한 우리의 논의가 어떤 의미를 갖기 위해선 이런 다른 의미도 고려해야 할 필요가 있다는 것이다. 종교와 영성에 대한 대부분의 대화는 마치 그런 단어들이 명료한 것처럼 진행하지만 실은 전혀 그렇지 않다. 최소한 변환translate을 도와주는 영성과 변용transform을 도와주는 영성 사이에는 커다란 차이점이 있다. 어떤 유형의 종교는 판단을 흐리게 하고, 어떤 종교는 억압하며, 어떤 종교는 해방시킨다. 언제가 됐든 우리가 종교에 대해 말할 때, 우리는 종교의 어떤 기능을 논의하는 것일까?

둘째로, 다양한 종교적·영적인 참여에는 진정성의 정도라는 것이 있으며, 나아가 **그런 심도를 판정하거나 판단하기 위한 방법**이 있다는 것이다. 예컨대 전前합리적 영성과 초超합리적 영성 사이에는 중요한 차이점이 있다. 마찬가지로, **정당성**legitimacy(즉 어떤 영적 운동이 **변환**translation을 얼마나 잘 촉진시켜주는가)과 **진정성**authenticity(즉 그것이 **변용**fransformation을 얼마나 잘 촉진하는가) 사이에도 중요한 차이점이 있다. 나아가—이것이 이 책의 결정적인 포인트이다—종교운동 내부에 있는 사람들이 수용할 수 있을 만한 기준에 의해 그 자체의 심도를 판단할 수 있는 타당한 방법들이 있다. 이러한 방법에는 그 종교 자체의 해석학적 서클의 순환 과정 속에서 밝혀진 종교적 가치관의 발달적 전개가 포함된다. 따라서 "더 낫다"거나 "더 나쁘다"라고 말하는 것은 종교나 영적 참여에 적용할 수 없다는 생각은 전혀 옳지 않다. 이것은 어떤 영적 운동이라도 그 심도를 판정하거나 판단하는 근본적으로 새로운 접근, 즉 발달론적 전체론developmental holism을 포함하는 접근 방법이다(이어지는 페이지에서 그 개요를 신중하게 기술할 것이다).[1]

셋째, 종교와 영성에 대한 보다 균형 잡히고 포괄적인 접근 방법은 그런 모든 요인들을 고려할 것이고, 따라서 우리로 하여금 영성을 현대와 포스트모던 세계에 보다 적절하게 자리매김하도록 해준다는 것이다. 이 책은 일반적으로 내면적 실재에 대한 우리의 연구에, 그리고 특히나 종교적·영적인 참여에 대한 우리의 사회학에 추가되어야 할 수직적 심층 차원을 들여온 최초의 책이었다. 나는 개인적으로 이 점 하나만으로도 이 책은 그 주제에 관한 한 다른 어떤 것보다 중요하다고 믿고 있다.

몇 년 전 샴발라 출판사/랜덤하우스에서 나의 전집을 발간한 바 있다. 그 자료들을 훑어보면서 나는 뜻밖에도, 초기의 몇 가지를 제외하면, 내가 이 책을 쓴 지 25년이 지났지만 핵심 포인트는 여전히 타당하다는 것을 발견하였다. 연구는 계속해서 그 책의 결론들을 지지해주었으며 시간이 갈수록 그것들을 훨씬 더 많이 지지하였다. 나는 이것이 우연찮은 행운이 아니라면 그렇게 된 이유가 무엇인지 궁금했다. 마침내 그 이유가 첫 번째 책에서부터 채택했던 방법론 때문이라는 것이 점점 분명하게 드러났다. 나는 그 방법론을 지금은 **통합 방법론적 다원주의**Integral Methodological Pluralism라고 부르며, "모든 사람은 옳다"라는 말로 요약하고 있다.

"모든 사람이 다 옳다"는 것은, 진선미를 탐구할 경우 어떤 사람의 마음도 100퍼센트 틀릴 수 없다는 것을 의미한다. 따라서 **모든 사람들**은 비록 부분적일지라도 내놓을 만한 중요한 무언가를 갖고 있다. 그렇기 때문에 지식 탐구는 "누가 옳고 누가 틀렸는가"를 밝혀내는 일이라기보다는 다양한 진실 모두를 어떻게 함께 짜 맞출 수 있는지 그 방법을 찾아내는 것이다.

그렇게 하기 위한 방법에 이를 경우 그 결실이 바로 통합 방법론적 다원주의이며, 그것은 경험 획득의 모든 양식, 즉 모든 방법론, 모든 패러다임, 모든 지시, 모든 예증, 모든 기법 등을 허용한다는 것을 의미한다. 왜냐하면 그 하나하나가 예외 없이 전체 그림의 중요한 어떤 것을 가져다주기 때문이다. 수많은 학자들이 한두 가지 방법론을 골라내고는 다른 모든 것을 비난하느라 바쁠 때, 나는 그 모든 방법론을 함께 아우르는 일로 바빴다.

이 책에서 개설했던 주요 포인트를 살펴보면서, 나는 그런 포인트들이 영성 주제에 대한 서로 다른 주요 접근 모두를 전체적으로 포함시킨 통합 방법론적 다원주의에 얼마나 의존하고 있는지를 뜻밖에 또 한 번 마주치게 된다. 또한 그 접근법이 여전히 얼마나 급진적인 것인지도 알게 된다. 다른 곳과 마찬가지로 대학의 분위기 역시 여전히 경쟁하는 패러다임들, 우리와 그들로 나누는 패거리 정신 상태, 일층적 사고에서 비롯된 부분성들 사이의 전쟁터이며, 학술적 싸움터에는 마치 남북전쟁 시 게티즈버그Gettysburg에 널려 있던 시체처럼 수많은 희생자들이 곳곳에 널려 있다. 어쨌든 이런 것을 자기이해의 증진이라고 생각하고 있다.

그뿐만 아니라 내가 대학에서 가르치는 대신에 10여 년 동안 접시닦이를 좋아했던 이유도 점점 분명해졌다. 나는 방법론의 포괄성이라는 점에서 방법론적 무법자methodological outlaw였다. 나의 접근 방법은 친문화적 학계와 반문화적 학계 모두에서 불법이라고 선언되었다. 그 이유는 나의 접근 방법이 부분적이었기 때문이 아니라 근본적으로 전체적이었기 때문이었다. 나는 포함시켜서는 안 될 방법들을 포함시켰으며, 정통파에게는 천연두처럼 보이는 방법론들을 껴안았고, 힘 있는 자들이 혐오했던 지시injunctions를 사랑했다. 뿐만 아니라 나는 주변적인 것, 그리고 저 너머에 대한 경험들에도 손을 뻗쳤다. 모든 편의 주장을 포함시킨다는 바로 그 점 때문에, 나는 모든 편들에게 적법성을 인정받지 못하고 외면당했다.

　전체론적 진실과 함께 나는 고독한 길을 걸어야만 했다. 그렇지만 오늘날 부분성의 전쟁터 너머 연기가 피어오르는 폐허 여기저기에서 폭격 쇼크를 받은 학문적 분위기가 사라져감에 따라 그 모든 것은 최소한 조금은 변하기 시작했다. 통합 방법론적 다원주의는 가능한 한 가장 전체적인 방식으로 가장 많은 증거에 기초해 있고, 가장 많은 원천에서 나온 가장 많은 진실을 포함하고 있기 때문에 폭넓은 개요로 여기에 남아 있다. 그것은 다른 어떤 대안보다 더 많은 진실을 존중하면서 포함하고 있다는 단순한 이유 때문이기도 하다. 이것이 오늘날에도 이 책에 있는 핵심적인 포인트들이 여전히 적절한 이유이다. 그 (발달론적 홀라키|developmental holrarchy 같은) 핵심 포인트는 당시에는 주변으로 밀려났지만 전반적인 퍼즐의 결정적인 조각을 구성하고 있는 진실들을 포함시킴으로써 처음부터 앞서 있었던 것이다. 그때 그런 진실들을 포함시켰기에, 지금도 그렇지만, 훨씬 더 정확하고 분명히 더 내구성 있는 종교와 영성의 모습이 드러난다.

　이 머리글 말미에서 나는 방법론적 무법자로서의 나의 삶에 관한 이야기로 돌아갈 것이고, 통합 방법론적 다원주의에 관해 몇 마디 더 언급하면서 마무리 지을 예정이다. 그에 앞서 먼저 이 책의 세 가지 주요 포인트에 관해 좀 더 상세히 설명하고자 한다.

어쨌든, 이는 누구의 신인가?

　첫 번째는 우리가 "종교" 또는 "영성"이라고 부르는 것은 단일한 실체나 기능, 관점이 아니라는 것, 오히려 **그 단어에는 적어도 십여 가지**

매우 다른 의미가 있다는 것이다. (우리가 종교라고 부르는 이 대단히 복잡한 현상에는) 십여 가지 다른 기능이 있으며, 그런 기능 중 어떤 것도 같은 것으로 볼 수 없다는 것은 더 말할 나위도 없다(하지만 그 기능들은 언제나 같은 것으로 취급된다). 그러나 "종교와 과학" 또는 "종교와 영성", "종교와 현대 세계"에 관한 이야기는 모두 "종교"와 "영성"이라는 말로 무엇을 의미하는지를 보다 명확하게 구체화할 수 있을 때까지는 실제로 쓸모없는 일이다. 이 책에서는 이들 서로 다른 아홉 가지 의미를 논의한다(예컨대 종교적 실재는 비합리적이다; 종교적 실재는 궁극의 관심사를 포함한다; 종교적 실재는 퇴행적이고 유아적이다, 사회적 응집의 기제이다, 불멸성 프로젝트이다, 진화적 요인들의 결과물이다, 방어기제이다, 비非환원론적으로 접근되어야 할 개인적인 실재이다 등등의 주장). 이러한 정의 중 어떤 것이 옳은 것일까? 좀 복잡하긴 하지만 분명히 그들 모두 옳다. 따라서 현대 및 포스트모던 세계에서 종교와 영성의 본질과 의미라는 매우 중요한 논의에는 반드시 그들 모두를 고려하지 않으면 안 되는 것이다.

최근 들어 "종교"와 "영성"을 구별하는 것이 일상화되었는데, 이는 또 다른 흥미 있는 정의이다. 이 관점에 의하면 "종교"는 제도적이고 경직되어 있으며 교조적·권위주의적인 데 비해, "영성"은 살아 있고 생동감 있는, 체험적이고 개인적이라는 것이다. 베이비붐 세대 학자들 사이에서의 이런 일반적인 판단에는 약간의 진실이 담겨 있기는 하다. 이 점에 관해선 잠시 뒤 다시 다룰 것이다. 그러나 이 관점은 명백히 밝혀주기보다는 분명하지 않고 모호한 점이 더 많다. 왜냐하면 여기서 "영적"이란 말은 단지 나에게 있어 진실인 종교적 진실이나 경험을 의미하지만, 만일 그 영적 진실이 다른 사람이나 다음 세대에게 전해진다면 그것은 분명히 제도화될 것이 자명하기 때문이다. "종교"와 "영성"을 구분해서 사용하는 사람들은 자신들의 영적 진실을 가리키지만,

이 영적 경험이나 진실을 다른 사람에게 전하고 싶을 때 어떤 일이 일어나는지에 대해선 별로 생각해보지 않았다는 것이 곧 분명해진다. 왜냐하면 그렇게 하자마자 그들의 "영성"은 "종교"와 매우 비슷한 것처럼 보이기 때문이다. 달리 표현하면, 이 단어의 많은 용법에서 "영성"이란 나에게 있어서의 종교이다. 일단 나의 영성을 다른 사람과 공유하거나 다음 세대에게 전달하게 되면, 나는 그 둘을 구별함으로써 일시적으로 피하고자 했던 모든 "종교" 문제에 똑같이 당면하게 된다.

여전히 이런 구분은 상당히 널리 퍼져 있다. 여기서 "영성"은 흔히 "경험적"이고 "나에게 진실인 것"을 의미하며, "종교"는, "영성"과 비교할 경우, **직접 경험**direct experience과는 대비되는 교리적이고 제도적인 **믿음**belief을 의미한다. 그런 점에서 "종교적"이란 종종 "직접 경험"과는 대비되는 "단순한 믿음"과 같은 것으로 여겨지지만, "종교적 경험"이라는 혼성어는 요즘 흔히 사용되는 "영적"이란 단어와 매우 흡사한 것이 된다는 점에 주의하기 바란다. 윌리엄 제임스William James[6]가 "종교 경험의 다양성"에 관해 집필할 때 그는, 오늘날 사용되는 용어로 하면 영적 경험에 대해 쓰고 있었다. 그는 "종교적"이라는 단어와 "경험"이라는 단어를 결합해서 사용했는데, 이는 요즘 "영적"이란 단어가 의미하는 것과 동일한 것이다.

그러한 정의들이 널리 사용되고 있기 때문에, 나는 이 책을 종교적 믿음과 영적 경험 양쪽 모두를 다루는 책이라고 보고 있다. 실제로 이 책에서는 "믿음"에서부터 "신앙", "직접 경험", "영속적인 실현"에 이르기까지를 하나의 스펙트럼으로 그 개요를 설명하고 있다. 나는 이것

---

6 1842~1910, 미국의 대표적인 심리학자로 "의식의 흐름"이라는 용어를 처음 사용한 근대 심리학의 창시자. '심리학의 아버지'라는 칭호가 붙은 그는 미국에서 최초로 심리학 강의를 하였으며, 기능주의 심리학을 창안하였고, 미국의 실용주의를 이끈 주요 인물에 속한다. 주요 저서로 《The Principles of Psychology》, 《The Will to Believe》, 《The Varieties of Religious Experience》 등이 있다.

을 하나의 중요한 연속체라고 보고 있다. 이것이 갖는 함의는 이어지는 페이지에서 탐색될 것이다. 때때로 내가 "종교"와 "영성"을 혼용할 경우, 어느 쪽을 의미하는지는 문맥이 결정해줄 것이다.

첫 번째 포인트는 단순히 "종교"라는 단어가 적어도 그 안에 숨겨진 십여 가지의 의미를 갖고 있으며, 그 의미들은 우리의 논의에서 해독될 필요가 있을 뿐만 아니라 명백히 포함되어야만 한다는 것이다. 이러한 분석은 내가 오늘날까지도 계속해온 노력의 일부이다. 예컨대 《통합심리학Integral Psychology》에서, 나는 특히 영적 경험(또는 "영성")에 초점을 맞추었으며, 사람들이 영적 경험을 말할 때 적어도 다섯 가지의 아주 다른 의미가 포함되어 있다는 점도 지적하였다. 나는 그와 같은 다섯 가지 의미 모두가 타당하다고 생각하며, 단지 우리가 영적 경험에 관해 언급할 때마다 그것이 어떤 것을 의미하는지를 구체화해야 할 필요가 있다고 생각한다.

31

예를 들어 어떤 사람에게는 영적 경험이 **변성 상태**altered state를, 어쩌면 자연과 하나가 되는 절정 경험을 의미할 수 있다. 다른 사람의 경우, 영적 경험이 (사랑이나 자비와 같은) 어떤 **태도**를 소지하는 것을 의미할 수도 있다. 또 다른 사람에게는 영적 경험이 명상 수행으로 **더 높은 어떤 단계**에 도달하는 것일 수도 있다. 또 누군가에겐 영성이란 그 자체가 발달의 한 라인line, 하나의 특정한 길 또는 다른 어떤 능력이나 지능처럼 발달 가능한 **영적 지능**일 수도 있다. 따라서 "영성"이 실제로 사람들에 의해 사용되어온 방식을 보면, 그것은 의식의 변성 상태를 의미할 수도 있고, 특정 태도이거나 특정 발달 단계에 도달하는 것이거나 특정한 발달 라인을 의미하는 것일 수도 있다. 따라서 의식의 상태, 의식의 수준, 태도, 라인 및 특질 각각은 사람들이 영성에 대해 말할 때 실제로 사용되어왔다고 말할 수 있다. 이 다섯 가지 의미 중 어떤 것이 옳은 것일까? 또다시 나는 이들 모두가 영성에 대한 포괄적이거나 통합적인 모든 접근에 포함되어야 할 중요한 진실을 갖고 있다고 믿고 있다(제도적 영성 또는 종교 일반에 대한 접근의 경우에도 마찬가지이다).

그러나, 이상하게 들리겠지만 나는 실제로 그런 식으로 영성이나 종교를 논의하는 것을 본 적이 없다. 바로 어제 나는 〈종교에 대한 스파이럴 다이내믹스 접근The Spiral Dynamics Approach to Religion〉이라는 논문을 보았다. 여기서도 종교는 최소한 십여 개의 아주 다른 것이 아니라, 마치 단일한 것처럼 다뤄지고 있었다. 오해하지 마시길, 나는 스파이럴 다이내믹스(클레어 그레이브스Clare Graves[7]의 연구에 기초한 심리사회적 발달 모델)의 팬이다. 그러나 여전히 "종교"가 무엇을 의미하는지에 대한 획일적인 기술에 그 모델을 사용하는 것은 그다지 도움이 되지 않는다. 이 특별한 논문은 종교의 십여 개 이상의 의미, 기능, 차원, 측면 중 하나만을 택했으며, 모든 종교를 이 하나의 협소한 기능처럼 다뤘기에 똑같이 협소한 결과를 내놓고 말았다.

마찬가지로, 타당하거나 진정한 아동기 영성이 어떤 형태로든 존재하는지 그렇지 않은지에 대한 끝없는 논쟁에 빠져 있는 것도 여전히 꽤나 일반적이다. 나는 밥그릇을 지키려는 싸움보다 고작해야 한 급 정도 높을까 말까 한 이 문제에 얼굴이 벌게져서 서로 욕설을 퍼붓고 고함지르는 학자들을 본 적이 있다. 이 논의는 너무나 양극으로 나눠져 있어서 "당신은 십여 개나 되는 영성의 의미 중 어떤 것을 말하는 것인가?"라고 묻는 것조차 잘해야 얼간이로, 최악의 경우 악마로 취급된다(어떤 비판가는 이 둘을 한데 묶어서 나를 얼간이 악마라고 비난하기도 했지만,

32

켄 윌버의 신

---

7 1914~1986, 미국의 심리학 교수. 매슬로와 동시대 인물로서 가치 시스템을 기반으로 일생에 걸쳐 발달하는 인식론적 발달 단계 이론을 내놓았다. 벡Beck과 카우언Cowon은 이를 기초로 스파이럴 다이내믹스 이론을 만들었다.

군이 편을 가른다면 나는 통합론자이다).

그러나 단순한 사실 하나는 사람들이 어떤 발달 단계에 있든 절정 경험이나 의식의 변성 상태를 가질 수 있다는 것이다. 따라서 "영성"이라는 말로 변성 상태를 의미한다면, 어린이도 물론 진정한 절정 경험을 할 수 있다. 그러나 "영성"이라는 말로 후인습적 발달 단계를 의미한다면, 그들에겐 물론 불가능한 일이다. 이것으로 논쟁은 종결된다. 그러나 이토록 빨리 끝나는 것을 아무도 원치 않는데, 왜냐하면 상상할 수 있듯이 대학교수들의 밥그릇 싸움은 남자다운 학자들의 일이기 때문이다. 어쨌든 악마와 얼간이들은 놀랍게도 아직도 그 문제에 매달려 있다. 그들 모두는 여전히 열두 가지 의미 중 어느 하나를 골라내고는 각자 그것을 전체라고 우기고 있다.

3차원 페미니즘

이 책의 두 번째 주요 포인트는 진정성(즉 영적 참여의 심도)을 수반하는 종교와 영성의 측면에 초점을 맞출 경우, 실제로 "더 나은" 참여와 "더 나쁜" 참여 또는 "더 높은" 참여와 "더 낮은" 참여를 식별해낼 방법이 있다는 것이다. 이 주장이 "악마적"이고 "얼간이" 같은 소리라는 비판을 불러일으킨 것은 말할 것도 없다.

여기서 우리는 아마도 발달심리학에서 가장 오해받고 있는 개념, 즉 '위계hierarchy'라는 개념과 마주치게 된다. 이 개념은 그저 오해받은 정도가 아니라 악의적으로 오해받고 있다. 한 가지 예로 캐럴 길리건Carol Gilligan[8]의 훌륭한 책, 《다른 목소리로In a Different Voice》를 들어보자. 이 책은 아마도 어떤 파의 페미니스트이든 가장 자주 인용하는 책일 것이다. 그리고 토마스 쿤Thomas Kuhn[9]의 《과학혁명의 구조The Structure of Scientific Revolution》와 마찬가지로 그 책의 심하게 왜곡된 결론은 문화전쟁에서 하나의 교훈적인 이야깃거리로 남아 있다. 두 권의 책 모두 비슷한 이유 때문에, 그리고 거의 유사한 동기로 비슷하게 왜곡되었다.[2]

길리건의 책은 보통 다음과 같이 (잘못) 요약된다. 길리건에 따르면, 남자와 여자는 다르게 생각한다. 남자는 판단적 서열 짓기를 수반하는 위계를 사용해서 생각하고, 여자는 비위계적으로 또는 관계적으로 생각한다. 남자는 **서열 짓기**ranking를 사용하고, 여자는 **연결 짓기**linking를 사용한다. 남자는 권리, 정의, 자율성이라는 논리를 사용해서 판단하는 데 비해 여자는 배려, 관계, 책임의 논리를 사용해서 "다른 목소리로" 판단한다. 탄압과 사회적 불평등은 서열 짓기와 잔인한 위계를 수반하기 때문에 우리는 평화, 관계적 배려, 파트너십 사회, 그리고 생태적 균형을 수립하기 위해서 보다 여성적인 연결 가치가 필요하다. 그렇게 해서 "모든 위계로부터 떠나자"가 투쟁의 슬로건이 되었다.

길리건은 정말로 남자는 위계적으로 생각하고, 여자는 비위계적으로 생각하는 경향이 있다고 제안했다. 그러나 그녀는 남녀 모두 서너 개의 "위계적 단계"(이는 그녀의 표현이다)를 통해 발달한다는 점도 지적했다. 즉 여자는 관계적으로 또는 비위계적으로 생각하지만, **비위계적인 사고 자체는 네 개의 발달 단계를 통해 위계적으로 발달한다**는 것이다.

이 네 개의 여성적 위계 단계를 길리건은 **이기**selfish, **배려**care, **보편적**

---

8 1936~ , 미국의 심리학자. 도덕성에 관한 연구를 종합하여 남성과 여성의 도덕적 지향과 선호가 다르며 4단계를 거쳐 성장한다는 사실을 밝혀냈다.

9 1922~1996, 미국의 과학사학자이자 철학자로 과학 진보의 혁명적인 성격에 초점을 맞춘 새로운 과학관을 제시하였다. 1962년 주저인 《과학혁명의 구조》에서 "패러다임"이라는 용어를 처음 사용하였는데, 이는 주로 '변혁'이라는 말과 함께 기존의 낡은 가치관이나 이론을 뒤엎는 혁명적인 주장을 가리킬 때 사용된다.

배려universal care 및 **통합**integrated이라고 불렀다. 그녀의 요지는 남녀 모두 그와 같은 네 개의 위계적인 도덕적 추론 단계를 통해 발달해가지만, 남녀가 다른 목소리로 그렇게 한다는 것이다. 즉 남자는 권리와 정의의 논리를 사용하는 도덕적 위계를 통해 발달하며, 여자는 배려와 관계성이라는 논리를 사용하는 똑같은 도덕적 위계를 통해 발달한다는 것이다.

따라서 1단계(**이기적** 또는 **자아중심**)에서, 남자는 독자적인agentic 방식으로 이기적이며, 여자는 공동적인communal 방식으로 이기적이다(타인을 처벌할 때 사회적 추방을 사용한다). 2단계(**배려** 또는 **민족중심**)에서 남자들은 권리를 자신들이 속해 있는 집단, 부족 또는 국가 구성원에게까지 확장시키지만, 다른 민족 집단에 속한 사람들은 악마시한다. 여자들은 사랑과 배려를 자신의 집단이나 부족에까지 확장하지만, 적을 죽이기 위한 전쟁터에 자신의 아들을 기꺼이 바친다. 3단계(**보편적 배려** 또는 **세계중심**)에서, 남성 원리는 민족, 피부색, 성별이나 신조에 관계없이 권리와 정의를 모든 인간에게 확장시키며, 여성 원리는 배려와 자비를 모든 인간에게 확장한다. 물론 실질적인 남자와 여자는 남성성과 여성성 양쪽의 혼합체로서, 이 두 양식의 조합은 사람에 따라 매우 다양하다. 4단계(통합)에서, 각자의 남성성과 여성성 원리는 그 사람의 내면에서 통합될 수 있다. 길리건에 의하면 이 단계에서 상반된 양성적 태도의 통일이 초래된다.

발달 위계의 각 단계에서, 후속 단계는 실질적으로 "상위 통치higher-archy"적이다. 왜냐하면 각각의 후속 단계는 더 많은 사랑, 더 많은 자비, 더 많은 배려, 더 많은 정의, 더 많은 의식, 더 많은 권리를 갖고 있기 때문이다. 나쁜 것이 되기는커녕 겹겹이 층을 이룬 위계는 편견을 감소시키고, 억압을 경감시키며, 이런저런 "주의ism"(민족주의, 성차별주의,

종차별주의 등)를 감소시키는 수단이다. 성장 과정에서 상위 단계가 상위 통치를 할수록, **더 많은 배려**를 하게 되고 **더 적은 탄압**이 일어나는 경향이 있다. 이는 자명한 일로서 연구를 통해 지지되고 있다.

대부분의 페미니스트는 길리건이 말한 첫 번째 절반("여성은 비위계적으로 생각한다")은 받아들였지만, 두 번째 절반("여성의 비위계적 사고는 네 개의 위계적 단계를 통해 발달한다")은 무시했다. 투쟁의 슬로건이 "모든 위계로부터 떠나자!"가 되었을 때, 그것은 실제로는 "모든 성장으로부터 떠나자!", 즉 억압을 감소시키고, 성차별주의를 감소시키고, 인종차별주의를 감소시키는 수단으로부터 떠나는 것을 의미하게 되었다. 비非위계만을 옹호함으로써, 이들 사회 비판가들은 자신도 모르게 편견과 인종차별, 성차별주의를 극복할 수 있는 수단을 유린하고 말았다. 그들은 의도와는 달리 부주의하게도, 인종차별과 성차별주의와 민족중심적 편견을 돌보고 지원하는 바로 그런 태도와 접근 방법을 옹호한 셈이 되고 말았다.

그러므로 바버라 에런라이크Barbara Ehrenreich[10]가 2004년 5월 〈로스앤젤레스 타임스〉에 실은 〈페미니즘의 가정이 뒤집히다Feminism's Assump-tions upended〉라는 논설을 둘러싸고 벌어진 대소동은 이해할 만한 일이다. 그 논설의 부제는 "자궁은 양심의 대체물이 아니다A Uterus is Not a Substitute for a Conscience"였다. 존재의 여성적 모드로 비위계성을 촉진시키면서, 1단계와 2단계의 여성적 가치가 오늘날의 세계에서 악의에 찬 세력이라는 사실을 간과한 채 페미니즘은 단순히 "여성적"인 것과 "도덕적"인 것을 동일시하는 평지flatland 페미니즘[11]으로 전락하고 말았다.

---

10 1941년 미국 몬테나 주에서 태어나 록펠러대학교에서 세포생물학으로 박사학위를 받았다. 도시 빈민의 건강권을 옹호하는 비영리 단체에서 일하다 전업 작가로 나선 후 미국 저임금 노동자의 암울한 상황을 직접 체험한 후 고발한《Nickel and Dimed》로 명성을 얻었다. 현재 〈뉴욕타임스〉, 〈타임〉, 〈하퍼스〉, 〈네이션〉 등에 칼럼을 기고하고 있다.

오늘날의 세계에서 우리가 필요로 하는 것은 1·2단계에서 비롯한 여성 가치(자아중심 및 민족중심)는 적어지고, 3·4단계에서 비롯한 남성 가치와 여성 가치(세계중심 및 통합)가 많아지는 것이다. 1·2단계에서 연유한 여성 가치는 1·2단계에서 연유한 남성 가치와 똑같이 아우슈비츠와 운디드 니Wounded Knee[12]에 기여한다(이것이, 꽤 긴 논설을 통해 바버라 에런라이크가 말하고자 한 주요 포인트이다).

그러나 주요 포인트는 "평지 페미니즘의 가정이 뒤집히다"이지 "페미니즘의 가정이 뒤집히다"는 아니다. 실제로 뒤집힌 것은 평지 페미니즘의 가정들이었다. "자궁은 양심의 대체물이 아닌" 이유는 소위 자궁적 사고에는 네 개의 수준이 있기 때문이다. 위계적인 가치 대신에 단순히 "여성적 가치"만 옹호하는 바람에 페미니스트 방정식에서 깊이가 말살되었다는 것은 슬픈 사실이 아닐 수 없다. 어떤 종류든 "관계적 연결 짓기"만을 여성적 가치로서 초점을 두게 됨에 따라 그 결과는 종종 퇴행적 여성 가치 시스템이 되고 말았다. 이것은 부주의하게도 여성을 세계중심적 배려로부터 민족중심적 배려로, 다시 자아중심적 이기심으로 끌어내리게 되었고, 이것이 곧 국가를 치유하고, 세계를 치유하고, 지구를 살리는 것을 의미했다.

슬프게도, 제안된 치료가 실은 질병의 일부였다. 모든 위계를 공공연히 비난하는 와중에 페미니스트들은 자신들의 성장과 발달의 수단을 효과적으로 유산시키고 말았다. 이는 자신들의 인간 불신을 드러내는 유산이었다. 적어도 네 개 수준의 자궁적 사고(또는 네 개 수준의 관계적 사고)가 있다는 것을 인정하는 대신에 그들은 단지 "존재의 여성적 모드"를

---

11 온우주의 객관적·경험적인 측면만을 실재로 인정한 근대 계몽주의 패러다임을 일컬어 윌버가 붙인 용어로, 주관적인 내면과 상호주관적인 문화적 요소를 외면적 실재인 물질과 사회 시스템으로 환원시켜 깊이와 높이가 사라진 2차원적이고 평면적인 접근법을 말한다.

12 미국 원주민을 학살한 곳.

옹호하거나, 연결 짓기에다 서열 짓기를 더한 것이 곧 파트너십 사회라고 주장했다. 그러나 민족중심적 여성은 그들의 남편과 아들이 그랬던 만큼이나 거슬릴 정도로 나치즘을 지지했다. 오늘날 미국 남부에 사는 민족중심적인 백인 여성들은 백인 남자들만큼이나 KKK를 지지한다. 이들 민족중심적인 여성들은 참으로 연결 짓기와 관계성에 몰두하지만, 이는 그들의 부족, 친족, 가족—이 경우에는 쿠클럭스클랜Ku Klux Klan—이라는 테두리까지만 해당되는 연결 짓기이다.

한마디로 평지 페미니즘은 연결 짓기와 관계 맺기에만 초점을 맞추었고, 가장 잔인하고 야만적인 것에서부터 가장 총괄적이고 숭고한 것에 이르기까지 적어도 네 개 수준의 관계 맺기와 연결 짓기가 있다는 것을 망각했다는 것이다. 단순히 "여성적 존재 양식"만을 옹호하는 것은 만일 그런 여성적 가치가 캐럴 길리건의 모델에서 1단계나 2단계의 것이라면 실제로 상상할 수 있는 최악의 야만주의에 기여하는 것이 될 수 있다. 이 세계는 여성적이거나 관계적이거나 연결적인 가치를 더 많이 필요로 하는 것이 아니라, 3·4단계의 여성적 가치를 더 많이 필요로 하며, 훨씬 적은 1·2단계의 여성 가치를 필요로 한다. 1·2단계의 여성 가치를 만일 그들 자신의 소망대로 방치한다면, 우리 모두는 죽음에 이르게 될 것이다. 그것이 바로 "자궁은 양심의 대체물이 아닌" 이유이다. 그와 같은 단순하고 분명한 진술이 그토록 큰 소동을 일으킬 수 있었다는 사실은 여전히 평지 정신성이 얼마나 깊이 깔려 있는가를 보여준다.

한편 심층 페미니즘의 도입은 심층 영성과 더불어 최소한 우리에게 심층, 성장, 발달, 진화적 전개 및 (이기적 수준에서 배려, 보편적 배려, 통합적 수준으로의) 수직적인 변용 차원을 추가할 기회를 제공해준다. **우리의 여성적·연결적·관계적 가치는 어떤 수준에서 연유할 것인가?** 나는

(다른 사람들은 배려하지 않고) 오직 나 자신하고만 관계 맺을 것인지, 아니면 (다른 부족은 미워하면서) 나의 부족하고만 또는 오직 인간하고만 관계 맺을 것인지(그렇게 해서 종차별주의에서 멈출 것인지), 아니면 모든 생명 있는 존재와 관계 맺을 것인지(그렇게 해서 신에 이르러 멈출 것인지)?

바로 이 책에서 제시하고자 했던 것은 그러한 "3차원 페미니즘"이다.[3] 또한 평지 사회비판주의와 평지 페미니즘, 그리고 평지 영성에 의해 생겨난 불모지에서 20여 년이 지난 지금, 세계는 이제 이 메시지를 들을 수 있고 우리의 사회적 어젠다 안에 수직적 심층 차원을 도입할 수 있는 정도는 되었다고 나는 생각한다. 그와 같은 **통합 페미니즘**, 즉 3차원 페미니즘뿐만 아니라 3차원 사회학, 3차원 생태학, 3차원 영성, 3차원 심리학 등에 대한 연구가 통합연구소Integral Institute에서 활발하게 추진되고 있다. 이렇듯 보다 총괄적이고 포괄적인 접근에 흥미를 느낀다면, 이러한 비옥한 시도를 하고 있는 우리와 합류할 수 있는 방법을 이 머리글 말미에 몇 줄 적어놓았으니 꼭 읽어보기 바란다.

나의 신은 당신의 신보다 더 낫다

하지만 "세계중심적인 것이 민족중심적인 것보다 더 낫다"라는 판단을 어떻게 확신할 수 있을까? 우리는 과연 도덕적으로 정당화될 수 있는가? 이 말이 아무리 고결한 마음처럼 들린다 해도 어떻게 확신할 수 있단 말인가?

이것이 발달론적 연구의 매우 유용한 측면 중 하나이다. 발달론적 연구의 전반적인 요점은, 올바로 수행됐을 경우, 연구자가 피험자에게 자신들의 가치 시스템을 부가하지 않고 단지 비침습적非侵襲的이고 해석학적인 방식으로, 집단 자체의 가치 전개 결과를 이끌어낸다는 것이다.

전형적인 발달 연구자들은 다음과 같이 작업한다. 그들은 한 집단의 사람들에게 특정한 질문이나 딜레마를 묻는다. 연구자들은 그 응답을 기록하고 그 응답들이 어떤 패턴으로 구분되는지를 살펴본다. 예컨대 길리건은 여성들의 반응이 세 개(나중엔 네 개)의 범주(이기, 배려, 보편적 배려, 통합)로 구분되는 경향이 있음을 발견했다. 발달 연구자들은 그런 다음 이러한 반응을 오랜 기간(수년 또는 수십 년 동안) 추적하면서 각자 자신의 응답을 변경하는지 알아본다. 연구자들은, 예컨대 "배려" 응답을 한 어떤 여성이 몇 년 후 "보편적 배려" 응답을 하지만 "이기적" 응답은 하지 않는다는 것을 발견할 수도 있을 것이다. 즉 발달 연구자들은 이런 응답들에 **방향성**이 있다는 것, 필연적으로 수반된 하나의 계열이 있다는 것, 달리 말하면 이들 반응이 하나의 **발달** 계열상의 단계들이라는 것을 발견할 수도 있다는 것이다. 이것이 길리건이 발견해낸 것이다. 그녀의 네 개의 응답 범주는 실제로 위계적인 발달적 전개에 있는 네 개의 단계였다.

우리는 그러한 점증하는 배려와 의식의 위계에서, 각각의 상위 단계는 정말로 더 고차적이라는 것, 즉 상위 단계는 배려, 관심, 관계성 및 의식에 있어서 더 큰 능력을 갖고 있다는 것을 의미한다는 것을 알게 되었다. 하지만 누구에 의한 "상위"인가? **응답한 사람들 자신에 의한 것이다.** 달리 말해, 모든 진정한 발달론적 계열은 외부인이 피험자에게 부가한 거대담론meta-narrative이 아니라 응답자 스스로 자신들의 응답을 회고함에 따라 내부로부터 진술된 계열이라는 것이다. 보편적 배려 응답을 한 사람들은 자신들이 한때 제시했던 배려 응답보다 지금의 응답이 더 넓고, 더 깊고, 더 진정한 것이라고 주장한다. 그러므로 이 계열은 하나의 가치 계열이라는 판단, 즉 상위 단계가 더 낫다는 판단은 스스로 그 단계를 통과해 간 사람들로부터, 스스로 다른 응답들을 경험했던 사람들로부터 비롯된 것이지, 어떤 외부의 "권위자" 또는 "패권적 제국주의자"나 "가부장적" 연구자로부터 비롯된 것이 아니다. 내부로부터 비롯된 이해 당사자의 해석학적 판단, 이것이야말로 잘 수행된 발달주의의 핵심이다.

성장한다는 것은 무엇을 의미하는가?

그러한 이해 당사자의 계보학(또는 해석학적 발달주의hermeneutic develop-mentalism)은 건설적인 포스트모더니즘의 위대한 기여 중 하나이다. 〈누가 쿡 선장을 먹어치웠나?Who Ate Captain Cook?〉(http://wilber.shambhala. com에 게시된 《부머리티스Boomeritis》의 보조 해설 A)에서 설명했듯이, 포스트모던의 다원주의를 통과해 가는 데는 중요한 길이 두 개 있다. 하나는 **다원론적 상대주의**pluralistic relativism이고, 또 하나는 **계보학**genealogy(또는 발달주의developmentalism)이다. 통합적 접근에서는 양쪽의 중요한 통찰을 받아들이며, 우리에게 복합적인 다양한 조망을 주는 또 다른 핵심 방법론들과 함께 이것들을 짜 맞춘다. 하나하나가 모두 중요하며 이중 어느 것도 무시할 수 없다.

그러나 슬프게도 발달론적 접근법은 학계의 포스트모던 정신의 지배적인 담론에 의해 금지되고 말았다. 그 결과, 지금까지 말해온 것처럼, 평지 사회학, 평지 페미니즘, 평지 생태학, 평지 영성, 평지 인문학이 되고 만 것이다. 이 모두는 자신도 모르게 무심코 사회적 평등과 자유를 가장한 채 활보하고 있지만, 슬프게도 실제로는 심층과 배려와 의식을 억압하고 있다. 왜냐하면 점증하는 자유와 배려와 사회적 관심을 드러낼 수 있는 유일한 방법을, 즉 점증하는 자비의 층으로 이루어진 위계를 통한 발달을 저주받은 것으로 파문시켰으며 포스트모던 어젠다로부터 제거했기 때문이다. 사회적 탄압을 가장 종식시키고 싶어 했던 사람들이 실제로는 자신들의 목표를 달성할 수 있는 수단, 즉 점증하는 배려와 의식이라는 층으로 이루어진 영역을 통한 위계적 발달을 끝장내고 말았다는 것은 아마도 지난 20~30년에 걸쳐 일어난 가장 슬픈 아이러니였을 것이다.

심층이라는 차원은 우리를 다원주의에서 계보학으로 옮겨 가도록 해준다. 그러나 다원주의도 계보학도 모두 다 포스트모던 정신이 우리에게 넘겨준 넘쳐나는 해석의 바다를 항해하도록 하려는 시도이다. 둘다 단일한 소여所與의 세계는 없으며, 합리적인 합의에 도달할 수 있는 실재에 대한 단일한 해석도 없고, 논쟁을 그럴듯하게 지지해줄 수 있는 단일한 가치 시스템도 없다는 데 동의한다. 포스트모던 세계는 피치 못하게 다원적인 세계, 뿌리 깊은 다양성, 다원주의, 다중 가치 체계의 세계이다.

그러나 계보학은 다원주의를 초월하면서 포함시키는 쪽으로 한발 더 앞서 나간다. 계보학은 이 다원주의 세계에서 어떤 사람이 할 수도 있는 특정 응답을 받아들인 다음, 시간의 경과에 따라 그 반응을 추적한다. 계보학은 다원주의에 역사를 플러스한 것이다. 계보학은 어떤 반응이든 그 출생에서부터 시간의 흐름을 따라가며 추적한다. 이것이 **계보학**genealogy, **기원**genesis, **속屬에 대한 공통적**genetic 인식론에서처럼 그리스어로 "태어나다/출생"이란 의미에서 비롯한 gen-이 발달 연구 용어에서 흔히 발견되는 이유이다. 가장 세련되고 신중한 형태의 계보학이 곧 발달주의이며, 이는 캐럴 길리건이 했던 것, 또는 클레어 그레이브스, 제인 뢰빙거Jane Loevinger[13], 주자네 쿡 그로이터Susanne Cook-

Greuter,[14] 로버트 키건Robert Kegan[15] 등이 했던 것과 매우 유사한 것이다.

응답에서의 어떤 변화는 분명한 이유가 전혀 없거나 그 이전 것에 비해 갑작스러운 결렬처럼 보이기도 한다. 그러나 대부분의 변화는 적어도 몇 가지 식별 가능한 방식으로 분명히 이전 응답과 관련이 있다. 길리건의 겹겹이 층을 이룬 위계에서, 예컨대 각각의 후속 응답은 더 많은 조망perspective을 고려한다(이기적인 응답은 단지 1인칭 조망이며, **배려**는 거기에 2인칭 조망이 추가된 것이고, **보편적 배려**는 거기에 다시 3인칭 조망이 추가된 것이다). 그러한 계보학적 흐름 안에서, 우리는 그 흐름을 관통하고 있는 사람들 자신에 의해 분명히 언급되고 확실히 식별할 수 있는 어떤 가치의 경향성 또는 **방향성**이 있다는 것을 보았다. 즉 세계중심적 배려는 민족중심적 배려보다 더 낫고, 민족중심적 배려는 자아중심적 이기심보다 **더 낫다**는 것이다.

영적 참여가 타인에 대한 배려와 관심을 내포하고 있는 정도와 자신의 자아적 조망 이외의 조망을 고려할 수 있는 능력에 따라서 어떤 영적 참여는 다른 것보다 더 낫고, 더 진실하며, 더 깊고, 더 진정하다. 이 수직적 심층 차원은 영적 참여에 진정성의 정도가 있다는 것을 의미한다(이것은 특정한 여정을 걸어본 사람들, 그리고 내부로부터 그것을 경험해본 사람들의 판단이지, 단순히 어떤 특권적인 거대담론에 따른 외부의 판단이 아니다). 나의

---

13 1918~2008, 심리 측정 분야의 전문가로서 자아발달의 이론을 확립한 대표적인 심리학자. 자아발달을 측정하기 위해 자신이 고안한 문장완성검사Sentence Completion Test: SCT를 이용해 도덕발달, 대인관계 및 개념적 복잡성을 측정하였다. 대표적인 저서로 《Ego Development》가 있다.

14 하버드대학교 출신의 발달심리학자. 성인발달연구소SRAD: Society for Research in Adult Development 연구원으로 일해왔으며, 제인 뢰빙거의 자아발달 모델에서 언급하지 않은 고차 단계를 밝혀내고, 이를 자아발달의 후기 단계에 추가하였다.

15 하버드대학교 교수로 인간의 학습과 발달을 주로 연구하면서, 일생에 걸친 발달 과정을 강조하였다. 대표적인 저서로 《The Evolving Self》가 있다.

발달이 성숙할 때의 신은 발달이 미성숙할 때의 신보다 더 낫다.

또한 이 "더 낫다"는 것은 모든 신념 체계에서, 그리고 모든 사회 집단에서도 놀라울 만큼 유사성을 갖고 있다는 것이 판명되었다.[4] 예컨대 (동과 서, 남과 북의) 어떤 집단에서든, **자신들의 집단 내부에서** 세계중심적인 조망과 민족중심적인 조망을 모두 경험한 사람들은 앞쪽 응답이 더 낫고, 더 고차적이며, 더 깊다고 주장한다. 계보학은 어떤 경우에도, 예컨대 나의 문화의 어떤 단계가 다른 문화의 어떤 단계보다 낫다고 주장하지 않는다. 다만 어떤 문화에서의 단계는 그 문화 속에서 살고 있는 사람들에 의해서만 더 낫다거나 더 못하다고 판단될 수 있으며, 그런 식으로 내부에서 솟아나는 경우에만 단계 개념으로 타당한 것이라고 주장한다. 우리가 자아중심적인 것에서 민족중심적, 세계중심적인 것과 같은 하나의 계열을 찾아낸 어떤 문화에서는, 그 문화로부터 출현한 계열을 통과해 가는 사람들이 세계중심적인 것이 민족중심적인 것보다 더 낫다고 주장한다는 것이다. 이런 점에 있어선 다른 문화에서도 마찬가지이다(그러므로 그것은 범문화적인 유사성이다).

이 책은 이 심층 차원을 문화 간 영적 참여에 적용하면서 그 차원을 탐색한 최초의 책이었으며, 또한 심층사회학을 최초로 소개한 책이기도 하였다. 여기에는 3차원 페미니즘, 그리고 점증하는 배려와 의식의 수직적 차원을 인식하는 종교와 영성에 대한 접근도 포함되어 있다.

전초 오류

종교적 전개와 영적 전개에는 수직적 심층 차원, 발달적 심층 차원이 있다는 아이디어는 실제로는 길리건의 여성 위계의 네 단계(이기, 배려,

보편적 배려, 통합)와 매우 유사하다. 이 책에서는 태고archaic, 마술magic, 신화mythic, 합리rational, 심령psychic, 정묘subtle, 원인causal이라는 좀 더 복잡한 계보학을 사용하고 있지만, 그런 것들은 모두 일반적인 주제에 대한 변주곡이며, 길리건의 것과 유사한 다른 척도들은 《통합심리학》에서 제시한 포괄적인 개관에 포함되어 있다.

심층 차원이라는 개념의 또 다른 버전은 **전초**pre/trans **오류**라는 아이디어에서도 볼 수 있다. 이것은 내가 이 책을 썼던 바로 그 무렵에 소개했던 것으로, 나의 아이디어 중 어떤 것도 이처럼 큰 소동을 일으킨 것은 아마도 없을 것이다. 따라서 이 아이디어에 대해 몇 마디 언급하는 것이 좋을 것 같다.

일반적인 아이디어는 아주 간단하다. 전前합리적인 영적 경험과 후後합리적인 영적 경험 사이에는 중대한 차이가 있으나, 그럼에도 사람들은 언제나 그 둘을 혼동한다는 것이다. 나의 경우를 사례로 시작해보자. 나는 나 자신의 오류를 돌아봄으로써, 즉 왜 낭만주의 관점이 처음엔 그토록 엄청난 의미가 있는 것처럼 보이고, 왜 거의 모든 사람들이 자신의 영성 연구를 낭만주의 관점과 함께 시작하는 것처럼 보이는지, 그럼에도 불구하고 왜 그 관점이 계통발생적 발달과 개체발생적 발달에 대한 실제 자료와 증거를 다룰 수 없는지를 돌아봄으로써 전초 오류를 발견하게 되었다.

일반적인 낭만주의 관점은 꽤나 간단하다. 갓난아이, 그리고 초기 인류는 세계 전체(그리고 순수 절대자기 또는 순수 영Spirit)와 무의식적 통일성, 일종의 최초의 낙원에 잠긴 채 문자 그대로 지상의 에덴동산과 수렵채집식 생태적 지혜 또는 "어머니와 세계와 환희 속에" 융합된 채 평화롭게 출발했다는 것이다. 그 이후의 발달을 통해서, 이 최초의 낙원은 이 최초의 근본바탕Ground에서 합리적인 자아가 출현함에 따라 상실된다. 이 합리적인 자아가 "비분리된nondissociated" 상태를 부수고, 산산조 각내고, 죄와 고통, 생태적 파국, 가부장적 잔인성 및 온갖 나쁜 것들을 만들어낸다. 그러나 자기(와 인류)는 본래의 전체로 되돌아감으로써, 그리고 그 전체를 회복함으로써 지나치게 분석적이고 분리적인 단편화된 자세를 털어낼 수 있다(그러나 이번엔 성숙하고 의식적인 형태로). 이제 분석적인 능력과 결합한 본래의 전체성은 새로워진 지상낙원, 생태적으로 건전하고 균형 잡힌 지상낙원을 이룰 것이고, 해방되고 비분리된 의식을 맞아들일 것이다.

'전집' 제2권 머리글에서 설명했듯이, 나는 이 낭만주의적 관념을 증명하기 위해 《아트만 프로젝트》와 《에덴을 넘어》라는 두 권의 책을 쓰기 시작했던 것이다. 그런 일이 있었기에, 내가 그 관점을 이해하지 못했다거나 그 관점에 대해 결코 어떤 공감도 가져본 적이 없었다는 말을 들을 수는 없을 것이다. 초창기에 나는 그 관점의 가장 열렬한 팬이었다. 그러나 낭만주의적 지향으로 실제 증거를 설명하려고 하면 할수록 그 작업은 비참하게 실패로 돌아갔다. 오랜 기간 지적인 고통을 겪으면서, 나는 서서히 엄격한 낭만주의적인 자세를 버리고 떠나갔다(보다 항구적인 진실 일부는 간직한 채). 그런 다음 진정으로 엄청난 양의 증거를 다룰 수 있는 것처럼 보이는 유일한 관점을 채택하는 쪽으로 옮겨갔다. 그 유일한 관점은 발달론적 또는 진화론적인 모델이었다.

낭만주의에 대한 나의 초창기의 열렬한 채택을 되돌아보면서, 나는 그런 채택으로 이끈 지적 오류라고 생각되는 것을 재구성할 수 있었고, 그 모든 것들을 전후pre/post(또는 전초) 오류라는 개념으로 요약하였다. 전후 오류란 알기 쉽게 말하면 이런 것이다. 어떤 알려진 발달 계열에서도, 발달은 전前X에서 X로, 그런 다음 후後X로 진행해간다. 전前상태와 후後상태 둘 다 비非X 상태이기 때문에 이들을 혼동하거나 같은 것처럼 다루는 경향이 있다. 이들은 처음에 얼핏 보기엔 너무나 비슷해 보이기 때문이다. 전합리적인 것과 후합리적인 것은 둘 다 비합리적이다. 전인습적인 것과 후인습적인 것은 둘 다 비인습적이다. 전개인적인 것과 초개인적인 것은 둘 다 비개인적이다. 전언어적인 것과 초언어적인 것은 둘 다 비언어적이다 등등.

일단 전과 후를 혼동하게 되면, 다음과 같은 두 가지 불행한 일 중 어느 하나가 발생하게 된다. 후인습적 · 초합리적인 초의식 상태를 전합리적 · 유아적 · 대양적 융합으로 (프로이트가 그랬던 것처럼) 축소/환원시키거나, 아니면 유아적 · 아동적 · 전합리적인 상태를 초월적 · 초합리적 · 초개인적인 영광으로 (낭만주의자들이 흔히 그랬던 것처럼) 격상시키는 일이 벌어진다. 후를 전으로 축소시키거나 전을 후로 격상시키게 되는 것이다. 환원주의는 이제 잘 알려져 있으며, **격상주의**elevationism는 낭만주의자들의 거대한 영토였다.

낭만주의 관점이 감정적으로는 호소력을 갖는 것처럼 보이지만, 넘쳐날 만큼 많은 증거들이 유아(와 초기 인류)가 후합리적 천국이 아니라 전합리적 잠 속에 잠겨 있었다는 사실을 가리키고 있다. 합리적 · 자의식적 자아가 이 전합리적 · 전前반성적인 잠에서 깨어나는 것은 현현된 세계의 공포에 대한 실로 고통스러운 깨어남을 수반하지만, 그 깨어남은 이전의 초의식 상태에서의 추락이 아니라 하의식적subconscious 침잠 상태에서 나와 성장한 것이었다. 하의식적 침잠 상태는 **이미** 추락된 상태, 즉 **이미** 배고픔과 고통, 유한과 필멸이라는 현현된 세계에 존재하는 상태이다. 이 상태는 그러한 고통스러운 사실을 감지할 수 있을 만큼 충분한 각성 상태를 갖고 있지 않을 뿐이다. 마찬가지로, 합리적 자아는 존재론적 소외라는 높이에 있는 것과는 거리가 멀다. 합리적 자아는 실제로는 초의식적 깨어남으로 성장해가는 길에서 절반쯤에 도달해 있는 것이다. 자아는 실제로는 최하층 지옥에 있는 것이 아니라 그저 스스로 그런 것처럼 느낄 뿐이다.

그러나 영Spirit은 합리성 너머에 있다는 것을 **바르게** 인식하고 있으며, 합리적 자아는 비이원적인 영적 의식 밖에서 그 의식에 저항하기도 한다는 것도 **바르게** 인식하고 있는 낭만주의자들은 고전적인 **격상주의 오류**에 빠지고 말았다. 그들은 역사 이전의 낙원 안에서 잠들어 있던 상태를, 인류가 추락하기 이전의 최초의 전체성, 초합리적 천국으로 들어가기 위해 인류가 다시 회복하지 않으면 안 되는 전체성이라고 생각했다. 바로 그런 인간 잠재력에 대한 철저하게 퇴행적인 관점이 낭만주의의 잘 알려진, 모든 하강과 참사를 위한 무대를 만들어냈던 것이다. 즉 자기와 자기감각이라는 강박관념(세계중심에서 민족중심으로, 다시 자기중심적인 것으로의 퇴행)과 쾌락적 비도덕성(후인습적·보편적 배려에서 민족중심적·인습적 배려로, 다시 전인습적·이기적인 것으로 퇴행)이 그것이다. 이 모든 것들은 "이성 너머"에 있는 것이라고 주장했지만, 실은 그 대부분은 단지 이성 아래에 있는 것에 불과했다.

이 모든 것은 내가 나 자신의 오류를 재구성해내자 분명해졌으며, 이 모든 것을 전후 오류라는 개념적 틀 속에서 작업했다. 이 아이디어 자체는《아트만 프로젝트》(1978)에서 처음 제시했다. 그 후 〈전초 오류〉라는 논문에서 꽤 상세하게 다뤘으며, 이 책과 함께 '전집'의 제3권《아이 투 아이Eye to Eye》에 실려 있다. 이는 내가 이 책을 쓸 때만큼이나 이 아이디어가 여전히 내 마음속에 얼마나 선명하게 새겨져 있는지를 보여준다. 또한 그것은 인습적인 대학 문화, 뿐만 아니라 더욱 슬프게도 (더 잘 알았어야 했지만 실망스럽게도 그렇지 못했던) 반문화counterculture(나로파 대학교Naropa University와 캘리포니아 통합연구소California Institute of Integral Studies 등으로 대표되는) 양쪽 모두에서 급격하게 평지화되어가던 지적 풍토에 수직적 차원을 재도입하도록 해준 매우 중요한 개념이었기 때문에 잘된 일이라고 생각한다.

이 아이디어가 출판된 이후 20여 년이 지나는 동안, 두 가지 유형의 비판이 전후 오류에 퍼부어졌다. 환원주의자들은 이것이 후인습적·초합리적·초개인적 상태의 존재를 허용한다는 이유로 공격한다(그들은 여전히 모든 초월 상태를 유아적이고 전합리적인 어리석음의 비열한 반란으로 축소시키느라 바쁘다). 그리고 격상주의자들은 아마도 유아와 아동(그리고 초기 인류)은 어떤 종류의 영적 또는 초개인적 상태에도 접근할 수 없으며 전합리적인 상태에 머물러 있을 뿐이라고 주장한다는 이유로 종종 화를 내며 신랄하게 공격한다. 양측의 이러한 공격은 전후 오류가 진실일 경우 기대할 수 있는 것이었으나, 양쪽 모두 나의 관점을 실제보다 너무나 완고한 것처럼 제시하였다.

먼저 환원의자들에게 말한다. 나는 초개인적·후합리적 또는 영적인 것이라고 주장하는 그런 상태 모두가 다 실제로 그렇다고는 생각하지 않는다. 그런 주장을 액면 그대로 받아들일 만큼이나 인간의 자기기만 능력은 엄청나다. 진실의 길을 가는 데는 매우 비판적인 태도, 때로는 회의적이고 때로는 논박적인 태도조차도 항구적인 반려자여야만 한다. 영적 집단에서 가장 결핍된 필수품은 건강한 회의주의인 것처럼 보이는데, 이는 아마도 회의주의를 신앙의 결핍과 혼동하기 때문일 테지만, 이는 이해할 수는 있어도 매우 잘못된 자세이다. 그렇지만 환원주의자에 대항해서 나―그리고 엄청난 양의 비교문화적cross-cultural 증거―는 모든 초개인적·초합리적 신비 상태를 마치 유아기 초기의 잠에서 난입한 귀찮은 것처럼 간단히 처리하는 것을 거부한다.

격상주의자들에게도 말한다. 나는 다양한 유형의 영적 또는 초개인적 상태가 유아와 초기 인류에게 가용하다는 것에 어느 정도까진 동의

할 수 있으며, 결코 그런 것을 부정한 적이 없다. 먼저 유아부터 언급한 후 인류 진화의 초기 단계를 다루기로 한다.

완전한 망각 상태로 오지는 않으리니

잠시 동안 실제로 영적인 실재, 우리가 진정 접근 가능한 실질적인 영적인 실재가 존재한다고 가정해보기로 하자. 그렇게 가정할 때 유아와 아동의 경우, 그들의 영적인 접근에는 적어도 두 가지 주된 유형이 있음을 보여주는 증거가 있다. 첫 번째 유형은 논쟁의 여지가 매우 많은 것이어서 조금만 언급하려고 한다. 그것은 내가 "길게 깔린 영광의 구름trailing clouds of glory"이라고 불렀던 것으로, 개개인이 이 삶으로 가져온, 따라서 어떤 점에선 임신 이전부터 현전해 있던 모든 심층적인 정신적(또는 혼soul적) 각성을 의미한다. 당신은 이것을 실제 탄생으로 해석하고 싶을지도 모른다. 그러나 이것은 단지 출발 시부터 현전해 있던 자신의 가장 깊은 심층의 잠재력으로 해석될 수도 있다. 나는 이런 가능성을 주석에서 추적해볼 것이다.[5]

유아와 어린 아동이 접근할 수 있어 보이는 두 번째 영적 경험 또는 각성 유형은, 적어도 우선 진정한 영적 경험을 믿는다면, 논쟁이 덜한 편이다. 여기에는 의식의 **상태**state라는 아이디어가 수반되는데, 이는 의식의 **단계**stage와는 다른 것이다. 단계란 캐럴 길리건이 연구했던 것들처럼, 정말로 계열적으로 전개하면서 만개된다. 꽃봉오리가 나타나기 전에 꽃을 볼 수 없는데, 후인습적 반응은 인습적 반응과 전인습적 반응 이전에는 나타나지 않는다. 이 특정 문제에 관한 한 그 증거는 넘쳐날 정도로 분명하다. 발달 단계에서 본다면, 유아기와 아동기에서 후인습적 반응이 나오는 경우는 거의 없다.

그러나 길리건의 연구에서와 같은 발달 단계와 흐름은 그 자체로 중요한 것이긴 하지만, 그것이 정신 영역 전체를 망라한 것은 아니다. 앞서 말했듯이, 의식의 단계 이외에도 의식의 상태가 존재한다. 가장 일반적인 의식의 상태는 깨어 있는 각성 상태, 꿈꾸는 상태, 그리고 깊은 수면 상태이다. 여러 가지 복잡한 이유 때문에, 위대한 지혜 전통에서는 종종 이들 상태를 각각 신체body, 혼soul, 영spirit과 등치시킨다. 즉 깨어 있는, 물질matter(과 신체) 영역; 꿈꾸는, (마음과 혼의) 원형적 이미지와 광명luminosity의 정묘subtle 영역; 무형의, (영의) 광대한 공호성과 순수성, 무한한 개방성의 원인causal 영역이 그것이다. 그러므로 각성, 꿈, 그리고 깊은 수면 상태는 흔히 신체, 혼, 영과 상관을 맺고 있다.

이러한 상관을 어떻게 생각하건 한 가지만은 부정할 수 없는데, 그것은 갓난아이조차도 깨어 있고, 꿈꾸고, 잠잔다는 것이다. 따라서 만일 내가 깨어 있는 상태는 물질적 신체에 접속해 있으며, 꿈꾸는 상태는 일종의 혼과 접속해 있는 상태이고, 깊은 수면은 일종의 무형적 영과 접속해 있는 상태라고 주장한다면, 나는 유아도 신체, 혼, 영과 어떤 식으로든 접속해 있기에 그런 영적 차원을 경험할 수 있다고 말하지 않으면 안 된다.

나는 그런 주장에 장점이 있다고 생각하는데, 이것은 또한 발달론자들이 자주 접하는 주제이기도 하다. 즉 실제로 어떤 의식 단계 또는 발달 단계(예컨대 이기, 배려, 보편적 배려, 통합)에 있는 자기는 주요 의식 상태 중 어떤 것(예컨대 조대粗大, 정묘, 원인)의 변성 상태나 절정 경험을 할 수 있다는 것이다.

예를 들어 두 개의 단순한 척도(네 개의 단계와 세 개의 상태)를 사용할 경우, 우리는 종교나 영적 경험에 대한 열두 가지의 주요 유형을 얻게 된다. 그 경험의 실제 내용은 대단히 유동적이겠지만(그리고 뒤에서 내가 4분면分面, quadrants이라고 부르는 사회 및 문화적 요인들에 밀접하게 의존하고 있지만), 경험의 유형 자체는 쉽게 알아볼 수 있을 것이다. 이 책은 그 경험의 기원(어떤 영역과 차원 또는 상태가 경험되는가?)뿐만 아니라 그 경험을 받아들이거나 해석하는 구조나 단계(그 사람의 정묘적인 꿈꾸는 상태의 경험이기, 배려, 보편적 배려 또는 통합 단계 중 어떤 단계에 의해 해석되는가?) 양쪽 모두에 초점을 맞추면서 그러한 영적 경험의 격자 또는 매트릭스를 소개한 최초의 책이었다.[6] 따라서 어떤 사람이 정말로 조대, 정묘, 원인 또는 비이원적인 경험을 가질 수 있다 해도 그 경험은 그 사람에게 가용한 심적 장치로(즉 그것이 이기적인 단계든, 배려나 보편적 배려 또는 통합 단계든 자신의 특정 발달 단계로) 해석될 것이다. 아니, 그것으로 해석할 수밖에는 없다.

몇 년 후 앨런 콤스Allan L. Combs는 다른 각도에서 이 문제를 알게 되었다. 콤스와 나는 우리 모델의 기본적인 유사성을 알게 되었고, 이것을 윌버–콤스 매트릭스Wilber-Combs Matrix라고 부르는 데 합의했다. 그 후 우리는 동료로서 손을 잡고 이 매트릭스의 상당 부분을 다듬고 정교화시키긴 했지만, 이 매트릭스는 여전히 종교적·영적 경험에 관한 대단히 유용한 해석적 분석 도구로 남아 있다.

그러면 유아는 영적 실재에 접근 가능하다는 것인가?(더 나아가, 유아는 모든 성인들이 필연적으로 상실했고 모든 깨달은 이들이 되찾은 영적 실재에 접근 가능하다는 것인가? 이것이 낭만주의 주장의 실질적인 핵심이다.) 그런데 그 대답은 "영적"이라는 말이 무엇을 의미하는지에 달려 있다. 만일 우리가《통합심리학》에 기술된 "영적"이라는 단어의 다섯 가지 주요 의미를 하나씩 살펴나간다면, 그러한 다섯 가지 정의마다 같은 질문을 할 수 있으며, 각각의 질문은 우리에게 훨씬 더 정교하고 초점이 맞춰진 대답을 준다. 나는 몇몇 저서와 논문에서 바로 그런 작업을 해왔다. 예들 들어 《아이 오브 스피릿The Eye of Spirit》의 제6장 〈되찾은 신The Recaptured God〉, 《통합심리학》의 제11장 〈아동기에도 영성은 존재하는가?Is There a Childhood Spirituality?〉, 그리고 http://wilber.shambhala.com의 발췌문 D 〈아동기 영성Childhood Spirituality〉을 보기 바란다.

〈아동기 영성〉에서는 아동기의 진정한 영적 경험에 대한 일련의 예들을 보여준다. 이 경험들은 임신 후 대략 4개월부터 어느 정도까지는 인간에게 늘 현전해 있는 깨어 있는 상태, 꿈꾸는 상태, 깊은 수면 및 비이원적 흐름 상태의 절정 경험에 뿌리를 두고 있다. 만일 세 살짜리 유아와 어른의 정묘적 꿈 상태에서 어떤 유사성이 있다면, 세 살짜리 유아도 분명히 진정한 정묘 영역의 경험을 할 수 있다는 것이 된다. 그러나 유아와 아동에게 있어서 그러한 경험들 모두는 전前인습적 구조와 단계를 통해 해석된다는 증거들이 줄을 잇고 있다.

결국 어떤 점에서 보더라도 엄밀한 낭만적 관점은 옳지 않다. 왜냐하면 그 관점은 유아 정신의 전반적인 그림 중 매우 부분적인 조각만을 보여주기 때문이다. 그 관점은 일련의 부분적인 진실이 있긴 하지만 심각한 혼란으로 보이는 것들도 담고 있다. 예컨대 우리가 얼굴을 맞대고 있는 게 네 달 된 갓난아이라고 하자. 그 아이는 거의 하루 종일 울고불고 찡그리고 심하게 뒤척이며, 몇 가지 충동과 해소만을 보이고, 몸을 제대로 가누지도 못한다. 이것이 근본바탕Ground과의 완벽한 통일 상태일까? 나아가 그것이 깨달음에 의해 되찾게 될 상태와 동일한 상태일까?(당신은 진정으로 그 상태를 되찾고 싶은가?) 그런데도 낭만적 관점에 따르면 유아는 "희열과 사랑 속에서 세계와 통일된" 더없이 행복하고, 비이원적이며, 지극히 평화로운 상태로 존재의 근본바탕과 완전히 하나이다. 그것이 진실일까?

내가 찾아볼 수 있는 어떤 곳에서도 그것은 진실이 아니다. 낭만적인 관점은 정신 전체의 작은 조각에서 일어나는 어떤 것에 초점을 맞추고, 그것을 모든 존재의 근본바탕과 일종의 융합된 상태와 같다고 생각하는데, 이는 보다 완전한 그림에 대한 커다란 왜곡처럼 보인다.

말이 나온 김에 첨언하면, 내가 여성들 특히 어머니에게 갓난아이가 세계(및 역동적 바탕)와 더없이 행복한 일체 상태에 있다는 이 아이디어를 언급할 때마다, 그들은 언제나 내가 멍청이인 것처럼 바라본다. 그들은 언제나 "당신은 네 달 된 갓난아이를 실제로 본 적이 있나요?"라고 묻는다. 사실은 이렇다. 유아 자기가 근본바탕과 완벽하게 하나라는 아이디어를 진지하게 제안했던 이론가들은 모두 남자들뿐이라는 것이다. 그것은 근본바탕과 하나로 존재하기, 근본바탕에서 분리하기, 근본바탕과 재결합하기라는, 어떤 추상적이고 남성적이며 범주화하는 지적 체계에는 잘 들어맞는다.

어쨌든 우리가 "영성"이라는 말의 다섯 가지 공통적인 의미 하나하나에 개별적으로 주의를 모아 초점을 맞춘다면, 우리는 매번 그 질문에 다른 대답을 얻게 된다. 그리고 훨씬 더 완전한(그리고 복잡한) 이 반응은 분명히 통일성, 소외, 통일성으로의 재귀라는 단순한 추상적 도식보다 진정한 상황에 더 가깝다. 예컨대 우리가 논의해왔던 영적이란 말의 가장 중요한 의미 두 가지, 상태와 수준에 초점을 맞춘다면, 상당한 확신을 갖고 유아 자기는 인습적이거나 후인습적이거나 비이원적인 단계에 접근할 수는 없지만, 조대/깨어 있는, 정묘/꿈꾸는, 원인/잠자는 상태를 포함해서 여러 의식 상태에 접근할 수 있다고 말할 수 있다. 유아기 동안 느슨하게 구분된 경계들이 조대, 정묘, 원인 상태의 일종의 범람 내지 융합을 허용한다는 데는 일리가 있다. 그러나 다시 말하지만, 이것은 꿈꾸는 듯한 침잠 상태로서 길리건의 자아중심적이고 이기적인 단계를 통해, 아동기적 자기애를 통해 해석되는 영역들이다. 그것들의 전반적인 모양새에서 볼 때, 그것을 어떤 깊은 의미에서 영적인 것처럼 묘사할 사람은 아무도 없을 것이다.[7]

그러나 유아 자기에서는 현전해 있고, 성인 자기에서는 상실했다가, 깨달은 상태에서 완전히 되찾게 되는 단일한 기본바탕이란 전혀 없다. 그것은 너무나 지나친 추상에 불과하다. 그것은 그 관점과 함께하는 온갖 문제들의 시작일 뿐이다. 왜냐하면 유아 자기에서 현전해 있다고 생각되는 "근본바탕"의 특징을 아무리 조심스럽게 읽어봐도 그런 것들은 깨달은 상태에서는 실제로 현전해 있지 않다는 것을 보여주기 때문이다. 예를 들어 유아는 무상삼매無相三昧, nirvikalpa samadhi와 하나가 아니고, 유아는 무상삼매의 통일성과 본삼매本三昧, sahaj로 알려진 그런 상태를 소지하고 있지 않으며, 유아는 지속적인 합일의식을 소지하고 있지도 않다 등등. 깨달은 상태의 단 한 가지 실질적인 특징도 유아 자기에서는 발견할 수 없으며, 성인 자기에서도 발견되지 않는다. 다시 한 번 말하지만 완전한 통일성, 필연적인 상실, 그런 다음 완전하게 되찾는다는 아이디어는 유아의 유동적인 풍요로움과 복잡성과는 아무런 관계도 없는 하나의 추상적인 학술적 구상에 불과하다.

따라서 우리는 유아 자기가 진정한 의미에서 통째로 존재의 근본바탕과 하나라고 주장할 수는 없다. 왜냐하면 유아의 마음psyche은 (어머니들이 언제나 이 점에 대해 우리를 환기시켜주듯이) 이미 제한되어 있고, 조각나 있으며, 미발달되어 있고, 무질서하며, 조화롭지 못하고, 통일되지 않은 상태이기 때문이다. 그러나 어린 자기도 다양한 조대·정묘·원인 상태와 경험에 접근이 가능하기 때문에(비록 그런 상태와 경험들이 세계중심적인 것보다 못한 하위 양식으로 해석될지라도), 유아와 어린 아동들은 영적인 접근이 전적으로 결여되어 있다는 주장 역시 너무 지나치게 극단적인 주장이다. 진실은 언제나 중도에 놓여 있다.

인류의 두 가지 추락

내가 낭만적 성향이 만들어낸 것이라고 생각하는 기본적인 혼동은 이런 것이다. 낭만주의 관점은 존재의 근본바탕(또는 비이원적 영Spirit)이 참으로 존재한다고 올바르게 직관하고 있다. 그 관점은 우리(와 모든 존재)가 이 근본바탕에서 유래한다고 바르게 직관하고 있다. 또한 그 관점은 우리가 근본바탕과 일체라는 각성으로부터 떨어져 나왔다는 것도 올바르게 직관하고 있다(이것을 전통에서는 평범한 사람들은 태어날 때부터 타락한 상태로 살아간다거나, 원죄 속에서 살아간다거나, 환상과 윤회의 세계에서 살아간다고 말한다). 그러나 낭만주의는 그 후 그 추락의 본질을 잘못 자리매김하며 잘못 인식하고 있다. 낭만주의는 나머지에 대해서는 거의 모두 올바른 인식에 매우 가까이 근접했다. 하지만 한 가지 큰 혼동으로 인해, 그 첫 번째 중대한 오해로 인해 생겨난 혼란을 설명하려는 시도에서 어쩔 수 없이 수많은 이차적인 혼동을 만들어낸다. 그것은 추락이 언제 일어났는가? 하는 것이다.

나는 이 문제를 《에덴을 넘어》에서 폭넓게 다루었다. 근본적인 해결책은 기본적인 추락에는 두 가지가 있다는 아이디어이다. 그 두 가지 추락을 형이상학적 추락metaphysical fall과 심리적 추락psychological fall이라고 부르기로 하자.

형이상학적 추락이란 영과의 의식적인 통일성의 상실과 죄와 분리, 이원성과 유한성, 환상과 필멸의 세계 속에 묻혀 사는 상태를 의미한다. **심리적 추락**이란 그런 혼란에 대한 **자기반성적인 자각** 또는 우리가 영으로부터 분리된 것처럼 보이는 조각나고 소외된 세계에서 살고 있다는 자각을 말한다.

예컨대 나의 개는 유한하고 이원적인 세계, 시간과 고통, 갈증과 욕망이라는 세계 속에서 살고 있지만, 그런 사실을 고통스럽게 혹은 자기반성적으로 알아차리지는 못한다. 개는 지혜 전통에서 추락으로 특징지은 세계 속에서 살고 있다. 개는 윤회 속에, 환상의 세계 속에, 유한과 배고픔, 고통과 필멸의 세계 속에 살고 있다. 그런데 지혜 전통에 따르면, 나의 개는 실제로는 영과 분리되어 있지 않다. 사실 무의식적으로는 영과 하나이다. 영은 모든 존재의 근본바탕이라는 단순한 이유 때문이며, 물론 나의 개도 무의식적으로는 영과 하나이다(그렇지 않다면, 나의 개는 즉각 존재하기를 멈출 것이다). 그러나 녀석은 영과 의식적인 통일성에까지는 깨어나지 못했기 때문에 이원성, 환상, 윤회, 유한성 및 필멸이라는 형이상학적으로 추락된 세계 속에서 살고 있다.

그렇지만 나의 개는 심리적인 추락으로 고통 받지는 않는다. 왜냐하면 녀석은 그것에 대해 걱정할 만큼 충분한 자기반성적 각성 상태에 있지 않기 때문이다. 물론 녀석은 윤회 속에서 살고 있다. 녀석이 열반 상태로 살고 있지 않다는 것은 물론이다(무상삼매에 들 수 없으며, 의식적으로 회개metanoia하거나 구원될 수도, 거듭날 수도 없다). 이는 녀석에 대한 모욕이 아니다. 하지만 녀석은 형이상학적 추락으로 고통 받아왔지만, 아직 심리적 추락은 일어나지 않았다. 녀석은 추락했지만 그런 사실을 알지 못한다. 그것에 대해 걱정하지 않으며, 그로 인해 괴로워하지도 않는다. 녀석은 형이상학적으로 추락된 상태이지만 심리적으로 추락된 상태는 아니다.

그러면 그 두 가지 추락은 언제 인간에게 일어난 것일까? 형이상학적 추락의 경우 생물적인 탄생 **이전**에 일어난다는 것이 모든 지혜 전통에서의 절대적인 만장일치이다(그렇기에 갓난아이는 **이미** 죄sin를 갖고 태어난다거나, **이미** 윤회 속에서 살고 있다고 하는 것이다. 갓난아이는 열반이나 무상삼매 속에 살고 있지 않다. 상상력을 아무리 확장시킨다 해도, 그렇다고 주장하는 전통은 단 하나도 없다). 길게 깔린 영광의 구름일 수는 있다. 그것은 진실이며 몇 몇 전통에서는 그것을 강조하기도 한다. 그러나 그런 구름들은 **생물적인 탄생 이전**에 존재하는 차원의 흔적들이지(바르도bardo 영역과 같은), 유아 자기 자체에서 비롯된 것은 **아니다**. 나는 이와 다르게 믿는 단 하나의 지혜 전통도 발견하지 못했다.

그러므로 붓다가 아닌 한 탄생 시 모든 유아는 이미 윤회 속에 살고 있고, 죄와 더불어 살고 있으며, 이미 유한하고 죽을 운명이며, 모든 존재의 세 가지 특징인 고통suffering, 무상impermanence, 무아no-self에 이미 젖어 있다.[8] 달리 말해, 유아는 임신 시부터 이미 **형이상학적 추락**으로 고통 받았다는 것이다(즉 **이미 윤회 속에서 살고 있는 것**이지 의식적이거나 무의식적인 열반 상태에 있는 것은 아니라는 것이다).[9]

그러나 그런 다음 또 다른 추락이 있게 된다. 이것은 우리의 형이상학적 추락에 대한 심리적인 각성이다. 나는 그 추락이 유아기와 아동기 초기에 시작된다고 믿고 있다. 깨달음, 해방, 회개나 구원 등은 두 가지 추락이 영과의 의식적인 통일성의 회복이나 부활에 의해 극복될 때 회복된다.

낭만주의자들은 단순히 이 두 가지 추락을 혼동하고 있다.

따라서 그들은 아동기 초기에 심리적 추락이 일어날 때, 그것을 형이상학적 추락이라고 생각한다. 그보다 더 나쁜 것은, 그들은 그것을 종종 유아기나 아동기 초기에 실제로 존재의 근본바탕에서 떨어져 나온 것(또는 근본바탕과의 통일로부터 분리된 것)을 의미하는 것으로 해석한다는 것이다. 만일 그것이 사실이라면 우리 모두는 즉시 죽게 될 것이다.[10]

그 하나의 혼동으로 인해 이런저런 다른 오류들이 급속히 증가한다. 유아기 초기에 아직 심리적 추락이 일어나지 않은 시기가 있기 때문에 이 두 가지 추락을 혼동할 경우 바로 그 초기 동안 유아는 형이상학적 추락에서 순결하다고 생각하게 될 것이다. 그러나 유아기의 천진난만함은 유아가 열반에 잠겨 있는 것이 아니라(또는 아직 형이상학적인 추락으로 고통 받지 않는다는 것이 아니라), 아직은 심리적 추락으로 고통 받지 않는 것일 뿐이다. 유아는 의식적인 열반 속에서 사는 것이 아니라 그런 고통에 끊임없이 흠뻑 젖어 있을지라도 윤회의 공포에 대해 자기반성적으로 자각하지 못할 뿐이다(유아는 울고, 소리 지르며, 고통 받는다. 유아는 배고픔을 느끼고, 격정과 두려움을 느낀다). 위의 두 가지 추락을 혼동하고 있는 낭만주의 이론가는 어쩔 수 없이 흔히 철저한 혼돈chaos, 혼융fusion 및 혼동confusion으로 특징되는 유아 상태를 (마치 그것이 깨달음을 통해 되찾고 싶은 어떤 것인 듯) 철저히 영적이고 비이원적인 통일성으로 읽게 될 것이다. 이렇게 해서 전후 오류에, 그중에서도 격상주의자 스타일의 오류에 빠지게 된다.

항존恒存하는 근본바탕

그렇다면 형이상학적 추락은 언제 일어났다는 것인가? 나는 이 주제를 《에덴을 넘어》와 《아이 투 아이》, 그리고 《아이 오브 스피릿》에서 꽤 길게 논의한 바 있다(특히 마지막 책에서). 본질적으로, 우리는 그 추락이 빅뱅 이전에, 바르도를 통해 탄생하기 이전에, 영원성에서 위축된 이 순간 그리고 모든 순간의 본질이자 조건인 늘 현전하는 무시간의 근본바탕으로부터 위축되어버린 이 순간과 모든 순간 이전에 일어났다고 말할 수 있다. 나의 요점은 (위의 책에서 상세히 설명된) 그 세 가지 모두가 동일한 형이상학적 추락이라는 것이다. 이것은 유아기와는 아무런 관련도 없으며, 전적으로 늘 현전하는 근본바탕과 현재 우리와의 관계와 관련되어 있다.

이것은 분명히 매우 큰 이슈이자 도전적인 이슈이다. 관심이 있는 독자들은 진행되는 논의를 위해 《아이 오브 스피릿》을 참조하기 바란다. 그러는 동안 우리는 낭만주의자들이 영과 하나로 존재한다는 진실, 그 통일성에서 떨어져 나온다는 진실, 그 통일성으로 다시 되돌아간다는 불후의 진실을 직관했다고 말할 수 있다고 생각한다. 그러나 전초 오류의 고전적인 격상주의 편에 붙잡혀 있었기에, 그들은 어쩔 수 없이 깨달음의 성질을, 조심스럽게 말하자면, 어머니조차 보기 힘든 유아 자기의 탓으로 돌리고 말았다.

여명기의 인간, 동트는 영

전후 오류에서는 **모든 인정받는 발달 계열에서조차도** 전과 후가 종종 혼동된다고 말한다는 점에 주목하기 바란다. 아동기는 전前에 불과하다고 말하지는 않는다. 방금 보았던 것처럼, 유아 자기조차도 영적인 상태에 **일시적으로 접근할 수 있다**(유아도 깨어 있고, 꿈꾸고, 잠자기 때문에). 오히려 전초 오류는 충분히 인정된 발달 계열에서조차도 일어나는 여러 종류의 혼동에 주의를 기울이지 않으면 안 된다고 말한다. 예컨대 우리는 그레이브스와 길리건 같은 학자들은 도덕적 판단이 전인습적 양식에서 인습적·후인습적 양식으로 옮겨 간다는 데 동의한다는 사실을 논의해왔다. 전초 오류에서는 이 인식된 계열에서 전인습적 단계와 후인습적 단계는 단지 둘 다 비인습적이기 때문에 흔히 혼동된다고 말한다. 그렇게 해서 우리는 전인습적 충동을 후인습적 해방으로 혼동했고, 전합리적 자기몰두를 초합리적인 자유로, 전언어적 쾌락주의를 초언어적 지혜로 혼동한 점들을 볼 수 있다. 그런 증거들을 찾기 위해 뉴에이지 운동 일반 외에 다른 것들을 살펴볼 필요는 없다. 슬프게도, 그것은 거의 언제나 진지하지만 심하게 혼동된 격상주의를 수반한 낭만주의적 지향이다. 그것은 자기실현으로 격상된 자기강박, 신성한 해방으로 찬양된 신성한 이기주의, 초월적 자유인 것처럼 과시된 과격한 자기도취주의 등을 자랑삼아 드러내도록 내몬다. 그러나 낭만주의적 직관에 포함된 귀중한 진실은 우리가 영과의 통일성에서 떨어져 나왔다는 것(그 통일은 유아기적 과거의 찌꺼기 속이 아니라 무시간적 현재의 심층에서 발견된다), 그리고 우리는 정말로 그 영적 통일을 회복할 수 있다는 것에 있다. 그러나 그 회복은 우리가 자아초월로 성장할 경우에만 가능한 것이지, 그저 유아기적 자기를 되찾는 것으로는 불가능하다.

그러면 인류의 초기 발달 단계는 어떠했을까? 100만 년 전쯤의 여명 상태만이 아니라, 수렵채집 및 소규모 원예농업 시대의 수준은 어떠했을까? 우리는 토착 부족들이 "열등"하다고 주장하는 것일까? 우리는 정말로 그들이 초합리적·초개인적 영성에 접근할 수 없었다고 주장하는 것일까? 낭만주의 이론가들은 누군가 모든 시대가 진정한 영성이라는 면에서 "열등"하다든가 "결핍"되어 있었다고 심히 무정하게 비난했다는 생각으로 가득 차 있다. 만일 그렇다면 그것은 옳은 일이 아니다. 하지만 나는 결코 그런 주장을 한 적이 없다.

그러나 무엇보다 먼저, 그런 두 가지 주장(어떤 문화가 "열등"하다거나 진정한 영성이 "결여"되어 있다는)에 대해 그토록 분개한 낭만주의자들 스스로가 바로 그런 주장을 하고 있다는 점에 주목하도록 하자. 그들은 수렵채집하는 부족들에 대해서가 아니라 당신과 나에 대해서 그런 주장을 한다. 일반적인 문화인류학적 낭만주의 주장은 원래의 부족 의식(겝서Jean Gebser[16]가 "마술적magical"이라고 부르는 시기)이 자기self, 문화culture, 자연nature이 조화롭게 전체성을 이룬 "비분리된" 상태였다는 것이다. 낭만주의 이론가들은 이 마술적 구조가 전前반성적이고 전前합리적인 수준이라는 데 동의한다(전前형식조작적 사고가 사회의 중심적인 조직 원리였다는 의미에서—그 사회는 전반성적 비분리된 의식 단계 주변에서 조직되었다). 그러나 그들은 이 전반성적 의식이 "하위" 발달이기는커녕 균형 잡히고, 전일적이며, 생태적으로 건전하고, 깊이 영적인 것이었다고 주장한다. 그들은 계속해서 마침내 자아·합리성의 출현과 더불어 이 초기의 비분리된 상태가 난폭하게 억압되고 단편화되고 파괴되었으며, 대신 근대성이라는 악몽이 그 자리를 차지하게 되었다고 주장한다. 근대성은 무엇보다도 소외, 단편화, 그리고 (있다 해도) 천박한 영성을 지니고 있는 분열된 의식으로 특징지어진다. 달리 말하면, 그 자리에 당신과 내가 있다는 것이다. 우리 현대인들은 거의 예외 없이 진정한 영성이 결여된 분열된 의식, 모두 열등하고 단편화된 상태 속에 살고 있다고 비난하였다.

그런 식으로 낭만주의적 관점은 문자 그대로 **수십억**의 현대인들을 열등한 의식과 깊은 영성을 결여하고 있는 것으로 매도한다. 따라서 우리가 주목해야 할 첫 번째는 "열등"과 "결여된 영성"이라는 비난이 이들 낭만주의자들의 입에서 너무나 쉽게, 그리고 너무나 자주 나온다는 점이다. 이들 낭만주의자들이 신봉해왔던 것은 매우 가혹한 서열화

---

16 1905~1973, 독일 출신의 과학자·예술가·신비가. 대표적인 저서 《The Ever-Present Origin》에서 그는 인류의 여러 탐구 영역에서 역사상 다양한 의식구조가 출현하고 붕괴되었음을 보여주면서 인류 집단의식의 발달 과정을 추적하였다.

시스템이자 가치 판단이다.

나는 초창기 부족 사회의 미술적 구조에 대한 나의 관점이 훨씬 더 미묘한 뉘앙스를 간직하고 있다고 생각한다. 그러나 먼저 나는 적어도 100~200만 년 전으로 돌아가서 원초적인 양식, 선사시대의 부족적이고 수렵채집적인 양식을 말한다는 점을 강조해야겠다. 요즘 살고 있는 토착 원주민은 **오늘날 살아가고 있는** 사람들이다. 그들은 수십만 년 동안 자신들의 발달을 계속해왔으며, 그들의 선사시대 부족과의 정확한 관계도 전혀 명확하지 않다. 더구나 그들은 다른 문화, 다른 양식과 풀어낼 수 없을 정도로 서로 얽혀 있다. 나는 이런 부족들이 아니라, 우리가 재구성할 수 있는 한에서 대략 기원전 5만 년경의 원초적인 선사시대의 미술적·수렵채집적 양식의 구조를 말하는 것이다.

우선 첫째로, 모든 사회는 아주 다른 발달 수준이나 단계에 있는 사람들의 집합체이다. 평균적인 단계가 자아·합리적 단계인 오늘날의 산업 사회에도 많은 사람들이 더 높거나 더 낮은 단계에 있는 것과 마찬가지로, 초창기에도 역시 그러했다. 특정 시대를, 겝서가 그런 것처럼 미술적·신화적 또는 심적mental이라고 말하는 것은 모든 사람들이 그 수준이나 단계에 있었다고 말하는 것이 아니다. 그것은 그저 평균적인 수준일 뿐이다.

내가 《에덴을 넘어》에서 지적했던 것처럼, 이것이 어떤 문화에서든 일상적인 현실을 구성하는 인습적 단계 주변에 "무게중심center of gravity" 또는 의식의 **평균 양식**average mode이 존재하는 이유이다(예컨대 푸코Foucault라면 이것을 "지배적인 담론 양식"이라고 부를 것이다). 낭만주의자들은 초기 부족들의 평균 양식이 "미술적" 단계(전반성적이고 비분열적이라는 경멸적이지 않은 의미에서)였으며, 근대성의 평균 양식은 자아·합리적 단계(이는 흔히 경멸적인 의미를 담고 있지만, 평균 양식에 대한 주요 포인트에는 영향을 미치지 않는다)에 있다는 점에 동의한다. 나는 평균 양식에 더해서 많은 해석학적·비非거대담론적 수직 척도를 사용하면 당시에 가장 발달한 것으로 보이는 사람들이 보여준 양식, 즉 **가장 진보된** 양식도 있다고 제안했었다. 마술적 수렵채집 시대에 가장 진보된 양식에는 분명히 샤먼shaman이 포함되었던 것으로 보인다. 이들은, 내가 《에덴을 넘어》에서 논의했듯이, 진정으로 초개인적·영적 영역에 대한 최초의 위대한 탐험가들이었다. 최소한 이들은 실질적인 정신 능력인 것으로 보이는, 상위 영역과 지하 세계 영역으로의 여정이자 세련된 자연신비주의에서 입증된 인간 잠재력의 심층 정신 영역과, 그리고 자연의 전체 영역(또는 조대/깨어 있는 상태)과의 통일된 의식을 직접 경험했던 것으로 보인다. 《에덴을 넘어》에서 나는 이 놀랍고, 진정하며, 영적으로 깊은 위업을 격찬하는 데 한 장 전체를 할애한 바 있다.

동시에 로저 월시(《샤머니즘의 정신The Spirit of Shamanism》)와 같은 샤먼 상태에 관한 전문 학자들은, 예외가 있긴 하지만, 전형적인 샤먼의 형태는 예컨대 순수한 무형상formless 영역에 오랫동안 머물지 못한다고 지적했다. 달리 말하면, 샤먼 옹호자조차도 수용 가능한 준거에 의하면, 샤먼적 항해는 원인 영역을 의식적으로는 포함하지 않았다는 것이다. 그렇기에 최소한 전형적인 샤먼적 영성은 초개인 영역 전반을 관통하는 길은 아니었다고 할 수 있다.

한편 (《에덴을 넘어》에서처럼) 각 시대에 가장 진보된 의식(마술적·신화적·심적 수준)의 전형적인 형태로 접근된 영적 상태의 출현이나 계승에 대한 역사적인 분석을 해본다면, 일반적으로 샤먼(심령) 상태에서 성자saint(정묘) 상태로, 다시 현자sage(원인) 상태로 이동해가는 초개인적 상태의 계승을 발견하게 된다. 계승하는 각각의 상태는 자신의 선행 상태에 접근할 수 있지만 그 역은 불가능한데, 이것이 발달론적 홀라키

holarchy의 진정한 징표이다. 상태 자체는 일반적으로 발달을 보여주지 않지만, 의식의 점진적인 증가는 보여준다. 이러한 의식의 증진은, 그와 더불어 그 당시의 기준에 의해 판정해보더라도, 점점 깊은 영역에 깨어 있을 수 있어서 점점 더 항상적으로 접근할 수 있게 된다.[11]

이것은 지금까지 진화와 깨달음을 적절히 다뤄올 수 있었던 유일한 모델, 나아가 어떤 점에선 각 시대의 가장 진보된 양식이 그 당시 깨달을 수 있는 만큼의 깨달음이었고 후속하는 시대엔 더 큰 깨달음이 있을 수 있음을 인정하는 유일한 모델로 이끌어준다. 이것은 다소 전문적인 이야기라 주석에서 다루겠지만, 나는 솔직히 (영성과 인간 조건 일반에서 분명히) 이보다 더 중요한 문제는 없다고 생각한다. 이 주제에 관심이 있는 독자는, 반드시 주석을 읽어보고 제시된 해결책에 자신도 찬성하는지 반대하는지 알아보길 권한다.[12]

여명 상태의 평균 양식으로 돌아가보자. 수렵채집 의식의 평균 양식인 "마술적 구조"의 실질적인 성질은 어떤 것일까? 그 양식은 낭만주의자들이 주장했듯이 정말로 통합되고, 전일적이며, 조화로운 전체였을까?

마술적 구조는 의심의 여지 없이 놀라운 의식 모드였다. 그것은 유인원과 영장류를 넘어 진화한 최초의 남녀에게 깃들어 있었다. 어떤 사람은 이것을 유인원에 대한 모욕으로 볼지 모르지만, 어떤 판단 척도로 보더라도 굉장한 진화적 진보였다. 그러나 여전히 의문인 것은 부족적 의식이 실제로 자기, 문화, 자연과 통합된 것이었는지 또는 그보다 먼저 그런 것들이 아직 충분히 분화되지 않았던 것인지 여부이다. 이 마술적 구조를 "비분리된" 것이라고 부름으로써 낭만주의자들은 문제를 회피하고 질문에 답하지 않는다. 거창하고 멋진, 포괄적인 전치사 "비非, non"는 언제나 봐주기를 기다리면서 전후 오류의 위험 신호로

서 있다. 왜냐하면 진정한 질문은 이 구조가 "비분화된 것"인지 아닌지
가 아니라 이 구조가 분화 이전 상태인지 아니면 정말로 분화 이후 상
태인지 여부이기 때문이다. "비분화된"이란 말은 양쪽 모두에 쉽게 적
용할 수 있다(이것이 전후 오류를 감추는 방식이다).

　이렇듯 좀 더 조심스러운 방식으로 그 질문에 접근할 경우, 그 대답
은 보다 분명해진다. 마술적 구조는 대체로 분화 이전 상태였다는 것
이다. 이 점에 대해선 서로 다른 접근법을 사용하는 학자들도 일반적
인 합의에 도달해 있다. 제럴드 허드Gerald Heard[17]의 열렬한 지지자인 진
휴스턴Jean Houston[18]은 이것을 전前개인적 시기 및 최초의 개인적 시기
라고 부른다(즉 태곳적archaic, 마술적). 듀에인 엘진Duane Elgin[19]은 이것들을
제약된constricted 의식 및 최초proto- 의식이라고 부른다(이 초기 상태는 제약
된 의식 중 하나인가? 그렇다. 엘진은 심리적 추락과 형이상학적 추락을 혼동하지 않
은 채 이것을 지적할 수 있다. 형이상학적 추락으로 고통 받지만 아직 심리적 추락으
로 고통 받지 않는 초기 인간과 초기 유아는 둘 다 실제로는 비이원적 통일 상태가 아
니라 대단히 제한된 의식, 원시 의식 상태로 살고 있다). 광대한 연구 리뷰를 시
도한 하버마스Jürgen Habermas[20]와 동료들은 그것들을 전인습적 및 전분
화 단계라고 부른다. 로버트 벨라Robert Bellah[21]는 종교의 진화를 추적하

---

17 1889~1971, 미국의 역사가이자 과학자·교육자·철학자.
의식발달에 대한 그의 업적은 그 분야의 선구로 알려져 있으며,
1960년대 이후의 서구 사회에 지대한 영향을 미쳤다. 35권에 달
하는 방대한 저술을 남겼고 미국의 현자로 불린다.

18 1937~ , 영성과 종교적 의식 과정을 범문화적으로 연구하는
데 주도적인 역할을 한, 인간 잠재력 운동의 창시자 중 한 사람. 현
재는 종교적 의식 과정을 계발하기 위해 힘쓰는 영적 안내자로 활
동하고 있다.

19 작가·연설자·교육자·상담가·미디어 활동가로 일하고 있
으며, '자발적 단순성' 운동의 선구자로서 지구의 불확정적인 생태
적 어려움에 대하여 폭넓게 개관하였다. 현재는 TV 미디어의 변화
및 폭력과 물질주의 프로그램이 인간의식과 행동, 그리고 환경적
해악에 미치는 영향에 관심을 갖고 있다.

면서 그것들을 원시적 및 태곳적(분화 이전 활동 시스템)이라고 부른다. 노이만Erich Neumann[22]은 그것들을 플레로마pleromatic, 우로보로스uroboric 및 전개인적pre-individuated이라고 부른다. 이것은 어리석다거나 혼란스럽다거나 바보 같다는 것을 의미하는 것이 아니라 주관적·객관적·상호주관적인 여러 영역들이 충분히 분화된 방식으로 접근되지 않았다는 것을 의미한다. 어떤 이들은 이런 상태를 좋은 것으로 보고, 다른 이들은 문제로 보기도 하지만, 그 구조 자체의 실제 성질에 관해선 일반적으로 동의하고 있다.

폭넓은 결론 : 마술적 구조에서 자기와 문화 및 자연은 아직 분화되거나 차별화되거나 구체화되지 않았다. 이 분화 이전 상태가 마술적 구조에게 묘한 매력을 부여하는 것이며, 실제로 현대 세계를 위해 후분화 통합을 욕망하는 사람들에게 잘못된 매력을 준다. 그러나 수렵채집 양식의 실제 상황은 어쩌다 보이는 경이로움과는 달리 통합된 낙원과는 거리가 먼 것이었다. 왜냐하면 "나", "우리", "그것"은 아직 빈약하게 분화되어 있었고, 각 영역의 진전은 막혀 있었다. 평균수명은 30세 이하였고, 정치 시스템은 부계 혈통의 세습제였으며, 노예 제도는 산발적이긴 했지만 이미 일어나고 있었다(이것은 비분리된 양식에 내재된

○
2005년판
머리글

67

20 1929~ , 비판적 합리주의와 실용주의 전통을 이은 독일의 철학자이자 현재 전 세계에서 가장 영향력을 행사하는 사회학자로, 인간의 사회적 행위를 목적합리적인 것과 의사소통적인 것으로 구분하여 그동안 사회학에서 간과되어왔던 의사소통의 합리성을 사회학 이론의 기본 개념으로 설정하였다. 주요 저서로 《Technology and Science as Ideology》, 《Communication and the Evolution of Society》, 《The Theory of Communicative Action》 등이 있다.

21 1927~2013, 종교사회학에 탁월한 기여를 한 미국의 사회학자. 주요 저서로 《Beyond Belief》, 《The Broken Covenant》 등이 있다.

22 1905~1960, 융의 수제자로 꼽히는 독일 태생의 심리학자. 발달심리학 분야와 의식 및 창조성을 연구하는 데 큰 기여를 하였다. 윌버는 그의 용어 중 '플레로마pleroma', '우로보로스uroboros' 등을 차용해 쓰고 있다.

것임을 보여준다). 전쟁은 이미 시작되었고, 성적 착취는 만연된 상태였다. 그것은 당시의 전반적인 상황으로 볼 때, 내가 아는 어떤 낭만주의자도 실제로 거하고 싶어 하지 않을 의식이다.

최근에 출현한 보다 선명한 그림

평균적으로 마술적이고 수렵채집적이며 비분리된 의식에 대해 내가 그렸던 다소 음침한 그림은 적어도 20여 년 전에 인식될 수 있었던 것이지만, 그렇게 하는 것은 이미 학술계 담론의 주도적인 양식이 된 것을 뒤엎는 것이었으며, 그러므로 《에덴을 넘어》와 이 책과 같은 책은 격하게 공격받았다. 오늘날에는 베이비붐 세대의 여파가 서서히 사라지면서, 이제 이보다 더 정확한 그림이 일반적으로 인정받고 있다.

좋은 예는 하버드대학교 출신의 의학박사이자 《쥬라기 공원Jurassic Park》과 《타임라인Timeline》 같은 책을 쓸 만큼 신중한 학자로 알려진 마이클 크라이튼Michael Crichton이다. 크라이튼은 현재 존재하는 증거를 훌륭하게 요약하고 있다. 그는 이 증거가 사실에 대한 종교적인 부정으로 인해 오랫동안 왜곡되어왔다는 점에서 다소 격앙된 어조로 말한다 (이 경우 "종교"는 이 책에서 기술한 "종교"라는 단어의 여덟 번째 정의, 즉 생태원시주의ecoprimitivism라는 종교적 교리를 뜻한다). 아래의 글은 크라이튼이 요약한 글에서 발췌한 것이다. 크라이튼은 이러한 문제의 전문적인 학자는 아니지만, 이 분야에서 도출된 학술적 합의를 훌륭하게 요약하고 있다.

에덴동산은 없다. 결코 있어본 적도 없다. 놀랄 만한 신화적 과거의 그 에덴동산은 어떤 때였을까? 그것은 유아 사망률이 80퍼센트에 달하고,

다섯 명 중 네 명의 어린이가 5세가 되기 전에 질병으로 사망하던 때였던가? 여섯 명 중 한 명의 여자가 출산 중 사망하던 때였던가? 1세기 전미국에서 그랬던 것처럼 평균수명이 40세이던 때였던가? 역병들이 한번에 수백만 명을 죽이면서 지구 곳곳을 휩쓸던 때였던가? 굶주림으로 수백만 명이 죽음에 이르던 때였던가? 그것이 에덴동산이 존재하던 때였던가?

그러면 에덴동산과 유사한 환경과 조화로운 상태로 살아가는 토착 원주민들은 어떠한가? 그런데 그들은 전혀 그렇지 않았다. 육지 다리land bridge를 건너 이 대륙에 새롭게 이주한 사람들은 거의 즉각적으로 수백종의 거대 동물을 멸종시키는 일에 착수했다. 그들은 백인이 등장해서 이 과정을 빠르게 촉진시키기 수천 년 전에 이 같은 일을 시작했다. 그러면 생활 조건은 어떠했을까? 사랑스럽고 평화롭고 조화로웠을까? 전혀 그렇지 않다. 신세계의 초기 인류는 끊임없는 전쟁 상태로 살았다. 세대에 걸친 증오, 부족 간의 증오, 끊임없는 전쟁. 이 대륙의 호전적인 부족들은 유명하다. 코만치족, 슈족, 아파치족, 모하크족, 아즈텍족, 톨텍족, 잉카족. 그들 중 어떤 부족은 유아를 살해했으며, 산 사람을 제물로 바쳤다. 그리고 그만큼 호전적이지 않았던 부족들은 멸종되었거나, 안전을 확보하기 위해 높은 절벽 꼭대기에 거처를 만들어야만 했다.

나머지 세계에서의 인간 조건은 어떠했을까? 뉴질랜드의 마오리족은 정기적으로 대학살을 일삼았다. 보르네오의 디아크Dyak족은 인간 머리 사냥꾼이었다. 상상할 수 있는 한 낙원에 가까운 환경에서 살았던 폴리네시아족은 끊임없이 싸웠으며, 추장의 발자국을 밟을 경우 생명을 잃을 수 있을 만큼 섬뜩할 정도의 구속적인 사회를 만들었다. 우리에게 금기taboo라는 단어와 개념을 가져다준 것도 바로 이 폴리네시아인이었다. 고귀한 야만인이란 그저 하나의 환상이며, 그런 것은 전혀 진실이 아니었다. 루소가 사망한 지 200년이 지난 지금도 여전히 그런 것을 믿는 사람이 있다는 것은 종교적 신화의 완강함과 수세기 동안 사실적 모순에 집착하는 그들의 능력을 보여준다.

20세기 후반에도 사육제cannibalism가 토착 원주민을 악마로 만들기 위한 백인 남성의 발명품이었다고 주장한 학술운동조차 있었다(대학교수들만이 그런 싸움을 할 수 있었다). 대학교수들이 마침내 "그렇다, 사육제는 인간들 사이에서 실제로 일어났었다"고 동의하는 데 30년이라는 세월이 걸렸다. 그러는 사이, 20세기에 사는 뉴기니아 고지대 사람들은 내내 계속해서 그들 적의 뇌를 먹었다. 마침내 그로 인해 치명적인 신경질환인 쿠루Kuru에 걸릴 수 있다는 것을 알게 된 후에야 멈출 수 있었다.

최근 들어 필리핀의 온순한 타사다이Tasaday족은 이목을 끌기 위한 선전이었음이 드러났다. 그리고 아프리카의 피그미족은 지구상에서 가장 높은 살인률을 보이는 종족 중 하나이다.

한마디로 자연 세계를 행복으로 가득 찬 에덴동산으로 보는 낭만주의 관점은 실제로 자연에 대한 경험이 없는 사람들만이 갖고 있다. 자연 속에서 사는 사람들은 그에 대해 전혀 낭만적이지 않다. 그들도 그들의 주변 세계에 대해 영적인 믿음을 갖고 있을 수 있고, 자연과의 일체감 또는 모든 것의 물활론적인 감각을 갖고 있을 수도 있지만, 그들은 여전히 먹고살기 위해 동물을 죽이고 식물을 절멸시킨다. 그렇게 하지 않으면 그들이 죽을 것이기에.

크라이튼은 신화 배후에 놓여 있는 낭만주의 성향에 대해 계속해서 날카롭게 지적한다.

만일 당신이 지금이라도 단지 며칠 동안만 자연에 있어본다면, 당신의 모든 낭만적인 환상의 어리석음을 곧 깨닫게 될 것이다. 보르네오 섬의 정글을 가로질러 걸어가보라. 그러면 얼마 지나지 않아 온몸에 화농성 상처가 생길 것이고, 몸 여기저기를 기어 다니는 벌레들, 머릿속을 깨물고 코 위로 기어오르고 귓속으로 들어가는 벌레들로 가득 찰 것이다. 당신은 감염되고 병들 것이다. 정글에서 무엇을 해야 할지 잘 아는 누군가와 같이 있지 않다면, 당신은 곧 굶어 죽을 것이다. 그러나 보르네오 정글 속에 있을지라도 당신은 그다지 자연을 직접적으로 경험하지 않을 가능성이 있다. 왜냐하면 당신은 온몸에 벌레 퇴치약을 바를 것이고, 그런 벌레들이 달라붙지 않도록 할 수 있는 모든 조치를 취할 것이기 때문이다.

거의 아무도 진정한 자연을 경험하고 싶어 하지 않는다는 것이 진실이다. 사람들이 원하는 것은 창문에 차단막을 친 숲 속의 오두막에서 1~2주 정도 보내는 것이다. 그들은 골치 아픈 것들을 모두 뒤로하고 잠시 단순한 생활을 보내고 싶어 한다. 또는 음식을 준비해줄 누군가를 대동한 채 며칠간 강에서 멋진 래프팅을 하고 싶어 한다. 아무도 진정한 방식으로 자연으로 돌아가고 싶어 하지 않으며, 아무도 가지 않는다. 그것은 말일 뿐이다. 세월이 흘러 세계 인구가 점차 도시로 몰려들면서 멋모르고 하는 말일 뿐이다. 농부들은 자신이 이야기하는 것에 대해 알고 있다. 도시인들은 그렇지 않다. 그 모든 것들은 환상에 지나지 않는다. 에덴동산은 결코 존재한 적이 없는 하나의 환상이며, 인류는 고상하고 친절하고 사랑으로 가득 찬 적이 없었다. [그리고] 우리는 은총으로부터 추락하지도 않았다. [왜냐하면 우리는 역사적으로 볼 때 처음부터 낙원에서 살아본 적이 없기 때문이다.]

그런 점에서, 나는 누군가가 낙원적인 비분열된 의식 상태로 살던 초기 수렵채집 부족들이 그 상태를 버리고 소규모 원예농업과 경작농업(그리고 "추락된") 양식으로 옮겨 간 바로 그 사람들이었는지를 지적한 적이 있을까 의문이 든다. 원래의 상태가 그토록 낙원 같았다면, 그 부족들은 왜 스스로 낙원을 버렸을까? 만일 그랬다면, 그들은 실제로 얼마나 똑똑할 수 있었던 것일까? 만일 낭만주의자들이 옳다면, 그리고 초기 부족들이 완전한 낙원에서 살았고 그 낙원을 의도적으로 버렸다면, 그러한 부족들은 의심의 여지 없이 지금까지 지구상에 살았던 가장 멍청한 사람들이었음에 틀림없다. 그러나 그들은 어리석지 않았다. 전혀 그렇지 않았다. 그들은 그럴 만한 이유가 있어서 낙원을 버렸는데, 그런 "낙원"은 결코 존재한 적이 없었다는 것이 바로 그 이유이다.

수렵채집 시기의 진보와 잔인성

마술적 모드가 신화적 양식 안으로 흡수될 수 있었고, 신화적 모드는 심적 양식에 흡수될 수 있었다는 사실은, 자신의 강점을 기초로 일을 추진해가면서 부분성을 축소시키고 함께 미래를 만들어가면서 각각의 앞선 모드의 놀라운 업적을 확장시켜가는 것이 곧 발달이라는 점을 보여준다. 진화는, 이상적으로는, 이전 단계의 한계를 초월하면서 그 단계의 업적은 포용하는 "초월과 포함" 과정을 통해 진행해간다.

그러나 일어날 수도 있는 병적인 것들로부터 완전히 자유로운 발달이나 진화는 없다. 문화 진화도 예외는 아니어서, 문화는 인간진화가 내일을 향해 가는 길목에서 때로는 진보하고 때로는 잔인하게 됨에 따라 종종 억압과 탄압 및 그 이상의 잔인한 역사를 갖고 있다.《에덴을 넘어》는 부정할 수 없는 진보와 그보다 더 부정할 수 없는 잔인성의 연대기였다.

그러나 개체발생적 성장에서 그런 것처럼, 계통발생적 진화의 일반적인 포인트는 **이전 단계의 지혜가 망각되면 언제나 병적인 것이 초래된다**는 것이다. 《모든 것의 역사A Brief History of Everything》에서 나는 인류의 각 시기마다 배웠던 주요 "교훈"을 요약한 바 있다. 수렵채집 시기의 위대한 교훈은 영Spirit이 곧 우리의 피며 뼈이고 우리의 기반이자 지원체인 **지구라는 몸체와 긴밀히 짜여 있다**는 것이 요지였다. 근대 서구인인 우리는 그 교훈을 망각했으며, 그로 인해 우리는 우리 모두를 죽일지도 모를 전 세계적인 질병에 걸려 있다.

그러나 마술적·전인습적인 구조가 할 수 없었고 여전히 할 수 없는 것은 다른 마술적 구조들을 통합하는 일이다. 즉 마술적 구조는 수백 개가 넘는 다른 부족들 간의 상호이해를 가능하게 해줄 상호주관적인 구조를 만들어낼 수 있을 만큼 인지적으로 복잡한 구조는 아니다. 따라서 마술적 구조는 비록 조대 영역 자연을 존중하는 방법을 알고 있었다 해도(이 주장은 반박되었다), 사람들이 자연과 조화롭게 사는 데 필요한 이런저런 종류의 합의를 만들어낼 수는 없었다. 따라서 마술적 구조는, 비록 자연을 존중했을지라도, 결코 자연을 보호할 수는 없었다. 이러한 보호는 티폰typhon(반인반수半人半獸)이 아니라 켄타우로스(반인반마半人半馬), 즉 단지 지금 현재의 주관적이고 전前인습적인 감정이 아니라, 후인습적이며 상호주관적인 합의를 필요로 한다.

마찬가지로, 실질적으로 가이아Gaia를 존중하는 것은 마술적 수렵채집 구조의 능력을 훨씬 넘어선 것이다. 왜냐하면 가이아란 체계적systemic 개념이기 때문이다. 클레어 그레이브스가 지적했듯이, 마술적·물활론적 구조에는 "강의 모든 굽이굽이마다 이름이 있지만 정작 그 강에는 이름이 없다". 그러므로 부족적 각성에 있어선 마찬가지로 가이아는 존재하지 않는 것이다. 가이아의 구석구석 도처에는 제각기 이름이 있지만 정작 가이아 자체에는 이름이 없다. 마술적 단계의 비분열된 의식은 그야말로 제한된 의식이다. 그 의식은 특정적particularistic이고, 즉각적immediate이며, 현재 지향적이다. 따라서 하버마스가 수렵채집 구조를 본질상 근본적으로 자아중심적이며 전인습적이라고 결론내린 것은 분명히 옳은 일이다.

낭만주의자들이 그 초기 구조의 긍정적인 기여를 기억하도록 했던 것은 그들의 커다란 공적이 아닐 수 없다. 이 특정한 점에서라면 나는 충실한 낭만주의자이다. 그러나 그들이 그 지점을 넘어서 마술적 비분리 구조 안에 수상쩍게 다른 특징들을 끼워 넣을 경우, 거의 모든 학자들이 분화 이전 구조로 보는 것을 분화 후 통합이라고 주장할 경우, 샤먼적 항해가 초개인 영역을 횡단하는 완전한 길이었다고 주장할 경우, 심적·합리적 구조 자체가 본래 병적인 구조라고 주장할 경우, 생명 유지에 필요한 즉각적인 충동을 가이아 시스템 네트워크와 혼동할 경우, 마술적 비분리 구조와 비교하면서 수백만 명의 현대인들을 열등한 상태로 살고 있다고 비난할 경우, 우리는 그들을 따르고 싶지 않을 것이다.[14]

추락, 추락…… 그리고 또 추락

우리는 (외부의 거대담론이 아니라 의식적인 해석에 의해 구성된) 발달 심도의 수직 차원의 간단한 예로 캐럴 길리건의 척도를 사용해왔다(자아중심/이기, 민족중심/배려, 세계중심/보편적 배려, 통합). 이 책에서는 일차적으로 세계관에 초점을 맞춘 의식의 일반적인 스펙트럼이라는 좀 더 세련된 척도를 사용한다(태고, 마술, 신화, 심적, 심령, 정묘, 원인, 비이원). 여기에 "종교"라는 단어가 일반적으로 사용되는 적어도 열두 가지 다른 방식을 추가한 다음, 최소한 수평적 **정당성**horizontal legitimacy(해당 영성이 특정 수준에서 의미와 통합성 및 가치를 얼마나 잘 부여해주는지)과 수직적 **진정성**vertical authenticity (해당 영성이 상위 수준으로의 변용을 얼마나 잘 촉진시켜주는지)을 구별해야 할 필요성이 있다는 점을 지적한다.[15] 이 두 개의 척도를 혼동했기에 대부분의 종교학자들은 그러한 출현을 매우 정당한 하위 수준 참여의 상실이나 훼손으로 보았고, 영적인 민감성의 완전한 상실로 오해했다. 그것은 사실 단지 진정한 자세로 이동해가는 보다 큰 이행 과정의 일부였다.

방금 우리는 마술적이고 수렵채집적이며 비분리된 혼용 상태를 좋아하는 학자들은 신화적 단계를 필두로 그 뒤를 잇는 모든 상위 단계를 원래의 낙원으로부터의 파국적인 추락으로 보는 경향이 있다는 사실을 알았다. 마찬가지로 신화적 구조가 실질적으로 원래의 낙원이었다고 믿는 학자들은 그다음 주요 구조인 합리적 자아의 창발적 출현을 지식의 나무 열매를 먹은 것으로, 그리고 그로 인한 인간의 진정한 타락으로 보는 경향이 있다. 이것이 전부는 아니다. 현대 과학 세계를 우리가 가질 수 있는 낙원과 가장 근접한 것으로 보는 사람들은 그다음 주요 단계(이를 지구혼planetsoul이라고 불러도 좋을 것 같다)를 마술적인 미신으로 후퇴한 것이라고 보는 경향이 있다. 이는 타락에 대한 그들 나름의 버전이다.

도대체 왜 이런 일이 일어나는 것일까?《에덴을 넘어》와 이 책을 시작으로 여러 책에서 나는 자신들이 좋아하는 과거의 모든 단계를 인류의 타락으로 보는 이 믿기 어려울 정도로 널리 퍼져 있는 경향성에 기여했던 주요 항목 세 가지를 제시하고자 노력했다. 이 요인들은 (1) 형이상학적 추락과 심리적 추락의 혼동[16] (2) 분화differentiation와 분리 dissociation의 혼동 (3) 영Spirit을 모든 진화적 전개 시 현전해 있는 것으로 보지 않고, 어느 한 시대에는 현전해 있었지만 다른 시대에는 그렇지 않은 것으로 보는 경향성이 그것이다.

분화와 분리의 혼동은 특히 치명적이다. 성장과 발달은 일반적으로 분화와 통합의 과정을 통해 일어난다. 그러나 초창기 여명 상태를 영적 통일 상태(무의식적이라 해도)라고 믿을 경우 모든 분화는 단편화, 분리, 소외처럼 보이게 된다. 그렇게 되면 필요한 분화를 병적인 분리로, 일종의 타락으로 철저하게 혼동하게 될 것이다. 따라서 만일 당신이 좋아하는 시대가 마술적 수렵채집 시대라면, 신화적 원예농업 시대를 파종과 수확을 통해 자연을 겁탈하기 시작한 인류의 커다란 타락으로 보게 될 것이다. 만일 당신이 신화적 에덴동산을 낙원으로 본다면, 근대성의 발흥을 거대한 타락으로 보게 될 것이다. 만일 당신이 합리적인 과학자라면, 다가올 후後형식적·후後합리적인 상태를 섬뜩한 타락으로 보게 될 것이다. 분화와 통합은—이것은 더 높고, 더 넓고, 더 깊고, 더 통일된 상태로 성장·진화해가는 수단의 일부이다—단순한 혼융 상태에서 계속해서 단편화되고 멀어지는 것으로 보이는데, 이는 실제로 멀어지는 것이지만, 그런 단순한 혼융 상태를 열반과 똑같은 것이라고 평가할 수는 없다. 일단 그런 혼동이 일어나면, 성장의 수단들이 질병의 일부처럼 보이게 된다. 그렇게 되면 당신은 진화의 더 깊은 새로운 단계가 출현할 때마다 공포와 혐오감을 갖고 보게 된다. 타락이다! 추락이다! 인류의 타락이다!

분화와 분리를 혼동하게 되면, 우리는 또다시 진화의 초기 단계가 이후에 상실된 영적 통일성을 나타내는 것으로, 영이 어떤 단계나 시대엔 가용했지만 다른 단계나 시대에선 그렇지 않은 것으로 상상하게 된다. 영은 모든 진화 계열의 근본바탕으로서, 어떤 시대에 갑자기 "안녕" 하면서 존재에 등장했다가 다른 시대에는 사라지는 그런 것이 아니다.

그러한 세 가지 혼동이, 통합적 접근이 이제 겨우 그런 것들을 해명할 수 있을 정도로, 영과 역사에 대한 수많은 심대한 오해를 불러일으키는 데 기여하고 있다고 생각한다. 이 책은 그런 방향으로 내딛은 첫걸음이며, 나는 이것이 이 책의 기여 중 하나라고 생각한다.

신화적 신에 대한 이성의 부정

종교학자들이 근대 세계가 돌진해옴에 따라 발생한 인류의 잇따른 추락을 보기 바쁜 곳에서, 세속적인 학자들은 근대성과 과학, 해방의 출현과 함께 진보적인 계몽과 미신의 극복을 보느라 바쁘다. 누가 옳은 것일까?

어떤 점에선 물론 양쪽 모두 옳다. 또는 우리 식으로 말하면 그들 모두 반은 옳고 반은 틀렸다. 종교학자들은 자신들이 좋아하는 시대를 넘어선 거의 모든 발달 단계를 적어도 좋아하는 시대로부터의 추락이라고 본다는 점에서 올바르다. 예컨대 당신이 종교를 신화적 정당성(또는 처녀 수태와 홍해가 갈라지는 것 같은 독단적인 신화적 믿음)과 동격으로 놓는다면, 근대성의 발흥이 정말로 반反영적인 것으로 보일 것임에 틀림없다. 반면에 당신이 진화를 활동 중인 영으로 본다면, 건강한 모습의 근대성의 발흥은 단지 분화와 통합의 증진, 영의 현전에 있어서의 증진일 뿐이다. 영은 단순히 마술에서 신화로, 신화에서 합리성으로 이동해간 것이며, 이는 훨씬 진전된 후後합리적 단계로 진행해가는 도상에 있

는 것이다. 여기서의 뜻밖의 결과는 근대성의 발흥이 실질적으론 영적
전개에서의 증진이라는 것, 그러나 이제 영은 신화가 아니라 이성 속
에 거주한다는 것이다. 영은 신화적 신에 대한 신화의 긍정보다, 그 신
화적 신에 대한 이성의 부정 속에 더 많이 존재한다.

한편 영을 어디에 자리매김하고 싶어 하든, 신화와 이성 둘 다 모든
사람들이 똑같은 출발선에서 태어난다는 점에 대해 오해하고 말았다.
2세기 동안 합리적인 학자들이 예측했던 사회의 거대한 세속화는 일
어나지 않았다. 어쨌든 예측했던 모습과는 닮지 않았다. 근대 사회는
점점 덜 종교적이 될 것이라고 생각했다(여기서 "종교적"이란 구체적으로 마
술과 신화적인 것을 의미한다). 그 생각은 과학적이고 계몽되고 합리적인 진
보가 철저하게 온통 합리적 · 세속적인 사회를 남겨놓고, 마술적이고
신화적인 명청이를 완전히 지워 없앨 것이라는 것이었다.

어찌 됐든 합리적 · 세속적인 인구 비율의 증가는 실제로 일어났다.
많은 정부가 교회와 국가를 분리하는 제도를 채택하고(여기서 교회는 통
상 마술과 신화적인 것을, 국가는 합리적인 것을 의미한다), 마찬가지로 교육 시
스템도 종종 자유적 · 합리적이다(교육을 많이 받을수록 덜 마술적이고 덜 신화
적이다). 따라서 산업개발 국가의 폭넓은 확장은 참으로 합리적 · 세속적
이 되었고, 신성(신화적) 로마제국처럼 명백한 합의에 이를 수 있었던
시대는 멀찍이 사라져갔다.

그러나 마술 수준과 신화 수준이 그저 증발해서 없어진 것은 아니었
다. 그런 수준들이 사라지지 않은 이유는 모든 사람들이 태고 수준에
서 태어나 마술 수준에 이르게 되고, 그런 다음 차례로 신화 수준, 합리
수준에 도달하기 때문이다. 그러므로 모든 사람이 합리 수준으로 옮겨
간 것 같아도 신화 수준에 도달한 사람도 있게 마련이다. 따라서 합리
적 · 세속적인 사회에서조차 전前합리 수준에 머물러 있는 커다란 문화

적 고립(또는 하위) 집단은 있게 마련이다(그리고 모든 사람이 동일한 출발선에서 태어나기 때문에 어느 정도는 언제나 그럴 것이다). 이 사회 내부에는 언제나 태고, 마술, 신화 단계의 문화적 고립 집단이 존재할 것이다.

오늘날에도 종종 마술과 신화 단계의 사람들이 대다수이고 지배적인 제2, 제3 세계 문화는 말할 것도 없다. 더 나아가 발달 수준이 마술적 부족 단계와 신화적 민족중심 단계에 있을 경우, 그들의 진정한 색깔이 테러리스트, 군벌, 봉건제국, 인종 청소 등으로 나타날 수 있는데, 그러한 골칫거리들은 계속해서 세계를 괴롭힐 것이다. 세계 인구의 무게중심이 합리 수준이나 그 이상에 있을지라도 전前합리 수준의 문화적 고립 집단은 계속해서 존재할 것이므로 법률적이고 정치적이며 때로는 군사적인 특정한 수단으로 다루지 않으면 안 될 것이다(이 절박한 문제에 대한 더 진전된 논의는 http//:wilber.shambhala.com에 있는 〈세계무역센터의 해체The Deconstruction of the World Trade Center〉를 보라).

이 책에서는 우리가 산업·정보 사회의 평균 양식, 즉 자아·합리적 수준에 초점을 맞출지라도 그 양식의 더 진전된 진화는 근대성을 반反영적 운동으로 보는 사람들에게조차 놀라움을 가져다줄 것이라는 점을 지적한다. 즉 합리성 수준을 넘어선 것은 초합리성 발달 단계(이는 반反합리성이 아니라 합리성을 초월하면서 포함하는 그야말로 초합리 단계)임을 지적하는 것이다. 그러므로 합리성의 발현조차도 그보다 훨씬 명백하게 영적인 양식으로 이끌어가는, 활동 중인 영의 운동에너지에 지나지 않는다. 물론 우리가 그런 이야기를 할 수 있을 만큼 생존해야 하겠지만……

따라서 이 책에서는 근대성의 발흥과 함께 신화적 멤버십mythic-membership 종교의 주도권의 상실, 즉 신화적 종교에서 그토록 큰 소리로 한탄해 마지않는 상실은, 실제로 초합리적 영성의 상실과 합리성이란 악마가 그 자리를 차지한 것이 아니라 초합리 단계로 가는 도상에서 대체로 전前합리 모드를 넘어 합리적 모드까지의 성장이었다는 것을 보여준다. 앞서 말한 것처럼, 이 커다란 진화적 관점에서 보면 신에 대한 합리적인 부정은 신에 대한 신화적인 긍정보다 (그것이 더 많은 발달적 심도, 따라서 사실상 더 많은 영을 포함하고 있다는 이유 때문에) 더 많은 영을 담고 있다. 그것은 때로는 덜 정당한 것이었을지라도 이전의 하위 수준들의 건강한 버전과 비교해볼 때 더 진정한 것이었다. 그러므로 근대성의 질병을 고치려 하더라도 그 안에 담겨 있는 상위의 고차적 잠재력을 잊으면 안 될 것이다.

전체적인 포옹

심도의 기준과 (나의 모든 저술에서 그런 것처럼) 이 책에서 사용한 **판정 척도**는 **전체적인 포옹**, 즉 소여 구조가 온우주Kosmos를 내적으로 얼마나 많이 담을 수 있는가 하는 것이다. 객관적으로 말하면, 특정 자기조직화 시스템이 얼마나 많은 유형의 홀론holon을 자신의 구조 안에 담을 수 있는가 하는 것이고, 주관적으로 말하면 얼마나 많은 사랑(아가페)이 구조 안에 내장되어 있는가 하는 것이다.

홀론이란 그 자체로 전체이면서 또한 더 큰 전체의 부분인 것을 말한다. 쿼크quark는 원자 안에 감싸이고, 원자는 분자 안에, 분자는 세포 안에, 세포는 유기체 내부에 감싸인다. 그럴 때마다 홀론은 매번 더 많은 깊이를 얻게 된다. 자신의 구조 안에 온우주의 더 많은 것들을 사랑스럽게 포옹하기 때문이다. 인간 홀론의 경우에도 마찬가지이다. 나의 정체성과 공감이 나에서 나의 가족으로, 나의 가족에서 나의 부족, 공동체, 국가로까지, 국가에서 모든 인류에게로, 모든 인류에서 예외 없이 모든 생명 있는 존재에게로 확장해갈 경우, 나는 무엇을 한 것일까? 그때 나는 내가 나 '자신self'이라고 부르는 것과 내가 '온우주Kosmos'라고 부르는 것이 일체이면서 똑같이 부정할 수 없는 진실일 때까지, 그리고 태양과 수많은 별을 움직이는 사랑이 이제는 바로 그와 같이 나를 움직일 때까지, 점점 더 나로부터 탈피해서 보다 큰 온우주 내부로 이행해감으로써 내 자신 안에 점점 더 많은 영혼을 받아들이고 그렇게 해서 나 자신의 심도를 증가시킨 것 외에 달리 한 것은 없다. 그럼으로써 우리 모두는 어떤 타자도 외부도 알지 못하는 온화한 자비, 분열을 거부하며 또한 수많은 이름의 슬픔을 떠올릴 수 없는 온화한 자비 속에 안긴다.

자아중심 수준에서 민족중심 수준으로, 그런 다음 세계중심, 우주로 확장해가는 그 척도는 전일적 포용의 척도이며, 또한 그 척도는 이 책에서 다양한 문화적·종교적 참여의 진정성을 판정하기 위해 사용한 것이기도 하다. 각각의 상위 포용은 개성이 점점 사라지는 것을 의미하는 것이 아니라, 개성이 점점 더 확대되는 것을 의미한다. 자신의 자아로부터 자신의 가족으로, 자신의 가족으로부터 자신의 공동체로 공감과 배려를 확장시킨 사람은 자신의 자기를 허약하게 한 것이 아니라 풍요롭게 확장시킨 것이다. 마찬가지로 자신의 정체성과 공감을 부족에서 다多부족 국가로, 그리고 국가에서 모든 인류로, 모든 인류에서 모든 생명 있는 존재로 확장하는 것은 단지 더 넓은 포용 속에서 더 깊은 참자기를 발견하는 것에 지나지 않는다. 온우주 의식은 개성을 말살하는 것이 아니라 개성의 더할 나위 없는 완전한 성취이다. 그 지점에서 우리는 참자기big Self 또는 무아no-self를 말할 수 있다. 어느 쪽으로 말하든 문제되지 않는다. 당신의 참자기는 무시간이라서 영원한, 무공간이라서 무한한, 날짜나 기간을 무시하는 빛나는 사랑에 의해서만 움직이는 온우주 전체이다.

그런 홀라키 또는 점증하는 전체적 판단의 단계는 나의 첫 번째 저술인《의식의 스펙트럼》을 필두로 내가 지금까지 집필한 모든 저술에서 중심적인 것이었다. 《의식의 스펙트럼》이 이 책의 중심적인 골격이 되었던 것 역시 물론이다. 이 책은 1980년대가 시작하는 바로 그 무렵에, 앞서 지적한 대로 평지적 탈근대주의자들에 의한 문화 연구의 식민화가 시작되던 바로 그 무렵에 썼던 책이다. 이 책은, 이것 역시 앞서 지적했지만, "위계"라는 말을 하고도 학술계 내부에서 아무도 교수형에 처해지지 않을 수 있게 된 때보다, 또한 "보다 더 낫다"라는 말을 하고도 탈근대 법정 앞에 서지 않을 수 있고 이단자로 낙인찍히지 않을 수 있게 된 때보다 거의 20년 앞선 것이었다. 왜냐하면 극단적인 탈근대주의의 핵심은 '모든 가치는 문화적으로 상대적이다, 모든 실재는 사회적으로 구성된다, 모든 진실은 주관적인 선호 내지는 취향이다'라는 관념이었기 때문이다. 불행하게도 그들은 그런 진술 모두가 **모든 사람과 모든 문화에서** 예외 없이 진실이라고 말한다. 달리 말하면, 극단적인 탈근대주의자들은 모든 사람에게 뒤집어씌운 똑같은 죄를 자신들도 저질렀다는 것이다. 그들은 긴 항목의 **보편적 진실들을** 말하지만, 자신들의 보편적 진실은 모두 자기모순에 지나지 않는다는 보다 큰 당혹감에 빠지고 말았다. 그들은 보편적 진리란 없다는 것은 보편적 진실이라고, 문화적 불변성이란 없다는 것은 문화적 불변이라고, 객관적 진실이란 없다는 것은 객관적으로 진실이라고 주장했다. 한마디로 그들은 자신들의 입장이 우월한 것이라고는 전혀 없는 세계에서 우월한 것이라고 주장했다. 비판가들이 마침내 이 이중성을 지적하게 되었고, 거기에 "수행 모순performative contraction"이라는 전문적인 이름을 붙였지만, 다른 사람들은 그것을 위선적 행위hypocrisy라는 더 단순한 이름으로 부른다.

이제 문화 연구 그 자체가 자신의 독단주의를 벗어던지기 시작함에 따라—탈근대라는 표지가 붙은 한 세대의 학자 전체가 대규모로 수행모순, 자기애주의, 허무주의 속에서 길을 잃었었다—우리는 전체론적이고 겹겹이 층을 이룬 위계, 그리고 가치판단이 버려졌던 바로 그곳에서 다시 시작할 수 있는 입장에 놓여 있다. 그와 더불어 심도와 사랑의 정도, 그리고 내포와 전체적인 포용의 정도에 기반을 둔, 건전하고 자비로우며 주의 깊게 판단할 수 있는 방법을 확정지을 수 있는 입장에 놓여 있기도 하다. 다시 말해, 사회적인 신을 비롯해서 수많은 보물들이 버려졌던 그곳에서 다시 시작할 수 있게 되었다는 것이다.

통합적 접근

이 책과《에덴을 넘어》는 특히 문화적 세계관을 탐구한 책이다. 나는 뒤에 이것을 좌하 4분면(집단 또는 문화의식, 도덕성, 세계관 등의 스펙트럼)이라고 부르게 되었다.《아트만 프로젝트》에서는 이미 좌상 4분면(또는 개별 의식의 스펙트럼)을 개설한 바 있다.《에덴을 넘어》와 이 책이 좀 더 이룬 것은 이들 두 분면을 함께 묶었을 뿐만 아니라, 개인적 차원과 문화적 차원은 **상관적 교환**relational exchange**이라는 패턴에 의해 떼어낼 수 없을 정도로 단단히 묶여 있다**는 점을 설득력 있게 보여준 점이었다고 생각한다. 즉 인간은 물질, 신체, 마음, 혼, 영(단순한 다섯 수준 구도를 적용해서)으로 합성된 복합개체이다. 복합개체의 각 수준은 실제로 외부 세계에서 **동일 발달 수준**(즉 동일한 심도)에 있는 요소들과의 **상호교환 시**

스템이다. 즉 물질은 물질과(물질적 음식 소비), 몸은 몸과(성적 재생산), 마음은 마음과(상징적 의사소통) 등등으로 상호교환이 일어난다. 달리 표현하면, 모든 수준에서 주관적 세계는 상호주관적 또는 문화적 관계성이라는 거대한 네트워크에 깊이 묻혀 있으며, 또한 그 역도 그러하다는 것이다. 이는 사후에 생각해보거나 자의적인 선택으로서가 아니라, 불가피하게 이미 주어진 사실로서 그러하다. 나는 뒤에 이를 독자성agency은 언제나 공동성communion 내의 독자성이라고 표현하고 있다.

사회적 진화를 수렵채집 사회에서 소규모 원예농업 사회로, 대규모 농경 사회로, 산업 사회로, 정보 사회로 이동해가는 기술경제적 생산물의 다양한 양식이라는 점에서 보는 것이 일반적이다(나는 그것을 우하 4분면 또는 사회 시스템이라고 부를 것이다).[17] 이 책에서는 세계관에 초점을 맞춘 분석(이것은 앞의 것과 상관해서 태고에서 마술적, 신화적, 심적, 세계적으로 진행해간다)을 보완함으로써 아주 잘 지탱된 일련의 예측을 할 수 있게 되었다. 하나는 시민종교의 와해가 (로버트 벨라가 논의했던 것처럼) 미국 문화를 몇 가지 경향에 개방시킬 거라는 것이었다. 이러한 경향에는 근본주의 종교의 축소와 재기도 포함되며, 뿐만 아니라 자기애적 신시대 어젠다와 강력한 자기몰두로의 퇴행(건강하지 못한 형태의 낭만주의의 부활)도 포함된다. 오늘날의 문화에서 그런 양쪽 경향을 확증하는 증거를 찾아내기는 어렵지 않다. 그러나 또 하나 좀 더 위험한 예측은 합리적 자아(그리고 켄타우로스) 수준 너머에 첫 번째 후後합리성 단계가 있다는 사실을 담고 있다. 이 후합리성 단계를 이 책에서는 (다소 불행하게) 심령 수준psychic이라고 불렀는데, 이 수준은 만유내재신적萬有內在神的, panenhenic 자연신비주의nature mysticism를 지지한다. 따라서 예측은 새롭게 나타나는 영적 지향 중에서 가장 폭넓게 인기 있는 주제로는 생태적 의식과 조대 영역 통일성에 초점을 맞춘 상당히 재해석된 샤머니즘과 더불어 만유내재신적 자연신비주의와 가이아Gaia 숭배가 포함될 것이라는 것이었다. 이 예측은 내가 상상했던 것 이상으로 사실로 드러났다.

한편 이것은 적절한 시기에 찾아온 전적으로 유익한 것으로, 어떤 이는 생태적인 파국 상황을 저지하는 데 도움이 되길 바란다. 이런 생태적인 파국 상황은 근대성에 의한 것이 아니라 전형적인 인간의 탐욕에 의한 것이며, 이 탐욕은 당시에는 세계적인 규모로 표현할 수단이 없었을 뿐 분명 까마득한 옛날 수렵채집 시대부터 있었던 것으로서, 마침내 근대성의 성과를 낚아챔으로써 세계적인 규모로 자멸할 방법을 찾아냈던 것이다.

슬프게도 이런 자연신비주의의 부활과 더불어 신성deity신비주의와 무형formless신비주의를 포함해서 모든 고등한 신비 상태에 대한 표준적인 불신도 찾아왔다. 이런 것들은, 언제나 그런 것처럼, "저 세상other-worldly"을 열망하는, 따라서 반反지구적 · 반反가이아적 · 반反생태적인 만유내재신 열성자들에 의한 오해였다. 그와는 달리 그런 신비주의는 실제로 그런 관심사 모두를 초월하면서 포함한다. 그러나 자연신비주의자들은 더 깊고 더 높은 계기를 추구하는 영혼들에게 종종 악의에 찬 독설로 무장한 채 다가왔다. 이 특정 소란이 불쾌한 코스를 다 마치려면 10여 년 이상 걸릴 것으로 보인다.[18]

의식에 대한 발달론적이며 진화론적인 관점에 초점을 맞춤으로써, 이 책들이(특히 《에덴을 넘어》와 이 책) 이러한 다양한 운동을 이해하는 데 기여할 수 있었다고 생각한다. 이 시기의 끝을 향해 가면서, 나는 진화 모델에 의문을 품기보다는 오히려 그 모델의 강점과 약점 모두를 음미하기 시작했다. 특히 발달심리학 분야에서의 연구들은 이미 발달이 사다리같이 일련의 구분된 단계를 통해 직선적인 모양으로 진행해가지 않는다는 것을 보여주기 시작했다. 그보다는 전반적인 발달은 의식의 기본 스펙트럼을 통해 비교적 독립된 방식으로 진행해가는 많은 다른 발달 라인 또는 지류(인지, 도덕, 감정, 심적, 영적인 것 같은)로 구성되어 있는 것처럼 보인다. 의식의 스펙트럼을 전前인습 파동에서 인습을 거쳐 후後인습, 후인습 이후의 파동으로 진행해가는 것으로 단순화시키고, 특정 지류의 예로서 감정 또는 느낌을 사용할 경우, 전인습적 감정(예컨대 자기애적 분노, 충동, 만족), 인습적 감정(소속감, 배려, 관심), 후인습적 감정(보편적 사랑, 세계적 이타심), 후인습 이후의 감정(초인적 자비, 사랑으로 가득 찬 환희, 온우주적 배려)이 있게 된다. 이 밖에도 여러 가지 다른 라인들이 있지만 인지, 도덕성, 욕구, 심적(또는 자기) 발달, 영적 발달(분리된 하나의 라인으로 볼 경우)을 사용하더라도 마찬가지이다.

이러한 발달 라인 또는 지류 하나하나는 똑같은 기본 수준 또는 파동을 통과해가지만, 각기 비교적 독립된 방식으로 진행해간다. 따라서 예컨대, 어떤 사람이 인지발달에서는 매우 높은 수준에, 대인발달에서는 중간 수준에, 도덕성발달에서는 낮은 수준에 동시에 있을 수 있다. 이것은 전반적인 발달이 실로 얼마나 균일하지 않고 비선형적인지를 보여준다. 엄청난 수의 연구들이 지속적으로 개별적 발달 라인 자체는 계열적 방식으로 전개해간다는 것을 보여주었으며, 이는 발달 연구에서 밝혀낸 중요한 진실이다. 그러나 적어도 십여 개 이상의 다른 발달 라인이 있기 때문에, 전반적인 성장 자체는 그런 계열적인 발달을 보여주지 않는다. 오히려 전혀 균일하지 않으며 개별적인 일이다. 또한 어떤 시점에서 특정 개인은 한 지류(심적 라인)에서는 상당한 성장을 보여주지만, 다른 지류(영적 라인)에서는 약간의 성장 혹은 전혀 성장하지 않았음을 보여줄 수도 있다. 이중 어떤 것도 단일 지류 진화 모델로는 설명할 수 없지만, 수준 및 라인 모델(이른바 제3기 모델)에 의하면 그 모든 것이 완전한 의미를 갖게 된다.

나는 1981년경 엄격히 선형적이거나 또는 "사다리꼴"의 발달적 관점을 폐기했음에도 불구하고 오늘날까지도 경직된 직선적 발달 관점을 제시한다고 비판받고 있다. 그런 비판 중엔 영적 발달이 시작하기 전에 심리적 발달이 완전히 끝나야 한다는 근거 없는 주장도 있다. 나는 제1기 모델에서조차 결코 그런 경직된 관점을 취한 적이 없으며, 분명 거의 20여 년 전에 약간의 비슷한 것조차 폐기해버렸다.[19] 따라서 이런 비난에 대해 그들이 틀렸다고 지적하는 것 말고 달리 어찌 반응해야 할지 전혀 알 길이 없다.

1995년《성, 생태, 영성Sex, Ecology, Spirituality》의 출간과 함께, 통합적 접근은 충분한 결실에 이르게 되었다고 생각한다.《성, 생태, 영성》의 뒤를 이어《모든 것의 역사》,《감각과 영혼의 만남The Marriage of Sense and Soul》,《통합심리학》,《일미One Taste》,《모든 것의 이론A Theory of Everything》,《부머리티스》등이 출간되었다. 이 책들에서는 분면quadrant, 수준level, 라인line, 상태state, 유형type을 포함한, 그리고 그런 것을 함께 묶어서 포괄적이거나 통합적이려고 열망하는 어떤 접근도 반드시 고려하지 않으면 안 되는 가장 중요한 범문화적 요소 몇 가지를 다루는 통합 모델을 제시하고 있다.《에덴을 넘어》와 이 책에서 탐구된 세계관이 통합 모델에서 얼마나 중요한 부분을 차지하고 있는지 알고 싶으면, 짤막한 개설서인《모든 것의 이론》부터 읽어볼 것을 권한다.

그건 그렇다 치고, 여기 핵심 사항을 요약한 4분면 도표 몇 개가 있다. "4분면"이란 간단히 어떤 계기를 보는 특별히 중요한 네 개의 조망perspective을 말한다. **모든 사상事象, event은 내부로부터, 외부로부터, 또한 복수와 단수라는 측면에서 보여질 수 있다는 것이다.** 이 단순한 진실이 받아들여지기만 한다면 대학교수의 밥그릇 싸움 중 90퍼센트를 끝낼 수도 있을 것이다. 그런 일이 일어날 확률은 제로이지만, 그렇게 하

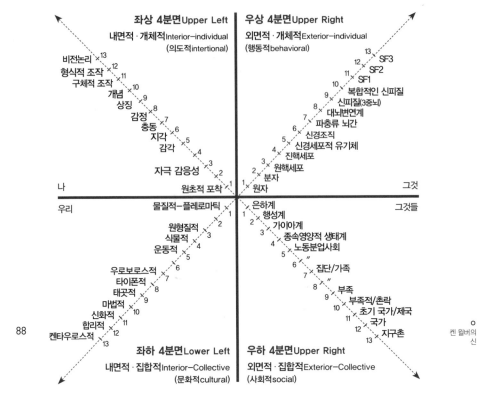

도표 1 **전형적인 4분면**

고 싶어 하는 방법론적 평화주의자들에겐 실제로 그런 일이 가능하다
는 것을 아는 것만으로도 멋진 일일 것이다.

어쨌든 이 네 가지 기본 조망은 우리에게 아주 다른 현상을 보여주
지만, 그것들 모두는 통합적 그림의 일부일 뿐이다. 첨부된 도표에서
개인의 내면은 1인칭 단수("나")의 조망을 담고 있는 좌상 4분면(UL)을
나타낸다. 복수(또는 집합)의 내면은 2인칭("당신/그대")과 1인칭 복수("우
리")를 담고 있는 좌하 4분면(LL)이다. 개인의 외면은 3인칭 단수("그것")
를 담고 있는 우상 4분면(UR)이다. 그리고 집합의 외면은 3인칭 복수

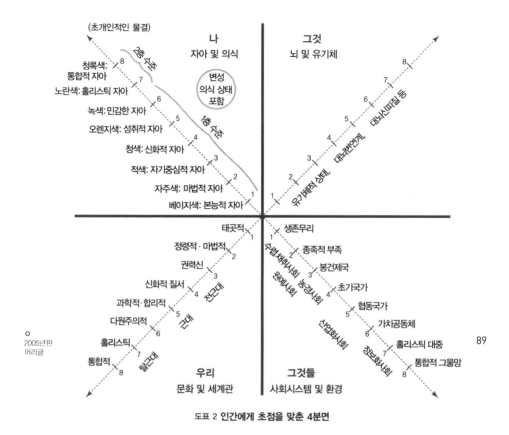

도표 2 인간에게 초점을 맞춘 4분면

("그것들")를 담고 있는 우하 4분면(LR)이다. 때로는 이것을 나, 우리, 그것 또는 진, 선, 미 또는 예술, 도덕, 과학과 같이 세 개의 주요 영역으로 줄이기도 한다.

　도표 1은 비전논리(통합 수준 이상) 발달 수준에 있는 사람에게 이 네 가지 조망에 의해 드러난, 보다 일반적인 요소들(또는 홀론들) 중 몇 가지를 나타내는 전형적인 4분면 도표다. 도표의 내용은 꽤나 자명하다. 좌상 4분면은 우리가 앞서 사용해왔던 네 개의 단순한 수준 대신에 열세 개의 주요 발달 파동을 보여준다. 좌하 4분면 역시 태고, 마술, 신화,

합리, 통합(켄타우로스 이상)이라는 세계관을 비슷하게 늘린 것을 보여준다. 하지만 이들 모두가 하나의 주제에 대한 변이임을 잊어서는 안 될 것이다.

도표 2는 특별히 인간에게 초점을 맞춘 것이며, 좌상 4분면에서 발달 수준 또는 단계 중 몇 가지에 대한 간단한 예로서 클레어 그레이브스의 연구를 적용한 것이다. 우리는 지금까지 캐럴 길리건의 네 단계, 즉 이기(베이지색, 자주색, 적색), 배려(청색), 보편적 배려(오렌지색, 녹색), 통합(노란색, 청록색)이라는 네 단계를 사용해왔는데, 이는 괄호 안에 있는 그레이브스의 좀 더 구체적인 단계와 일반적으로 상관을 맺고 있다. 이런 종류의 단계들 간의 상호관계와 발달학자들이 수년에 걸쳐 수행한 어마어마한 양의 연구에 관심이 있다면《통합심리학》을 참고하기 바란다. 이 책에는 백 개가 넘는 발달 모델과 그 모델들 간의 일반적인 상호관련성이 표로 제시되어 있다.

도표 2에서 좌상 4분면에 "변성 의식 상태 포함"이라는 말이 있음에 주목하기 바란다. 이것의 요점은 그런 변성 의식 상태(조대, 정묘, 원인, 비이원)를 이 도표에서 그레이브스의 단계로 나타낸 의식의 단계에 대비해서 상세히 배치할 수 있다는 것, 그렇게 한 결과로 어떤 종교적·영적 경험이 가능한지를 나타내주는 윌버-콤스 매트릭스Wilber-Combs matrix가 만들어진다는 것이다. 이것이 이 책에 의해 개척된 해석적 분석 틀이다.

그 해석적 분석 틀을 오늘날의 정통 종교사회학에 적용해볼 경우 거기엔 해석학자와 기능주의자라는 두 개의 주요 진영이 있다는 점에도 주목하기 바란다. 이 책에서는 어떤 통합적인 그림에도 이들 둘 모두가 포함되어야만 하는 몇 가지 이유를 제시하고 있는데, 4분면 도표를 사용하면 왜 그런지 그 이유를 쉽게 알 수 있다. 그 두 개의 주요 접근에서는 각기 좌하 4분면과 우하 4분면에 초점을 맞춘다. 그러나 양쪽 모두가 어떤 통합적 접근에서든 결정적으로 중요한 성분이라는 점에 대해선 아무 언급도 하지 않은 채 그렇게 하고 있다.

지각 있는 존재의 여덟 가지 근본 조망

통합 방법론적 다원주의integral methodological pluralism를 도표 3과 4에서처럼 도식적으로 요약하면서 이 머리글을 마무리하고자 한다.

도표 3에는 각 분면의 사상(나, 우리, 그것, 그것들)에 내부inside와 외부

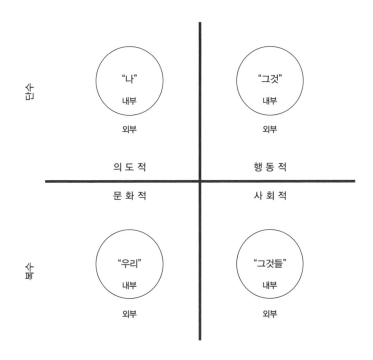

도표 3 지각 있는 존재의 여덟 가지 근본 조망

outside라는 이름이 붙여져 있다. 즉 우리는 4분면의 조망에 의해 드러난 어떤 계기도 취할 수 있을 뿐만 아니라, 또한 거기에 또 다른 조망, 즉 그것을 그 자체의 내부에서 보려는지 아니면 외부에서 보려고 하는지를 추가할 수 있다는 것이다. 이렇게 해서 우리는 단순한 네 개 대신 여덟 개의 주요 조망을 갖게 된다.

나는 이 여덟 개의 주요 조망이 어떤 계기로든 그것에 대한 꽤 균형 잡힌 관점을 얻기 위해 필요한 최소한의 조망이라고 생각한다. 물론 더 많은 조망을 사용할 수도 있고, 분명히 더 적은 조망을 사용할 수도 있을 것이다(네 분면들이 훌륭하게 제 역할을 하는 것처럼, 환원적으로가 아니라 개론적인 소개의 목적을 위해서라면). 그러나 여덟 개보다 더 적은 조망을 사용할 경우 대단히 중요한 변인들이 제외되고 만다.

최근 몇 년간 나의 작업은 사물thing, 사상event, 지각자perceiver, 시스템 system, 과정processe을 두 개의 단순한 변인, 즉 지각 있는 존재sentient being 와 그들의 조망perspective으로 대치시킨 온우주론Kosmology을 개발하는 것이었다. 어떤 지각 있는 존재가 실재에 대해 어떤 주장을 할 경우 그 존재가 어떤 조망에 의거해서 그런 주장을 하는지를 구체화하는 것만으로도 우리는 손쉽게 사물, 시스템, 절차, 지각자, 아는 자, 사고자, 사상, 역동적 과정 등을 산출해낼 수 있다. 실재에 대한 모든 형이상학적 접근은—여기엔 위대한 지혜 전통의 명백하게 드러난 형이상학뿐만 아니라 시스템 이론에서 포스트모던에 이르는 모든 주장의 드러나지 않은 형이상학도 포함된다—더 이상 시스템, 과정, 사상 또는 지각자나 아는 자, 다르마dharma(법法)나 그 밖의 어떤 것의 근본적인 필수성도 가정하지 않는 접근, 다만 지각 있는 존재와 그들의 다른 지각 있는 존재에 대한 조망만을 고려하는 후형이상학적 접근post-metaphysical approach 으로 대치된다.

이런 근본적인 조망들이(이것은 어떤 식의 지각이나 파지把知가 복수인 곳이라면 어디서든 존재 안에 들어온다) 나를 접시닭이로 내몰았던 통합 방법론적 다원주의의 토대로 나타난 것이다. 도표 4를 보면 이러한 여덟 개의 근본 조망들이 경험주의에서 현상학, 해석학, 시스템 이론, 발달주의에 이르기까지 모든 인간의 방법론들 중에서 가장 널리 사용되었고 가장 오랜 기간 검증을 견뎌온 여덟 가지임을 알 수 있다.

예컨대 "나"의 내면을 내부에서 볼 경우, 내성introspection, 현상학, 명상 등과 같은 방법이 나온다. 이것은 "나"를 안에서 보는 방법들이다. 하지만 우리는 "나"를 외부에서도(또는 "객관적"이거나 3인칭으로) 연구할 수 있으며, 이 "나"가 통과해가는 다양한 발달 단계를 알게 되는 것은

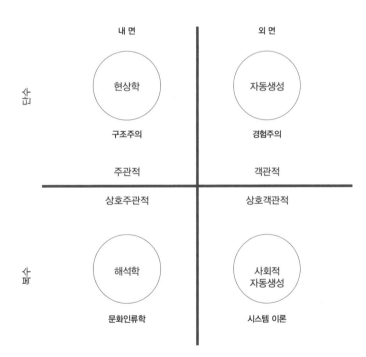

도표 4 **여덟 개의 근본적인 방법론**

바로 그런 연구 결과이다(이것은 예컨대 캐럴 길리건과 클레어 그레이브스가 사용했던 구조주의, 이 경우엔 발달론적 구조주의 기법이다).

　마찬가지로 어떤 "우리"든 그 자체의 내부에서 연구할 수 있으며—해석학, 참여 관찰자, 공감적 반향—또는 그것을 인류학적 기질에서처럼 외부에서 연구할 수도 있다(이는 여전히 의미, 계보학, 의미론에 초점을 맞춘, 즉 좌하 4분면에 초점을 맞춘 것이다). 하지만 우리는 그 문화적 "우리"를 "객관적" 또는 3인칭 조망으로, 역동적으로 짜여진 "그것들"의 사회 시스템으로서—우하 4분면의 시스템 이론으로—볼 수도 있다(자기생성이나 자기창조 시스템처럼 자신의 내부에서 보여질 수 있는 시스템이거나, 보다 전통적으로 구조적·기능적인 시스템으로서 자신의 외부에서 보여질 수 있는 시스템). 단순한 요점은 지각 있는 존재에게 가용한 (최소한) 여덟 개의 주요 조망은 진정한 통합적 접근이라면 모두가 포함시키고 싶어 할 여덟 개의 주된 방법론을 지지한다는 것이다.

　또한 대규모의 재앙, 삐걱대는 악몽은 이러한 여덟 개의 주요 조망과 방법론 중 몇 가지는 언제나 학술적으로 금지되고 주변화되고 억압되고 억제되었으며, '불결한 이 지시는 촉수 엄금'이라는 딱지가 붙은 쓰레기통 속에 던져졌다는 것이다.

　이것이 나를 접시닦이라는 괜찮은 직업으로 내몬 것이었다. 방법론적 무법자로 살아온 지난 30년의 삶을 되돌아보면—"무법자"란 이 책에서와 똑같이 정의된다—내가 쓴 20여 권의 학술적인 책이 출간될 때마다 대학의 학문적 분위기는 종종 두려움으로 움츠러들었던 것처럼 보인다. 그리고 그렇게 움츠러들 때마다 별로 다르지 않은 똑같은 기본적인 이유, 즉 존중할 수 없는 것으로 간주된 이런저런 방법론을 내가 돌보고 편들었다는 이유 때문에 그렇게 움츠러들었던 것이다. 그들의 좌우명은 결코 "모든 사람은 옳다"는 아니었다. 왜냐하면 친親문화와 더 슬프게도 반反문화 모두 올바른 사고자에 대한 나름의 짧은 항목과 훨씬 더 긴 (조지 오웰George Orwell의 멋진 용어를 쓰자면) 사상범thought criminal 리스트를 갖고 있었기 때문이다. 그런 모든 것과 비교해볼 때 접시닦이는 그다지 나쁜 일은 아니었다.

　도표 4는 첫 번째 책에서부터 최근까지 내가 쭉 편들어왔고 사용해온 방법론들에 대한 요약이다. 다만 그 안에 포함되었던 것을 명료하게 상설하는 데 30년이 걸렸던 셈이다. 그런데 내가 23세에 썼던 《의식의 스펙트럼》이란 제목의 첫 번째 책은 '방법론의 스펙트럼', '패러다임의 스펙트럼', '지시의 스펙트럼'이라는 제목을 붙였어도 좋았을 것이다. 왜냐하면 실제로 담겨 있는 내용이 그런 것이기 때문이다. 그러나 친문화와 반문화에 속해 있던 대부분의 권위자들은 새로운 망원경으로 보고 싶어 하지 않는다는 사실을 나는 알게 되었다. 왜냐하면 그들은 이미 목성 주변에는 위성이 없다고 알고 있기 때문이다.

　앞서 말했듯이, 나는 접시닦이를 좋아한다. 첨언하자면 이 책을 집필할 때도 나는 여전히 레드 루스터 레스토랑에서 접시를 닦고 있었다. 이 책의 요점은 단순히 심층 사회학은 개별적 측면과 집합적 측면의 수직적 내면을 포함하지 않으면 안 된다는 것, 달리 말하면 시스템 이론과 해석학에 더해서 발달론적 구조주의와 현상학 같은 방법론의 연구 결과를 포함하지 않으면 안 된다는 것이었다(도표 4를 보라). 나는 그런 결과를 100퍼센트 후원한다. 이 책은 그런 수직적 차원을 위해 간결하면서도 우아한 방식으로 논의하고 있기 때문에, 더 폭넓은 사회학을 요구하는 큰 외침으로 남을 것이다.

배려와 의식의 확장이라는 흥미진진한 모험

통합 모델의 성공은 그 자체로도 고무적인 일이었다. www.integral-naked.org, www.integraluniversity.com, www.integralinstitute.org 이 모두가 번창 중에 있다. 당신이 통합의학, 통합예술, 통합법학, 통합심리치료, 통합기업, 통합정치학, 통합교육 등을 포함해서 인간의 모든 노력에 보다 포용적이고 포괄적이며 통합적인 접근을 적용하는 데 관여하고 싶다면, www.integralinstitute.org에서 출발할 것을 추천하며, 또한 배려와 의식의 확장이라는 이 흥미진진한 모험에 우리와 함께할 것을 권한다.

2004년 여름
콜로라도 덴버에서
켄 월버

켄 월버의
신

1. 그 이유는 발달론적 전체론developmental holism(또는 구조적 발달론structural developmentalism)은 외부에서 어떤 집단에 부가한 거대담론이 아니라, 오히려 문제되는 사람들의 합의 서클 내부에서 만들어진 계보적 해석학이기 때문이다. http//:wilber.shambhala.com의 보조 해설 A〈누가 쿡 선장을 먹어치웠나? 포스트모던 세계에서의 역사계보도〉를 보라.

　발달론적 전체론은 "2구역" 방법론, 또는 1인칭 복수 실재에 대한 3인칭 연구의 변형체이다(http//:wilber.shambhala.com에서《성, 생태, 영성》에 이어 나올《성, 카르마, 창조성Sex, Karma, and Creativity》에서 발췌한 A에서 G까지를 보라).

2. 토마스 쿤의 저술, 특히《과학혁명의 구조》에 대한 오해, 뿐만 아니라 길리건에 대한 오해의 이유는《부머리티스》에서 폭넓게 기술되어 있다.

3. 충분히 개발된 3차원 페미니즘에 관한 개념을 알고 싶다면,《아이오브 스피릿》의 제8장 "통합 페미니즘"을 보라. 이것은 내가 아는 한

통합 페미니즘에 대한 최초의 논문이다.

4.《아이 오브 스피릿》과《통합심리학》을 보라.

5. 하즈라트 이나야트 칸Hazrat Inayat Khan은 환생에 대한 첫 번째 버전을 대표하며 다음과 같이 말한다. "갓난아이의 울음은 대체로 천국의 그리움에 대한 천사의 표현이다[지상에서의 탄생의 길을 따라 이제 막 통과한 티베트인들이 부활한 바르도라고 부르는]. 갓난아이의 웃음은 천국과 저 위 세계의 기억에 대한 이야기이다." 그것은 내가 워즈워스William Wordsworth의 시구에서 인용하여 "길게 깔린 영광의 구름"이라고 부르는 것이다(이 아이디어에 대한 확장된 논의는《아이 오브 스피릿》을 보라). 그러나 이런 가능성은 유아 단계나 구조 자체의 일부가 아니라 다른 상위 영역에서 비롯된, 길게 깔린 인상이라는 점에 주의하기 바란다. 따라서 깨달음에서 되찾는 것은 유아 구조 자체가 아니라 실질적인 상위 영역이다. 그러므로 자기self는 그 자체가 근본적인 낙원이라는 낭만주의적 관념은 심대한 오해이다.

더 진전된 논의는 '전집' 제3권의 머리글과《아이 오브 스피릿》을 보라.

6. 주의: 이 책에서는 상위 영역이나 상위 차원에 대해 말하는 것에 언제나 조심스러워하면서도 여전히 일종의 상위 구조/단계에 대한 절정 경험이나 일별 경험에 대해 말하는데, 이는 전문적으로 볼 때 결코 틀린 것은 아니다(즉 "상위 영역"과 "상위 차원"은 상위 상태와 그 상태의 몸체를 지칭할 수 있으며, 흔히 그렇게 하기도 한다. 그러한 것 중 깨어 있는/조대, 꿈꾸는/정묘, 수면/원인 같은 주요 상태는 여러 면에서 늘 현전해 있으며, 그렇기에 절정 경험이 될 수 있다). 그러나 이 점만큼은 분명히 해두자. 즉 상위 상태 중 어떤 상태가 절정 경험이 될 수 있더라도, 상위 단계는 그럴 수 없다는 것이다.

여전히 이 책에서 제시한 것은 지금은 윌버-콤스 매트릭스라고 부르는 것의 최초의 형태를 보여준다. 이 매트릭스는 경험되고 있는 차원/상태/영역을 그 경험을 해석하는 단계/구조와 대비시켜 시각적으로 제시한 것이다. 이것은 진정으로 새롭고도 중요한 혁신적 돌파라고 생각한다.

7. 유아는 내가 의식의 세 가지 주요 상태라고 한 조대(깨어 있는), 정묘(꿈꾸는, 마음의 더 깊은 곳) 및 원인(깊은 수면, 순수 주시자, 근본적 참자기)에 분명히 접근 가능하다. 초기의 자아(태아, 분만 시점, 신생아, 유아 및 초기 아동기)는 그런 영적 상태 모두에 다양한 형태로 접근한다. 그러나 어른도 그렇게 한다. 달리 말하면, 이런 점에서 유아적 상태는 어른의 경우 반드시 상실되거나 부정된 영적인 어떤 것에 접근하는 것은 아니라는 것이다(낭만주의적인 관점은 또다시 과녁에서 멀찌감치 빗나간다).

그렇다면 유아 자기는 그 이후 발달에서 실질적으로 상실되지만 더 높은 영적 깨달음 상태에서 회복될 수 있는 어떤 "영적 각성"에 접근 가능하다는 것인가? 제한된 의미에서는 그렇다. 그것은 길게 깔린 영광의 구름이다(태아, 분만 전후, 신생아 또는 그 이후의 어떤 시기에서든). 그러나 반복해서 말하지만 "길게 깔린 구름"을 인정하는 전통에서는 그것들이 기본적으로 상위의 초개인적·초합리적 수준의 긴 여운에 대한 접촉이거나 인상이라고 주장한다. 그것들은 구조적으로 유아 자기 잠재력의 일부는 아니다. 따라서 그 이후 발달에서 이들 상위 수준들과의 재접촉에서 일어나는 것은 유아기로의 퇴행이 아니라 상위 수준으로의 상승이자 재발견이다. 태아와 유아 자기는 되찾게 될 어떤 식의 구조 속에 살고 있지 않다.

격상주의자들은 종종 툴쿠tulku나 환생한 부처들의 존재를 이런 진술을 논박하기 위한 반증으로 사용한다. 그들은 바르도, 유아기, 아동기의 모든 단계를 통해 의식을 유지한 깨달은 분들이다. 물론 완전히 깨달은 존재는 당연한 법칙이 아니라 예외이다. 그것은 극히 드문 예인데, 완전히 깨달은 존재는 모든 법칙 중 가장 드문 예외이기 때문이다.

유아 자기는 모든 아픔과 고통, 그리고 파멸/쇠퇴/죽음을 넘어선 어떤 식의 무상삼매nirvikalpa나 니르바나nirvana(열반涅槃)에 잠겨 있지 않다는 것, 배고픔과 고통, 일시적인 쾌락과 강력한 절규, 이따금 짓는 미소 등으로 얼룩진 윤회 속에 잠겨 살고 있다는 것, 그러나 그 자기는 진화의 잠재적 상위 수준들(그리고 정묘와 원인 의식이라는 상위 상태들)을 품속에 간직하고 있다는 것, 그것들은 발달이 전前합리에서 합리로, 초超합리로 옮겨 갈 때만 비로소 영속적으로 접촉할 수 있고 완전한 의식으로 끌어들일 수 있다는 것, 이것이 요점이다. 그러나 이는 어른에 있어서도 똑같이 진실이다. 따라서 이런 점에서 볼 때 상실된 것이란 전혀 없다.

물론 하위의 전합리적 잠재력 중 어떤 것(예컨대 다양한 초기 정서들, 생기, 정서적·성적 충동)이 초기 아동기 발달 동안 억압될 수 있으며, 그런 일이 일어날 경우 내가 늘 강력하게 주장했던 것처럼 성공적인 치료는 보통 자아를 위한 퇴행(《일미》에서는 "치료를 위한 선회healing spiral"라고 불렀던 것)을 포함한다. 더 나아가 이 억압이 극심할 경우, 초개인적이고 초의식적인 상태로의 상위 발달은 더뎌지거나 완전히 불가능해질 수도 있다. 그럴 경우 초기 구조로의 선회적 복귀(초기의 전前합리적 외상과 재접촉해서 바로잡기 위해), 자아를 위한 퇴행이 필요하며, 그런 다음 자아초월로 전진해갈 필요가 있다(전합리적 손상이 수선되면 자아는 합리에서 초합리적 적응으로 보다 쉽게 옮겨 갈 수 있다). 이러한 복귀와 초월이라는 선회에서조차도 접촉되는 것은 상위 상태가 아니라 심하게 손상되고 수선될 필요가 있는 하위 상태이다. 낭만주의적 관점은 또다시 과녁을 훨씬 빗나간다.

8. 간단히 말해 형이상학적 추락이란 니르바나의 상실이며, 이것이 우

리를 윤회의 세계(마치 세상이 실제로 영spirit에서 떨어져 나온 듯한 죄와 분리와 이원성의 세계)에 데려놓는다. 심리적 추락은 이런 사실에 대한 고통스러운 각성, 죄와 분리에 대한 고통스러운 인식, 윤회 속에 살고 있다는(그러나 아직 니르바나nirvana를 깨닫지 못했다는) 고통스러운 인식이다. 형이상학적 추락은 우리를 윤회의 세계(또는 영과의 의식적인 합일의 상실, 우리의 실현된 조건으로서의 니르바나의 상실)에 데려놓는다. 심리적 추락은 (우리가 니르바나 또는 영과의 의식적 합일을 재발견하기 전까진) 윤회의 세계가 얼마나 고통스러운 것인지에 대한 깨어남이다. 두 개의 추락은 영적인 깨어남 또는 영과의 통일성에 대한 의식적인 실현, 니르바나의 의식적 실현에 의해 파기된다. 낭만주의자들은 윤회의 고통을 인식하지 못하는 것을 니르바나라고 혼동하고 있다.

9. 예를 들어, 기독교에 의하면 모든 인간은 원죄를 갖고 태어나며, 불교에 의하면 태어난 것 자체가 여전히 출생과 죽음(윤회)이라는 업의 굴레에 속박되어 있기 때문이다. 따라서 수태되고 태어났다는 바로 그 사실이 깨닫지 못했다는 것을 보여준다(깨달은 보살이 아닌 한). 당신은 깨닫지 못한 채 태어난다. 유아기의 어떤 부분도 의식적이든 무의식적이든 깨달은 상태였다가 상실되는 것은 없다. 또다시 낭만주의자들은 두 개의 추락을 혼동한 것이다.

10. 차라리 우리가 보았듯이, 그리고 지혜 전통 모두가 만장일치로 동의하듯이, 진정한 형이상학적 추락은 실제로 영 그 자체로부터 떨어져 나온 것이 아니라(모든 존재의 근본바탕으로부터 떨어져 나오면 아무것도 존재할 수 없다), 영과의 통일성에 대한 각성에서 떨어져 나온 것을 나타낸다. 낭만주의 관점에 의하면 유아는 근본바탕과 하나지만 무의식적으로 그렇다. 이는 사실상 진실이지만, 이것은 실질적으로 형이상학적 추락이 이미 유아에게 일어났다는 것을 의미한다(왜냐하면 낭만주의자들도 동

의하듯이, 유아는 이미 자신의 근본바탕과의 항구적 통일성을 의식하지 못하기 때문이다). 유아 자기는 근본바탕과의 실질적 통일성을 끊을 수도 없는데, 그럴 수 있다면 증발해버렸을 것이다. 그럼에도 낭만주의자들이 잘못 주장한 것은 바로 그것이다. 그들은 유아가 초기 상태를 벗어날 때 그런 일이 일어난다고 생각했지만, 실제로 일어난 것은 유아가 자신이 고통스럽고, 유한하며, 분리된 존재 상태에 놓여 있음을 알아차림에 따라 심리적 추락에 들어간 것이다. 낭만주의자는 이것을 형이상학적 추락이라고 완전히 혼동한 것이다.

11. 접근의 심도에 따라 상위 상태를 순서 매길 수 있는 방식에 대해서는 http//:wilber.shambhala.com에 게시된 보조 해설 G 〈상태와 단계States and Stages〉를 보라. 예컨대 코트라이트Brant Cortright[21], 타나스 Richard Tarnas, 페러Jorge Ferrer, 푸하카Kaisa Puhakka[22]로 대표되었던 초개인심리학의 종언과 함께, 이런 식의 판단은 어떻게 하면 그런 판단에 공정하고 공평하게 필요한 권한을 부여하느냐 하는 점에서 중요해진다. 초개인심리학의 죽음에 관해서는 "나의 심리학 모델의 개요"에 있는 부록 C 〈심리학의 죽음과 통합의 탄생The Death of Psychology and the Birth of the Integral〉과 발췌문 F 〈참여적 윤회 세계Participatory Samsara〉를 보라. 두 개의 글 모두 http//:wilber.shambhala.com에 게시되어 있다. 프랜시스 본Frances Vaughan도 초개인심리학의 죽음에 대한 개요를 www.integralnaked.org에 게재한 바 있는데, 이 글도 강력 추천한다.

12. 여기, 진화와 깨달음의 통합 이론(즉 진화를 여전히 인정하는 깨달음에 대한 이론)이 있다. 논의를 위해서, 대략 2만 년 전쯤 완전히 깨달았던 어

102

---

21 캘리포니아 통합연구소CIIS에서 통합 상담심리학 프로그램의 주임을 맡고 있다.

22 철학·심리학·임상심리학 박사학위가 있고, 현재 캘리포니아 통합연구소의 심리학 교수로 재직 중이며 초개인심리학의 중심적인 인물이다.

떤 사람을 상정해보자. 그 당시 평균적인 문화적 무게중심은 마술적 수렵채집 단계(전前인습, 자주색과 적색 밈meme, 자아중심과 민족중심)에 있었다. 소수의 대단히 진화된 영혼들은 신화적 멤버십(청색 밈) 단계에까지 진입했다. 이제 이 통합 이론에 의하면, 당시 "완전히 깨달은" 존재이기 위해서 그 사람의 의식은 현현 영역 전체 또는 현현 우주 전체와 하나여야만 했다. 당시 현현 우주는 모든 비인간 구조와 인간의 베이지색, 자주색, 적색, 청색 구조를 포함했다. 따라서 어떤 사람의 영적 발달에서, 그 사람이 깨어 있는 상태, 꿈꾸는 상태, 깊은 수면 상태, 비이원非二元 상태에 의식적으로 접근 가능했을 뿐만 아니라 구조적 발달이 청색 단계/구조에 있었다면, 그 사람은 문자 그대로 현현 영역 전체와 동일시할 수 있었다. 그럴 수 있었던 사람은 발생한(또는 그 당시 발생할 수 있었던) 모든 것과 문자 그대로 하나였다. 따라서 그 사람은 참으로 완전한 합일의식을 소유하고 있었다고, 또는 당시 가능했던 만큼의 깨달음 상태에 있었다고 할 수 있다. 반면 네 가지 주요 상태(깨어 있는, 꿈꾸는, 깊은 수면, 비이원) 모두에 의식적인 접근이 가능했더라도 무게중심이 자주색에 있었던 사람은 현현 세계 전체와 하나일 수 없었다. 왜냐하면 "그 사람의 머리 위에는" 적색과 청색 의식 구조가 있기 때문이다. 이 구조들은 그가 아직 초월해서 포함하지 못한, 따라서 충분히 동일시했고 떠나보내지 못한 (초월과 포함) 구조이다. 따라서 그런 사람들은 비록 다양한 의식 상태에 접근할 수 있었다 해도 충분히 깨달은 존재일 수는 없었다.

홀쩍 뛰어넘어서 오늘날의 세계로 들어와보자. 현재의 평균 양식은 청색에서 오렌지색 단계에 있으며, 구조적 발달의 첨단은 대략 성숙한 비전논리(청록색, 초超패러다임) 단계에 있다. 현현 우주 전체와 하나이기 위해서, 그 사람은 역시 네 가지 주요 상태에 접근할 수 있어야 하지만,

주석

구조적 발달은 이제 청록색 단계에 있지 않으면 안 된다. 왜냐하면 그보다 못한 단계에 있을 경우, 우주 내에는 그 사람의 머리 위에 (이해할 수 없는) 다른 구조들이 있을 것이기 때문이다. 녹색 단계에 있는 어떤 사람이 모든 주요 상태에 충분히 접근할 수 있다 하더라도, 여전히 그 사람과 하나가 되지 못한 현현 우주의 부분(노란색과 청록색)이 있을 것이다. 따라서 그들은 오늘날의 세계에서 그들이 깨달을 수 있을 만큼의 깨달음 상태에 있는 것은 아닌 것이 된다.

이 통합 이론의 커다란 장점은 5000년 전이나 만 년 전 또는 2만 년 전에 살았던 샤먼, 성자, 현자들로 하여금 당시에 존재했던 현현 우주 전체와 일체라는 준거에 의해 충분히 깨달은 존재일 수 있도록 해준다는 것이다. 그러나 진화가 진행되고 더 많은 구조와 단계가 출현함에 따라(청색, 다음은 오렌지색, 그다음 녹색, 그다음 노란색, 그다음 청록색) 현현 우주 전체와 일체이기 위해선 새롭게 출현한 구조들과도 하나이지 않으면 안 된다. 이것은 오늘날 완전한 합일의식(본삼매, 비이원, 영구적인 일미)에 있기 위해서는 청록색 단계(주는 것에 있어서든 받는 것에 있어서든)에 있지 않으면 안 된다는 것을 의미한다. 오늘날의 세계에서 어떤 사람이 신화적 멤버십(청색) 단계에 있으면서, 명상 또는 샤먼 상태에 완전히 접근할 수 있다 하더라도 깨달음에는 훨씬 미치지 못할 것이다.

이미 말했듯이, 어떤 사람이 어제 완전히 깨달은 상태에 있었지만, 똑같은 달성 상태에 있다 해도 오늘은 완전하게 깨달은 것이 아닐 수 있다는, 얼핏 보기에 역설적인 사실을 설명할 수 있는 이론은 이 이론 외에는 없다. 그것은 이 이론이 옳다는 것을 의미하는 것은 아니다. 다만 현재로선 그런 자료를 설명할 수 있는 경쟁 이론이 없다는 것을 의미한다. 나는 이 이론을 과거 10여 명의 다른 영적 스승들에게 적용한 바 있는데, 지금까지 모두가 이 이론의 일반적인 윤곽과 일치했다.

이 이론 자체는 온우주 3부작 중 2부(여기에서 발췌한 글은 http//:wilber.
shambhala.com에서 볼 수 있다)에 기술했던 의식 구조의 후後형이상학적
성질 또는 소위 "윌버-5"모델에 의존하고 있다. 모든 것에서 발견된
이런 자료는 대사슬Great chain에서 루돌프 슈타이너, 신지학, 오로빈도에
이르기까지 의식의 구조/수준에 대한 형이상학적인 접근에서는 다룰
수 없다. 왜냐하면 만일 존재Sat/의식Chit/지복Ananda이라는 이미 존재하
는 존재론적 구조나 수준이 있다면 어떤 사람이 그런 구조 모두와 하
나일 것이고, 그렇지 않다면 깨달음에 이르지 못한 것이기 때문이다.
그런 이미 존재하는 구조는 오늘날만큼이나 1000년 전에도 똑같았을
것이고, 그렇다면 깨달음의 조건은 2만 년 전에도 동일한 것이어야 할
것이다. 이것이 바로 설명하지 못하는 접근들의 관점이다.

주석

오로빈도가 그런 것처럼, 진화적인 방식으로 전개하는 구조를 갖고
낡은 형이상학적 접근을 지지하려고 애쓰더라도, 똑같은 의식을 갖고
있는 어떤 사람이 어떻게 어제는 깨달을 수 있었는데 오늘은 그럴 수
없는가라는 문제를 해결할 수 없으며, 더 나아가 새로운(그리고 해결할 수
없는) 문제에 당면하게 된다. 왜냐하면 당신은 존재/의식/지복 수준이
이미 주어진 것이고 이미 존재하는 것이라고 주장하는데, 자신의 깨달
음 너머에 이미 존재하는 더 상위의 구조가 없다는 것을 어떻게 알 수
있는가 하는 이유 때문이다(이럴 경우 당신은 충분히 깨달았다고 말할 수조차
없게 된다).

이런 모든 문제들이 깨달음에 대한 낡은 형이상학적 접근에는 고스
란히 남아 있다. 초창기 샤먼, 성자, 현자들은 오늘날 가용한 의식 구조
중 어떤 것에 접근할 수 없었기 때문에, 낡은 형이상학적 접근에 의하
면 그들 모두 어떤 의미 있는 점에서 충분히 깨달을 수 없었던 것이 된
다. 그러나 후형이상학적 접근과 함께 고타마 붓다나 그리스도 같은

사람들은 그들이 살던 시대에 완전한 깨달음에 이를 수 있었던 것이 되는데, 왜냐하면 그들은 당시 존재했던 모든 것과 완전히 하나였기 때문이다. 그러나 오늘날의 세계에는 다른 구조들이 진화했고, 이제 그 것과 일체가 되지 않으면 안 된다. 그러나 형이상학적 접근에 의하면 모든 구조는 영원히 이미 주어진 것이다. 따라서 깨달음에 이르기 위 해선 비록 5만 년 전이라 해도 그 모든 영원한, 원형적으로 이미 주어 진 구조들과 하나이지 않으면 안 된다. 그런 샤먼, 성자, 현자는 없었기 에 이 이론에 의하면 그들 모두는 무지한 존재가 되고 만다. 이것은 받 아들일 수 없는 일이다.

그런 모든 문제는 통합 방법론적 다원주의라는 후형이상학적 접근 으로 해소된다. 이 접근에서는 통합적 후형이상학을 지지한다. 플로티 노스나 오로빈도 같은 위대한 형이상학자(예전 의미로)도 여전히 자신의 경험을, 특히 자신의 영적 경험을 포함해서, 해석한 것에 지나지 않는 다는 점에 유의하기 바란다. 그런 위대한 철인·현자에게 있어서도 형 이상학적 접근은 영적 경험을 해석하는 자연스러운 길이었다. 예컨대 플로티노스는 대략 10여 개의 존재/의식/지복의 주요 수준이 있다고 주장했다. 그러나 그것은 단지 그가 자신의 내적 경험에 부여한 해석 일 뿐이다. 그는 어느 날 주변을 걷다가 영원히 고정된 12층짜리 원형 적 건물과 마주친 것이 아니다. 그게 아니라 그는 열두 수준 또는 단계 를 포함한 것으로 해석한 일련의 영적 경험을 했던 것이다. 하지만 그 수준들은 여전히 자신의 직접적 경험에 대한 해석일 뿐이다. 그러나 신화적 멤버십(청색 밈)의 문화적 배경은 그런 경험을 해석하기 위한 최 선의 방법으로 (영원히 고정된 원형, 불변하는 구조, 고정된 존재와 의식의 수준과 함께) 즉시 형이상학적 체계를 제공했을 것이다. 그러므로 그가 갖고 있 었던 유일한 문화적 배경을 적용했다는 이유 때문에 플로티노스를 탓

할 수는 없는 일이다. 그렇다고 플로티노스에게 경의를 표할 수 있는 유일한 길이 우리가 그 문화 체계를 받아들여야 한다는 것을 의미하지는 않는다. 플로티노스는 플로티노스의 정신을 존중하면서 다른 정의定義를 찾는 후형이상학적 접근으로 충분히 존경받을 수 있다.

모든 위대한 형이상학자 중 가장 최근의, 그리고 필경 가장 위대한 형이상학자였던 오로빈도의 경우에도 상황은 비슷하다. 오로빈도 역시 자신의 영적 경험에 일련의 해석을 했을 뿐이지만, 이번엔 베다 전통과 함께 독일 관념론을 포함하는 문화적 배경에 입각해서 의미를 끌어냈다. 그 결과는 근본적으로 존재/의식/지복에 대한 대사슬 관점과 유사했고(여전히 철저하게 형이상학적이었지만), 이번엔 대사슬이 진화적 시간 속에서 전개해가는 것이 되었다. 그렇긴 했지만 그것은 여전히 오로빈도가 몸담고 있는 형이상학적 접근과 관련된 온갖 문제를 안고 있었다. 거기엔 이미 존재하는 존재론적 구조라든가 문화적 상호주관성으로도 변질되지 않는 이미 주어진 실재, 앎의 모든 양식에서 근본적으로 맥락 초월적인 것들이 거하는 영역 등의 문제가 포함되어 있었다. 달리 말하면, 칸트와 포스트모던적 인식론이 제기한 비판을 딛고 타당한 것으로 인정받을 수 없는 온갖 낡은 형이상학적 가정들이 포함되어 있었다는 것이다. 오로빈도는 후형이상학 시대의 문턱에 서 있었지만 들어설 수는 없었던 가장 마지막 형이상학자이자 가장 위대한 형이상학자였을 것이다.

(내가 '형이상학'이라는 단어를 계속 사용하는 경우가 꽤 있을 텐데, 그 단어가 여전히 어떤 관념을 전해주기 때문이기도 하지만, 나의 접근이 왜 후형이상학적인지 매번 설명할 수는 없기 때문이기도 하다. 어떤 의미를 전달하려는 것인지는 각각의 문맥에 따라 결정될 수밖에 없을 것이다.)

그렇다면 이 후형이상학적 기준에서 볼 때 원래의 샤먼 중 누군가가 과연 깨달음을 얻은 것일까? 만일 그랬다면, 그들은 (1) (적어도) 네 가지 주요 의식 상태(깨어 있는/조대, 꿈꾸는/정묘, 무형/원인, 항존하는/비이원)에 의식적인 접근이 가능했어야 했고, 또한 (2) 전면 구조는 청색에 있어야 했을 것이다. 나는 최소한 어떤 샤먼은 이런 준거에 부합했을 것이고, 따라서 기원전 5만 년 전 이상 거슬러 가더라도 깨달은 인물은 존재했었으리라고 믿는다(그들은 진화 과정 중 그 시점에 존재했던 현현 우주 전체와 하나였으므로, 당시 깨달을 수 있는 만큼 깨달았던 존재였다).

그러나 본문에서 논했던 것처럼, 샤먼은 예외적인 존재로 보인다. 왜냐하면 전형적인 샤먼의 여정은 원인 수준(따라서 진정한 비이원)에 정통할 정도의 습득은 아니었기 때문이다. 더욱이 그랬다 하더라도 (전면 구조에 초점을 맞출 경우) 오늘날의 세계에서 청색에 머물러 있는 사람은 최악의 의미에선 민족중심적일 것이다. 이런 이유들 때문에 깨달은 예외적인 존재가 분명히 있었겠지만, 전형적인 샤먼의 길은 깨달음이나 각성에 대한 매우 관대한(최소한의 요구 조건) 정의에서 보더라도 완전한 깨달음은 아니었다.

13. 손상을 입힐 만한 세련된 기술(석탄을 태우는 증기기관처럼)을 사용해서 자연에 해를 입힐 수 있지만, 의식적으로 그런 해를 입히지 않기로 선택하는 것과 무엇보다 그런 해를 입힐 만한 세련된 수단을 갖고 있지 않기 때문에 어떤 피해도 줄 수 없는 것 사이에는 차이가 있다. 초창기 부족에게 속하는 것으로 생각했던 많은 생태적 지혜는 후자에 속한다. 즉 수단의 결여를 지혜가 있는 것으로 혼동해서는 안 된다는 것이다. 비록 제한된 수단밖에 없었지만 불행히도 그들은, 크라이튼이 지적한 것처럼, 어떻게든 대규모의 생태적 피해를 입었다.

14. 어떤 세련된 낭만주의자의 마지막 주장은 어떤가? 즉 마술적 구조가 덜 발달된 의식 구조이긴 하지만(전前분화이지 초超분화는 아님), 자연

전체성의 마술적 구조가 근대성의 합리 구조와 결합될 경우 진실로 통합 구조가 초래될 수 있다는 주장이다. 나도 그것이 환영할 만한 통합이라는 데 동의한다. 하지만 그것은 그저 전前합리성과 합리성의 통합일 수는 있지만 초超합리성은 아닐 것이다. 더구나 통합에 포함되어야할 것으로 생각되는 합리성 이외의 유일한 구조가 마술적 구조만은 아니다. 거기엔 신화적 원예농업과 신화적·합리적 농경이라는 영역도 있다. 낭만적 부족주의자들은 일반적으로 이런 구조들을 경멸한다. 끝으로 가장 진보된 양식(샤머니즘)을 추가하더라도 이것은 이미 보았듯이 초개인 수준 전반에 대한 부분적이고 제한적인 접근에 지나지 않는다. 거의 모든 점에서 보더라도, 농경 구조는 낭만주의자들이 요구하는 헤라클레스 같은 재주를 부릴 수는 없는 일이다. 하지만 그 구조는 매우 제한된 양식이지만, 대단히 중요한 구조로 남을 것이다.

15. 변환translation과 변용transformation에 더해서, 이 책에서는 전사傳寫. transcription에 대해서도 논하고 있다. 전사는 더 이상 자주 사용하는 용어는 아니지만, 일반적인 점은 여전히 타당하다. 상대주의자들은 오히려 이 용어가 기본 구조는 이미 주어진 것임을, 따라서 모든 문화는 그저 이미 주어진 고정된 것을 읽는 것에(전사하는 것에) 지나지 않는다고 느꼈기 때문에, 그 개념을 싫어했다. 전사란 그 정도로 완고한 개념을 의미하는 것이 전혀 아니었다. 더구나 제5기의 후형이상학적 접근에서는 훨씬 덜 제한적이다. 전사란 단지 특정한 계기가 특정 확률 공간에서 일어나는 경향이 있음을 의미한다(형이상학 전통에서 "구조"라는 용어로 의미하고자 했던 것은 바로 이 확률 공간이다). 그러나 앞서 말했듯이 비판자들이 이 용어를 적절히 이해하는 데 특히 어려움을 겪기 때문에, 나는 이 용어를 거의 사용하지 않고 있다.

16. 형이상학적 추락은 근본바탕과의 합일의 상실을 의미하는 것이 아

니라는 것을 보았다. 왜냐하면 자명한 일이지만 만물은 근본바탕과 하나이며 그렇지 않으면 만물은 존재하기를 멈출 것이기 때문이다. 그보다 그것은 영 또는 근본바탕과의 일체성에 대한 인식의 상실을 의미한다. 그러나 심지어 낭만주의자들조차 초기 유아와 여명기 초기 인류는 근본바탕과 하나였지만 무의식적인 방식으로 그랬다고 하는데, 이것은 형이상학적 추락이 이미 일어났음을 의미한다. 그런 일은 정말로 일어났으며, 그것이 여명기 인류와 유아가 이미 "죄를 갖고 태어나거나" 윤회, 분리, 유한, 죽음의 세계 속에 태어나는 이유이다. 유아는 유한이나 배고픔, 고통에서 피해 있는 것이 아니라, 그저 자신의 유한성에 대한 각성에서 피해 있을 뿐이다! 따라서 유아—그리고 여명기 인류—는 이미 형이상학적으로 추락한 상태, 즉 윤회, 죄, 유한, 죽음의 상태 속에 존재하는 셈이다. 다만 그런 것을 충분히, 그리고 고통스럽게 인식하지 못하고 있을 뿐이다. 즉 형이상학적 추락은 일어났지만, 심리적 추락은 아직 일어나지 않았다는 것이다.

이미 보았듯이 낭만주의자들은 이 두 개의 추락을 혼동했으며, 그에 따라서 유아기적 여명 상태를 어쩔 수 없이 형이상학적 추락과 심리적 추락이 일어나기 이전의 역사적 시간 속에 존재했던 상태(개체 발생적으로는 막 출생할 무렵, 계통 발생적으로는 100만 년 전 무렵)로 묘사할 수밖에 없었고, 따라서 역사적 유아기 상태를 (윤회에 대한 각성의 결여가 아니라) 일종의 지상에서의 영적 순수성으로, 일종의 실질적인 니르바나의 현전으로 읽을 수밖에 없었다. 실질적인 또는 진정한 형이상학적 추락은 현현 이전에, 또한 (종종 내화involution라고 부르는) 진화 이전에 일어난다. 심리적 추락은 현현이 일어나는 동안 또는 진화 과정 중에 일어나는데, 이 시점에서 인류는 자신들의 추락된 성질을 의식하게 된다. 형이상학적 추락이란 얼핏 보기에(또는 착각적으로) 영과 분리되어 존재하는 세계의 창조이며, 심리적 추락이란 형이상학적 추락을 인식하게 되는 것을 말한다. 두 추락 모두 비이원적 영에 대한 의식적인 각성에 의해 치유된다.

　이 접근의 진정한 재앙은 윤회의 세계에 침잠된 상태에서 발을 빼내는 것을 형이상학적 추락으로 비난한다는 데 있다. 그 발걸음은 실은 그 추락을 반전시키기 위해 우선적으로 필요한 발걸음이다. 그러므로 우리는 여기서 낭만주의의 엄청난 퇴행적 성질과 그 주의가 치료라고 부르는 질병으로 무심코 전락하는 것을 알 수 있다.

17. 좌하 4분면(태고, 마술, 신화, 합리, 비전논리)과 우하 4분면(수렵채집, 원예농업, 대규모 농경, 산업, 정보)의 상관관계를, 더 나아가 이렇게 상관 지은 분면과 다른 분면들의 상관관계를 처음 명확하게 설정한 것은 《성, 생태, 영성》에서였다. 《켄 윌버의 신》에서는 우하 4분면을 명확하게 논하지 않았으며, 《에덴을 넘어》에서는 좌하 4분면과 우하 4분면을 하나의 차원처럼 다루는 경향이 있었다. 4분면의 다양한 구분과 상관관계를 명확히 한 것은 제4기에 들어서였다. 그러나 《켄 윌버의 신》과 《에덴을 넘어》에서도 구조 체계와 상관적 교환의 수준에 대한 명확한 분석이란 점에서 보면 좌상 4분면과 좌하 4분면을 상관 지음으로써 하나의 기반을 놓았다고 할 수 있다.

18. 신흥 인간중심 시민종교와 그 만유내재신적 사고방식에 대한 설명은 《일미》 9월 23일자 내용을 보라.

19. 어쨌든 나는 〈개체 발생적 발달: 두 가지 근본 패턴Ontogenetic Development: Two Fundamental Patterns〉(《Journal of Transpersonal Psychology》, 1981)이라는 논문에서 제3기 모델을 처음 제시했다. 이 글이 ('전집' 제3권에 포함된) 《아이 투 아이》에서는 〈구조, 단계 및 자아Structure, Stage, and Self〉라는 제목으로 실려 있다. 처음 제목에서 "두 가지 패턴"이란 지속적인

기본 구조(의식의 스펙트럼 상의 주요 수준 또는 파동)와 그 기본 수준을 통과하면서 각기 자신의 길을 만들어가는 이행적 라인 또는 지류 사이의 차이를 말한다. 이런 이해는 《아트만 프로젝트》에서도 함축되어 있는데, 거기에서 나는 몇 차례 다음과 같이 언급한 바 있다. "나는 인지발달, 도덕성발달, 자아발달 같은 항목을 나란히 옆에 써놓긴 했지만, 그것들을 동일한 것으로 본다는 의미는 전혀 아니다. (…) 뢰빙거는 자아발달이 심리성적 발달과는 독립된 것이라고 생각한다. 콜버그Lawrence Kohlberg[23]는 지적[인지] 발달은 도덕성발달을 위해 필요하지만 충분하지 않다는 것을 보여주었다. 그런 식으로 온갖 종류의 다양한 발달 세류細流, thread[발달 라인]는 온갖 종류의 다른 발달 세류와 평행해서, 독자적으로 또한/또는 상관을 이루면서 진행해간다." 이 글은 제2기에 해당하는 1978년에 쓴 것이다. 그러나 1981년 제3기에 들어서 나는 이 모든 구분을 아주 명백하게 설정해놓았고, 이들 다른 세류를 비교적 독자적인 지류로 신중히 제시하기 시작했다. 그러면서 의식의 전반적인 스펙트럼 자체에 있는 파동들의 보편적인 성질은 계속해서 강조했다.

이 제3기로의 전환은 제2기의 명제 중 실질적으로 거의 아무것도 무효화하지 않는다. 단지 그 명제들을 더 큰 맥락 속에 설정한 것에 지나지 않는다. 예컨대 전초 오류는 여전히 어떤 발달 계열에도 적용되었는데, 다만 그런 계열이 여럿 있다는 이해가 추가되었을 뿐이다. 따라서 어떤 사람이 어떤 라인에서는 전인습 수준에, 다른 라인에선 인습 수준에, 또 다른 라인에선 후인습 수준에 있을 수 있었다. 전초 오류는 여전히 타당했다. 다만 그것을 적용할 때 단일 발달 라인이어야 한다

---

23 1927~1987, 교육의 과업을 개인의 심리적·인지적 구조와 사회적 환경의 상호작용에 의해 촉진되는 도덕발달의 자연적 과정을 자극하는 데 있다고 보면서 피아제의 인지발달을 기초로 도덕발달의 6단계를 제안하였다. 대표적인 저서로는 《Stages of Moral Development》, 《The Psychology of Moral Development》 등이 있다.

는 점만 분명히 할 필요가 있었다. 이것은 제2기의 결론 중 어떤 것도 변화시키지 않으면서, 그 결론을 풍요로운 정교화에 개방시켜놓았을 뿐이다.

114   이 책은 종교심리학과 종교사회학에 대한 개론적인 소개서이다. 이

책에서는 특히 사회학 이론이 영원의 철학perennial philosophy과의 대화에
서, 즉 초월적 또는 초개인적 관점으로부터 얻을 수 있는 이점에 강조
점을 두고 있다(그래서 그런 부제가 붙여졌다).[26] 요즘의 사회학 용어로 말
하면, 비환원주의 종교(또는 세계관 일반)사회학 개론쯤 될 것이다. 그리
고 현대 기능주의(예컨대 파슨스Talcott Parsons), 해석학(가다머Hans Georg
Gadamer[27]), 발달론적 구조주의(하버마스)에서 취한 다양한 원리에 기초
해 있으며, 이 모든 것들은 조심스럽게 초월적 또는 초개인적 가능성

---

26 여기서는 "초월사회학 개설"이라는 초판 부제를 말한다.

27 1900~2002, 독일의 철학자. 딜타이의 정신과학 방법론과 하
이데거의 존재론에서 출발하여 독자적인 해석학을 전개하였다. 예
술 작품의 존재론을 정립하면서 작품은 창조자나 비평가와는 독
립된 그 자체의 자율성을 가지고 있다고 주장하였다. 역사에 대
한 독창적 접근을 취하면서 객관적인 역사의 내용과 주관적인 이
해가 서로 융합하는 데서 진정한 역사의 이해가 가능하다고도 하
였다. 주요 저서로 《Truth and Method》,《Hegel's Dialectic》,
《Reason in the Age of Science》 등이 있다.

이라는 맥락에 설정되어 있다(예컨대 윌리엄 제임스). 그러나 이 책은 "단지 형이상학적"이거나 "무력하게 관념론적"이지는 않은데, 그 이유는 가설 설정과 검증을 위한 구체적인 방법론과 전략을 포함하고 있기 때문이다.

초월 또는 초개인 사회학은, 물론 부분적으로 새로운 유형의 접근 방법이다. 그렇긴 하지만, 다루는 주제는 여러모로 현대 사회학, 심리학, 종교 이론과 주제들에 직접적이고 즉각적인 관련성을 갖고 있다. 그 주제란 미국에서의 신흥종교운동, 사이비 종교cult, 동양 신비 전통의 유입, "시민종교"의 와해, 종교 체험의 심리학, 명상, 세계관의 사회학적 "정당성"의 과정, 인본주의 심리학과 초개인심리학, 도덕성발달 등이며, 이 모든 주제는 영역 자체의 특징으로 인해 이어지는 페이지에서 함께 엮어져 있다. 따라서 이중 어떤 것이 됐든 이러한 주제에 관심이 있는 학자들이나 식견 있는 일반인들이라면 이 책에 흥미를 느낄 것으로 생각한다.

그렇기에 나는 일반 초월사회학에 관한 (가능한 한) 간결한 진술과 요약된 소개를 제시하려고 노력했다. **간결**하게 요약한 데는 몇 가지 이유가 있다. 첫째로, 이 책은 내가 아는 한 초월적 측면의 주제를 제창한 최초의 시도이며, 최초의 시도인 만큼 간결할 필요가 있다는 생각 때문이다. 또 다른 이유는 이 책이 필요한 내용으로 꽉 찬 장황한 학위 논문이 아니라 이 분야의 **가능성**에 관한 압축된 진술이 되기를 바랐기 때문이다. 이 책 자체는 학술적이긴 하지만, 심리학과 사회학, 종교에 관심 있는 일반 독자들도 접근 가능하도록 기술됐는데, 짧고 간결한 기술은 훨씬 더 접근이 용이하도록 해줄 것이다. 거의 "골격만" 제시한 것은 이 분야의 학자들이 나로 인해 더 이상 어떤 방해도 받지 않고 자신들의 아이디어와 관점, 통찰로 살점을 채워 넣도록 해줄 것이며, 따라서 그런 추가 덕분에 한층 충실해진 다양한 산물(일종의 협동 생산물)이 나올 것으로 기대하기 때문이다. 나는 이러한 골격이 이 짧은 최초의 유람 여행에선 더 이상 제시할 필요가 없을 만큼 꽤나 견실하고 새롭다고 믿는다. 더 이상 제시하는 것은 새롭고 미묘한 주제를 과도하게 확정짓는 위험 부담을 지게 될 뿐일 것이다. 마지막으로, 이야기를 성글게 유지함으로써 이 책은 꽤 많은 학부와 대학원 과정에서 밀접하게 관련된 주제의 부교재나 추가적인 읽을거리로 보다 쉽게 사용될 수 있으리라고 본다.

하지만 이 책은 간략한 개론서이기 때문에, 나의 제안을 때로는 상당히 독단적이고 결론적인 투로 진술할 수밖에 없었다. 따라서 나는 뒤에 나올 제안들이 실은 일련의 실험적 방법론에 의해 검증되거나 기각될 수 있는 가설들로 제시된 것이라는 점을 강조하고 싶다. 그 방법론들은 마지막 장에 요약해놓았다. 이 책은 일단 전반적인 주제가 파악되어야 개별적인 부분들을 더 잘 이해할 수 있는 약간 어색한 주제라는 점, 따라서 이 책은 두 번 읽어야 이득을 보는 그런 책 중 하나라는 점도 말해두어야 할 것 같다. 독자는 책을 다 읽은 후 최소한 앞에서 진행된 요점들을 간략하게 회상해보고 그런 요점들이 처음 읽을 때는 그다지 분명하지 않았던 어떤 포괄적인 느낌을 주는지 확인해보면 좋을 것이다.

어떤 독자에겐 "초개인transpersonal"이란 단어가 생소할 수도 있겠다. 잠시 동안 이 단어는 부분적으로 영적인spiritual 관심과 초월적·초개인적인 관심, 또는 "영원의 철학적"인 관심에 대한 지속적이고 실험적인 **탐구**를 포함한다고 말하는 것으로 충분할 것 같다. 그렇게 말하는 것은 소위 "종교적인 경험" 모두를 무비판적으로 타당화하기 위한 것이 아니라, 그런 것이 정말로 있다면 진정한 영적인 경험과 그저 정신병적이거나 환각적인 상태, 과대망상적이거나 편집증적인 또는 그 밖의 비정상적이거나 병적인 상태를 구별해내기 위한 정당하고 반복 가능한 방법을 개발하기 위해서이다. 이는 비판적인 학문이다.

그러나 이 책은 초개인적 또는 초월적인 차원을 사회학에 도입하려는 최초의 시도이기 때문에, 축복과 불행 양쪽 모두에 직면하게 된다. 축복은 최소한의 지성만 갖고도 아주 당연하지만 개척적인 관찰을 할 수 있다는 데 있다. 불행은 그런 관찰의 진정한 가치를 비교 판단할 만한 선두 주자가 없다는 것이다. 이는 최근에 도입된 초개인심리학 분야의 상황과는 매우 다른데, 왜냐하면 초개인심리학은, 전혀 다른 이름으로 불리긴 했지만, 실제로 서양의 경우 플라톤, 아우구스티누스St. Augustine, 플로티노스, 동양의 경우 붓다고사Buddaghosa, 파탄잘리Patan-jali[28], 무착無着, Asanga[29]에 이르기까지 거슬러 올라가며, 칸트, 헤겔, 브래들리Francis H. Bradley[30], 에크하르트Meister Eckhart[31], 융Carl Gustav Jung, 윌리엄 제임스, 야스퍼스Karl Jaspers 등과 같은 기여자들을 주장할 수 있기 때문

---

28 B.C. 200년경에 살았던 것으로 추정되며, 고대 인도에서 전통적으로 내려온 요가를 최초로 체계적으로 정리한 인물로 알려져 있다. 그의 《Patanjali Yogasutra》는 요가의 형이상학과 수행론이 매우 함축적으로 표현된 196개 경구로 되어 있으며, 요가 수행자들에게는 매우 귀중한 교본으로 쓰인다.

29 300~?, 4세기 북인도 바라문 출신의 유식불교의 대성자. 처음에는 설일체유부說一切有部에 출가하여 소승 공관을 공부하였다가 이후에 대승으로 전향하여 동생인 세친Vasubandu과 함께 유식학唯識學을 확립하는 데 커다란 기여를 하였다.

30 1846~1924, 영국 옥스퍼드대학교 철학 교수.

31 1260~1328, 중세 독일의 대표적인 신비주의 사상가로 신비적 체험을 주로 설교하였다. 신과 신성을 구분하고 절대적 실재로서의 신성 자체는 인식과 표현이 불가능하며, 영혼의 심연에 있는 '영혼의 불꽃'을 통해 신성으로서의 신과 합일할 것을 강조하였다. 말년에는 이단적 설교를 이유로 재판에 회부되어 유죄 선고를 받고 사망하였다. 대표적인 저서로 라틴어로 저술된 방대한 《Opus Tripartitum Three-Part Work》가 있지만 1부와 3부만 전해져 내려오고 있다.

이다. 이것은 심리학이 하나의 독립된 학문으로서 적어도 아리스토텔레스의 《영혼론De Anima》에까지 거슬러 올라가며, 어떤 이름으로 불렸든 초개인심리학이란 단지 **영원의 철학**이라는 조망으로 심리학에 접근하는 것이어서 영원의 철학만큼이나 오래된 접근이기 때문이다. "초개인심리학"이란 이름으로는 새로운 학문이고 현대적인 학문이지만, 내용적으론 대단히 오래된, 그리고 매우 명예로운 역사를 갖고 있다.

반면에 사회학은 인문과학 중에서 아마도 가장 젊은 학문일 것이다. 홉스, 로크, 루소, 마키아벨리, 몽테스키외, 비코 같은 르네상스와 계몽기의 학자들도 일종의 사회학자이기는 했다. 그러나 19세기까지는 진정한 학문으로 자리 잡지 못했는데, 마침내 사회society라는 개념이 국가state라는 개념과 구별되고 나서야 사회학은 독립된 학문으로 출현하였다. "사회학"이라는 용어는 1838년 오귀스트 콩트Auguste Comte[32]가 새롭게 만들어낸 명칭이며, 두 명의 위대한 "창설자" 에밀 뒤르켕Émile Durkheim[33]과 막스 베버Max Weber[34]가 최초의 선구적인 저술을 쓴 것도 각기 1893년과 1920년이었다. 불과 수십 년 전의 일에 불과하다.

사회학이 싹을 틔우던 무렵의 모습은 이러했다. 아직 어린아이인 사회학은 대체로 당시 유행하던 과학적 유물론에 의해 지배되던 지적 풍

[32] 1798~1857, 프랑스의 실증주의 철학자. 프랑스 혁명으로 인해 구체제를 떠받치던 온갖 제도들과 확신이 사라진 무질서 상태였던 당시, 사회 질서를 회복하고 더 나아가 사회를 재조직하려는 꿈을 키웠으며, 실증주의를 바탕으로 사회학을 창시하였다.

[33] 1858~1917, 프랑스의 사회학자이자 교육자로 보르도대학을 거쳐 파리대학에서 사회학과 교육학을 강의하였다. 〈사회학연보〉를 창간하여 뒤르켕학파로 불리는 거대한 사회학의 한 학파를 형성, 세계의 사회학계를 이끌었다.

[34] 1864~1920, 독일의 정치학자·경제학자·사회학자로 사회학과 공공정책학 분야의 연구에 토대를 마련하였다. 근대 자본주의 특징을 프로테스탄티즘과 관련하여 밝힌 것이 가장 뛰어난 업적으로 꼽힌다. 주요 저서로 《The Protestant Ethic and the Spirit of Capitalism》이 있다.

토 속에서 성장했고, 초기 발의자 다수는 기계적인 과학(예컨대 콩트)이나 물질적 상호작용(예컨대 마르크스)에 과도하게 영향 받았으며, 그 결과 사회학은 명백히 환원주의적이었다. 민감한 학자 뒤르켐조차도 최근 로버트 벨라에 의해 인문과학 내에서 두 명의 "거대한 환원주의자" 중 한 사람으로 지명되기도 했다(또 한 사람은 프로이트다). 그런 젊은 과학인 사회학은 최근에야 이러한 환원주의적인 경향을 바로잡는 쪽으로 옮겨 갔다. 이러한 방향 전환에는 기계적 시스템이 아닌 살아 있는 존재에 기초한 모델들(예컨대 파슨스의 기능주의)의 적용과 현상학과 해석학 같은 학문의 도입 또는 단지 경험적·객관적인 행동주의로 환원시키지 않고 심적 작용-mental act 자체로서의 심적 작용의 **의미**를 연구하는 것(슈츠Alfred Schütz[35], 버거Peter Berger[36] 등) 등이 해당된다.

이 모든 것들은 좋은 소식이며 이어지는 페이지에서 이 모두를 간략하게 언급할 것이다. 그러나 이것을 넘어서면 사회학은 여전히 영원의 철학에서 구현된 그러한 관심사에는 개방되어 있지 않았다. 그 이유로는 사회학이 정말로 유아라서 플라톤, 스피노자, 헤겔, 라이프니츠와 같은 영원의 철학자들에 노출되는 이점을 갖지 못했기 때문이다. 또 한편으론, 아주 최근에야 영원의 철학의 핵심 원리에 대한 현대적이고 **실험적**이며 체계적인 탐구가 (대체로 초개인심리학에 의해) 시작되었으며,

---

35 1899~1959, 오스트리아의 사회과학자. 후설의 현상학을 사회적 세계 및 사회과학에 적용하여 사회현상학을 창시하였다. 그의 사회현상학은 막스 베버의 사회학 및 경제학에 초석을 다지는 데 기여하였다. 주요 저서로 《The Phenomenology of the Social World》, 《The Structures of the Life-World》, 《Life forms and meaning structure》 등이 있다.

36 1927~ , 호주 태생의 미국 사회학자. 지식의 사회학, 종교사회학, 근대화에 대해 주로 연구하였다. 토마스 루크만Thomas Luckmann과 공동 저술한 《The Social Construction of Reality》는 지식사회학 분야에서 가장 영향력을 행사하는 서적으로 알려져 있으며, 사회적 구성주의social constructionism가 발달하는 기초를 마련함으로써 20세기 사회학 전 분야에서 다섯 번째로 영향력 있는 책으로 평가받는다.

따라서 그 이전에는 진정으로 초월적 또는 초개인적인 관심사를 사회학에 어떻게 주입할 것인가와 같은 생각은 아예 할 수조차 없었기 때문이다. 어쨌든 나는 이제 그런 주입을 위한 여건이 무르익었다고 믿고 있다.

현대 종교심리학은 현대 종교사회학에 무언가 제공해줄 것이 있음에 틀림없다는 것이 핵심 요지이며, 이 책은 바로 그에 관한 간략한 소개서이다.

1: 종교를 바라보는 주요 관점들

　이 책의 목적은 첫째, 초개인심리학의 기초를 간략하게 기술하고, 둘째, 이러한 기초를 현대 사회학 이론의 범주와 차원으로 바꾸어놓음으로써 초개인심리학이 사회학, 특히 종교사회학에 이바지할 수 있는 몇 가지 기여를 제안하는 데 있다. 그렇게 한 다음 신흥종교, 종교 경험의 인지적 타당성, 종교라는 개념 자체에 대한 정의, 종교적 보편성에 있어서의 해석학과 구조주의, 종교 연구의 방법론 등과 같은 특정 주제와 문제를 도출해낼 것이다. 그러나 상당량의 이론적인 바탕을 빠르게 다루지 않으면 안 되기 때문에, 이번 제시는 어쩔 수 없이 매우 잠정적이고 일반화된 비공식적 수준에서 다뤄질 것이다.

　종교심리학과 종교사회학에서 일차적인 문제는 종교적 관여의 목적을 제시하는 것, 그리고 두 번째쯤으로는 종교적 관여의 타당성을 결정짓거나 이해하기 위한 이론과 방법론을 제공하는 것이다. 나는 초개인심리학이 궁극적으로 기여할 수 있는 영역에 조명을 비추기 위해서,

이 문제에 대한 주요 사회학적(그리고 정통 심리학의) 반응을 아주 간략하게 훑어보고자 한다.

원시적인 위안

최초이자 명백히 역행적인 접근법 중 하나는 "원시화primitivization"이론이다. 이 이론에서는 종교 일반을 인간의 발달과 진화의 하위 수준 또는 원시 단계의 산물로 본다. 예컨대 사회학에서 콩트의 유명한 "3의 법칙[37]"에서는 역사적인 진화를 신화적 종교에서 형이상학으로, 그다음 합리적 과학으로 이동해가는 것으로 보는데, 이 관점에 의하면 종교는 단지 원시적인 심리 상태를 위한 원시적인 위안에 지나지 않는다. 현대 발달심리학자들의 말로 바꿔 쓰면, 이 계통발생적 발달은 많은 점에서 오늘날의 개체발생적 발달과 평행을 이루는 것처럼 보인다. 유아는 원시적인prototaxic 마술적 사고에서 병렬적인parataxic 신화적 사고로, 다시 구문적인syntaxic 합리성으로 진행해간다. 종교는 유아적 마술 단계나 아동적 신화 단계에 고착되거나 그것으로 퇴행해가는 것을 고무하는 것처럼 보인다. 부권적이거나 가부장적인 내사introjection와 그이후 사랑으로 가득 차 있다가 복수심에 불타고, 다른 신을 숭배하면 질투로 가득 찼다가 또다시 용서해주기도 하는 천상의 아버지heavenly Father로서 투사되기 쉽다. 일찍이 당신이 여호와에 대해 알고 싶었던 모든 것은 이런 것이다. 원시화 사회학에서 합리적 정서 이론, 정신분

---

37 프랑스의 사회학자 콩트는 인간의 지식과 지성의 역동적인 발전 과정을 3단계의 법칙으로 요약하였다. 1단계는 모든 현상은 초자연적인 힘에 의해 생성된다고 보는 신학적 단계, 2단계는 사물의 내재적 본질로서의 힘이 상정되는 형이상학적 단계, 3단계는 여러 현상은 관찰, 가설, 실험에 의해 설명된다는 실증적 단계이다.

석학, 정통 인지심리학에 이르기까지, 이 '종교=유치한childish'이란 등식은 그 길로 이끈 프로이트(《환상의 미래The Future of Illusion》)와 함께 전 유럽 대륙을 휩쓸었다. 피아제Jean Piajet 역시 아동기 초기의 마술적·신화적인 "종교적 유형"의 사고를 폭넓게 추적했으며, 그런 사고가 보다 형식적이고 합리적인 양식의 사고가 출현하고 발달함에 따라 사라져가는 과정을 증명해 보였다.

마술에서 신화, 합리성 수준으로 발달해가는 특정의 발달 계열은, 곧 자세히 보겠지만, 부정되지 않을 것이다. 문제가 되는 것은 종교에 대한 모든 또는 대부분의 핵심적인 모양새contour를 설명하는 이 이론의 역량이다. 이 이론에 대해 최대한 관대한 용어로 언급하면 이렇게 될 것이다. 모든 종교적 관여가 유아적인 유치한 인지를 나타낸다고 할지라도, 그것은 잘해야 그 종교의 원천source을 설명하는 것일 뿐 기능이나 목적, 즉 그 종교를 채택한 사람들에게 주는 **의미**와 사회 전반에서의 기능을 설명하지는 못한다.

유용한 안전핀

민감한 학자가 처음엔 설명 원리로 원시화 이론을 채택했다가 완전히 대치하기 위해서는 아닐지라도 최소한 그것을 보완하기 위해 마침내 기능주의적인 접근으로 옮겨 가는 것은(예컨대 파슨스, 머튼Robert K. Merton[38], 루만Niklas Luhmann[39]) 드문 일이 아니다. 기능주의와 일반 시스템

---

38 1910~2003, 하버드대학교에서 박사학위를 받은 미국의 사회학자. 1956년에는 미국 사회학회 회장이 되었다. 그는 고전적 기능주의 이론의 한계를 극복하는 한편, 사회구조론, 준거집단론, 관료제와 인성, 일탈행동과 아노미, 매스 커뮤니케이션과 선전, 계급동태 등 여러 분야에서 뛰어난 성과를 올렸다.

이론에서는 집단이나 사회를 잠재적으로 유용하거나 필요한 기능을 수행하는 여러 "부분들"(종교, 교육, 관습 등)로 이루어진 유기적 시스템으로 본다. 따라서 종교의 상징적 의미는 사회적 유기체 전반의 패턴 유지, 긴장 완화, 목표 달성 등과 같은 특정 영역에서 기여하는 유익한 기능들이라는 의미로 분석된다. 이 관점에서 볼 때, 종교의 상징적 의미는 그것이 적절히 기능한다면(즉 그것이 시스템 자체를 재생산하는 데 도움을 준다면), 그만큼은 **적절한** 것이 된다.

기능주의에서는 일반적으로 집단이나 사회적 활동의 기능과 의미를 종종 두 개의 차원, 즉 현시manifest 기능과 잠재latent 기능으로 나눈다. 현시 기능은 인식된 가치를 갖고 있는데, 그 기능은 다소간 의식적이고, 명시적이며, 표현된다. 반면에 잠재 기능은 인식되지 않으며, 의식적으로 의도되지도 않는다. 그것은 다소간 암묵적이며 표현되지 않는다. 사회학에 이러한 구분을 도입했던 머튼은(프로이트가 《꿈의 해석》에서 시도한 구분과 유사하다) 호피족Hopi의 기우제 춤을 하나의 예로 사용했다. 의식rite의 현시 기능은 비를 내리게 하는 것이다. 그러나 그러한 의식은 "흩어져 살던 집단 구성원에게 주기적으로 공동 활동에 참여케 하는 계기를 제공해줌으로써 집단 정체성을 강화하는 잠재 기능을 달성하기도 한다". 드러난 기능은 집단 구성원들에겐 명백하다. 그러나 잠재 기능은 흔히 특정 기능적 분석에 의해서만 밝혀질 수 있다. 즉 구성원들이 무어라 말하고 생각하느냐(현시적이고 주관적인 설명)와는 관계없이, 특정 관계성의 경험적이고 **객관적인** 기능이 무엇인지를 밝혀냄으로써만 발견될 수 있다.

ㅇ
켄 윌버의
신

---

39 1927~1998, 독일의 사회학자. 시스템 이론을 독창적인 방식으로 사회 이론에 접목시킨 대표적인 학자. 주요 저서로 《Social Systems》, 《The Society of Society》 등이 있다.

따라서 이를 종교에 적용할 경우, 다양한 의식rite, 상징symbol, 신념belief 등이 정당한 기능을 하는 것으로 보여질 수 있다. 왜냐하면 종교적 상징들이 현시 수준에서는 객관적으로 "진실"이 아니라 할지라도 (예컨대 기우제 춤이 실제로 비를 내리게 하지는 않을지라도), 그 의식과 상징들이 잠재 수준에서는 매우 필요하고 유용한, 그리고 그런 만큼 "진실"한 기능을 하기 때문이다. 그런 것들은 집단의 전반적인 통합성과 응집성을 유지하고 보호하는 기능을 한다(시스템의 자기재생산을 돕는다). 따라서 종교적 상징들은, "객관적으로 진실"이든 아니든, 사회 시스템의 자기조절이라는 정당한 목적에 기여할 수 있다. 한마디로 종교는 어쩌면 감춰진 나름의 기능을 하며 따라서 해당 집단이나 문화에서 어쩌면 잠재적으로 나름의 의미를 갖는다는 것이다.

이것은 물론 윌리엄 제임스가 제안했던 실용심리학 측면과 매우 유사하다. 종교적 상징들은, 그것들이 제시한 지시대상referent의 "객관적 진실가objective truth value"와는 관계없이, 심리 구조 전반이 기능하는 데 있어서 적절한 단위일 수 있다. 제임스의 입장에서는 영적 실재에 대한 바로 그 **믿음** 자체가 그 믿음의 진리 주장을 타당화하는, 실제로 성립시키는 유익한 목적에 기여할 수 있었다.

이 접근에는 분명히 장점이 있다. 우리는 전반적인 공식에 기능적 측면들을 보유하고 싶을 것이다(원시화 관점조차도 제한된 입지를 찾아낼 것이다). 그러나 기능주의 접근 자체만 놓고 보면 명백히 환원주의적이다. 이 접근에 의하면, 종교는 실제로는 일종의 신성divinity이나 영Spirit, 지고신Godhead과의 교감communion은 아니다. 종교는 실제로 안전핀 기능 이상은 아니다. 종교의 **지시대상**은 실제 신성이 아니다. 종교의 지시대상은 단지 사회적 교류의 순환 과정 속에 존재하는 또 다른 상징에 불과하다. 달리 말하면, 종교는 진정으로 종교적인 것도, 신에 대한 것도 아니라는 것, 즉 종교는 그저 인간의 사회적 상호성으로 이루어진 다양한 신적 상징에 불과하다는 것이다.

배타적으로 사용할 경우, 이 접근은 채용자 자신들의 실질적인 타당성 주장을 서툴게 부정하거나 최소한 재해석해버린다. 그렇게 해서 설명을 요구한 현상, 핵심 부분, 주관적인 부분을 회피하거나 축소시킨다. 놀랄 일도 아니지만 그것은 종교의 진정한 의미를 채용자들의 반대로부터 피해 갈 수 있는 잠재 차원에 숨겨놓게 된다. 이 말은 믿음 체계에 잠재 차원과 기능이 있다는 것을 부정하는 것이 아니라, 현시적·주관적 의도성을 잠재적·경험적 기능으로 전폭적으로 환원시키는 것에 반대하는 것이다.

따라서 기능주의에 있어서 노자, 붓다, 크리슈나, 그리스도는 존재의 초월적 바탕을 진정으로 직관한 것은 아니다. 그것은 그들이 그렇게 말한 것(그들의 드러난 의도)에 지나지 않으며, 기능주의자는 그 말에 대한 아무런 객관적인 증거도, 어떤 경험적인 지시대상도 발견할 수 없다. 왜냐하면 이 "초월적 바탕"과 이 현자들이 실제로 하고 있는 것은 단지 그들에겐 알려지지 않은 일종의 잠재 기능에 기여하는 것이기 때문이다. 초월적 바탕 자체로서의 초월적 바탕은 현자들이 그 주제에 관해 말해야 했던 모든 것과는 반대로 결코 그림에 들어오지 않는다.

그러나 배타적인 기능주의적 시스템 이론에 대한 정통적인 반대도 있다. 그런 반대 중 탁월한 것은 인간의 목표 상태와 가치는 경험적·분석적 또는 단지 객관적인 방법을 통해서는 결정될 수 없다는 명백한 사실이다. 왜냐하면 기능주의 모델의 기초를 형성하는 단지 생물적인 시스템과는 달리 인간의 상호작용은 의미, 가치, 목표와 목적을 갖고 있으며, 이러한 관계는 상호주관적인 것이지 객관적인 것은 아니기 때문이다. 결과적으로 그것들은 객관적인 측정과 분석으로서가 아니라 상호주관적인 소통과 해석에 의해 드러난다. 그리고 이런 상호주관적인 해석은 어떤 경험적·객관적인 흔적도 전혀 남겨놓지 않은 채 시스템 전체를 활주한다. 예컨대 아무도 《햄릿》의 의미를 드러내줄 경험적·과학적인 검사 방법을 쉽게 고안해낼 수는 없다. 햄릿은 심적인 것이자 상징적인 산물로서 그 의미와 가치는 상호주관적인 해석자 공동체 내에서만 자신을 드러낸다. 기능주의는 경험적이고 객관적이 되려는 시도로 인해 이러한 상호주관적인 의미와 가치의 핵심을 종종 놓쳐버린다. 반면에 누군가가 단지 그 시스템의 분석을 안내해줄 목표 가치와 상태를 명기함으로써 이 단점을 극복하려고 할 경우, 경험적 접근에 반대되는 것으로서 규범적이고 해석적인 것은 결국 기능주의가 그렇다고 주장하는 것과 마찬가지가 되고 만다. 이러한 규범적·해석적 차원을 그 시스템의 경험적인 기능들로 되먹임feedback해서 설명하려는 것은(예컨대 루만) 또다시 전자를 후자로 환원시키는 것이 되고 만다.

그것 자체로서의 그것

종교 이론가와 연구자들이 심리학적이거나 사회학적인 형태를 띤 이 환원주의에 의문을 제기하기 시작하면서, 배타적으로 기능주의적인 분석으로부터, 적어도 완전히 타당한 관점, 즉 **종교적 상징은 그 상징이 말하는 바로 그것이다**라는 관점으로부터 어딘가 현상학적 해석학과 비슷한 쪽으로 옮겨 간 것은 이상한 일이 아니다. 종교는 단지 진정한 잠재 기능을 감추고 있는 드러난 기능이거나 안전밸브이거나, 긴장 완화 장치일 뿐이거나 사회적 응집 기제가 아니다. 그것은 기본적으로 그것이 그렇다고 말하는 그것이다. 만일 붓다나 크리슈나가 자신이 소통하고자 하는 의미에서 투명하고 정당하다면, 그리고 그들 자신이 근본바탕과 접촉해 있었다고 말했다면, 그것은 단지 우리의 출발점일 뿐이다. 만일 내가 그 말을 **이해**하고 싶다면, 즉 누군가의 상징과 의미를 이해하고 싶다면, 가장 좋은 접근 방법은 **공감적 해석**empathetic interpretation이다(내가 햄릿을 이해하고 싶거나 또 다른 상징적인 소통을 이해하고 싶을 때와 똑같이). 나는 크리슈나나 햄릿이나 욥 또는 그 밖에 누구든 **내적** 세계나 의미의 **해석**을 통해 그것을 **나의** 각성 안에 **재생**해내지 않으면 안 된다. 그 핵심 메시지를 파악할 수 있는 곳은 오직 그곳뿐이기 때문이다.

그러한 해석의 과학을 일반적으로 "해석학hermeneutics"이라고 부르는데, 이 말은 그리스어로 '번역하다 또는 해석하다'라는 "헤르메노이티코스hermeneutikos"에서, 그리고 지식과 상업, 웅변의 신 헤르메스Hermes에서 유래한다. 해석학은 자신의 현대적인 뿌리를 일반 현상학에, 또는 심적 작용을 단지 객관적·감각적·경험적인 다양한 배열로 환원시키지 않고 심적 작용 자체로서의 심적 작용의 본질과 의미를 발견해내려는 시도에 두고 있다. 단순히 감각적·경험적인 대상(바위 같은)은 그것 이외에 다른 어떤 것도 지적하거나 지시하지 않는다. 그러나 (개념이나 상징 같은) **심적** 사상mental event은 성질상 다른 상징들을 포함해서 다른 실체와 사상을 지적하거나 지시한다. 다른 상징들은 여전히 또 다른 상징을 지시할 수 있으며, 상징적 의미와 가치의 상호주관적 서클 내부에서 그렇게 진행해간다. 한마디로 심적 작용 자체로서의 심적 작용은 후설Huisserl이 **의도적**intentional이라고 불렀던 것이다. 그것은 다른 의미와 상징, 가치를 포함해서 다른 계기를 지시하거나 포함하기 때문에 의미 또는 가치를 갖는다. 현상학은 단지 객관적인 **감각영역**이 아니라 이 상호주관적인 **지적 영역**을 직접 연구하려는 시도이

130

켄 윌버의
신

다. 그리고 해석학은 특별히 이러한 상호주관적 또는 의도적인 상징들의 의미를 해석하는 데 관심을 두고 있는 현상학의 한 분파이다.

따라서 특정 종교 시스템의 의미를 이해하고 싶다면, 단지 경험적이고 객관적인, 환원주의적인 방식으로만 접근해서는 안 된다. 먼저 종교 시스템의 상호주관적이고 해석적인 서클("해석학적 서클")을 재생산해내거나 그것에 참여함으로써 그 시스템을 공감적으로 이해하지 않으면 안 된다. 해석이 공감적이어야 하는지 아니면 (여건이 될 경우) 실제로 참여해야 할지에 따라 학파가 갈리지만, 어떤 형태든 **내적인 이해와 해석적** 참여(연대성)는 절대적으로 기본적인 것으로 간주된다. 종교적 표현의 **의미**는 전적으로 또는 특별히, 예컨대 그것의 잠재적 긴장 관리에서 발견되는 것이 아니라 오히려 드러난 의도성과 상호주관적 인정에서 발견된다. "외부 연구자"로서 당신이 그 상호주관적인 의미를 결정하는 방법은 해석학적 서클에 (반드시 신체적으로는 아니라도) 참가하는 것이다. 그 서클은 언어적 상징의 상호주관적인 교환으로 구성되며, 그 교환은 언제나 특정 **역사적** 맥락 속에 설정된다. 그렇기에 일반적인 명칭은 역사적 해석학historical-hermeneutics이다. 예컨대 내가 "죄sin"라는 단어의 종교적인 의미를 이해하고 싶다면, 나는 바로 그 상징의 **역사적** 맥락을 고려하지 않으면 안 된다. 왜냐하면 어떤 시대에선 "죄"인 것이 다른 시대에서는 "죄"가 아닐 수 있기 때문이다(한때 "큰 죄deadly sin"였던 폭식gluttony과 게으름sloth에 도대체 무슨 일이 일어난 것일까?). "죄"를 단지 객관적으로 정의하는 것은 그 단어의 역사적인 지시대상을 놓치게 되고, 따라서 나쁜 해석, 나쁜 해석학, 민족중심적인 편파로 이끌어간다.

이 일반적인 현상학적 해석학의 접근은 종교심리학(윌리엄 제임스의 《종교적 경험의 다양성The Varieties of Religious Experience》은 일종의 선두 주자이다)과 종교사회학에 매우 큰 영향을 미쳤다. 예컨대 리쾨르Paul Ricoeur[40]나 로버트 벨라의 "상징적 현식주의symbolic realism"는 이렇게 말해두 족다며, 일종의 해석학적 뒤르켐이라고 할 수 있다. 마찬가지로, 나는 많은 동료 심리학자들이 처음 시스템 이론과 사이코사이버네틱스psychocyber-netics(인격 없는 뉴런을 통해 내달리는 정보 비트)에서 역사에 의해 조형되고 역사를 만드는 자기self라는 점에서, 그 정보의 의미를 파악하려는 시도를 포함하는 보다 포괄적인 시스템으로 옮겨 가는 것을 지켜보았다. 역사로서의 자기는 역사로서의 다른 자기들과 어쩔 수 없이 서로 맞물려 있는, 단지 정보가 아니라 처음과 중간과 끝, 그리고 위와 아래와 결말을 갖고 있는 하나의 **이야기**, 하나의 **텍스트**로 구성되어 있으며, 그 텍스트의 의미를 파악하는 길은 좋은 해석, 즉 해석학을 통해서이다.

현상학적 해석학에 관해선 분명 할 말이 많지만, 논의를 진행해감에 따라 그것의 원리 중 많은 것들을 소중하게 이야기할 것이다. 하지만 그 자체만 놓고 볼 때 해석학은 결국 일련의 불행한 한계로 고통 받는 것처럼 보인다. 이런 한계 중 첫 번째는 상황적 진실의 근본화radicaliza-tion와 그로 인한 보편적 또는 준보편적인 비판 차원, 즉 종교적 진리 주장의 단지 해석적 조화가 아니라 실질적인 타당성을 판단하는 방법이 없다는 것이다. 크리슈나는 초월 상태에 있었을 수 있다. 하지만 호피족은 정말로 비를 내리게 했을까? 진정한 참여와 그렇지 못한 참여를 어떻게 구별할 수 있을까? 물론 해석학에서는 그러한 비판 차원이나 보편적인 차원의 존재 자체를 부정한다. 그로 인해 모든 문화적 진실을 상대적인 것으로 만들면서 자신의 주장은 언제나(즉 보편적으로) 사실이라고 하는 전적으로 비논리적인 예외를 만든다.

---

40 1913~2005, 현상학과 해석학을 독창적으로 결합시킨 프랑스 철학자. 텍스트에 대한 해석을 신화학, 성경 해석, 정신분석, 은유 이론, 담론 이론 등의 영역으로 확장시켜 현상학적 해석학을 혁신적으로 만들었다는 평가를 받고 있다. 주요 저서로 《Fallible Man and The Symbolism of Evil》, 《Freud and Philosophy》, 《Interpretation Theory》 등이 있다.

해석학에 있어서, 모든 종교 표현은—실로 모든 상징적인 산물들은—내부로부터 이해되는 것이며, 그 극단에 **이해**verstehenden사회학이 자리 잡고 있다. 당신이 해석학적 서클 **내부**에 있다면, 합리적인 해석에 동의하는 것이 곧 타당화이며, 당신이 그 서클 외부에 있다면 어떤 판단도 허용되지 않는다. 어떤 경우에도 그 서클 자체는 잘못된 것으로 보여질 수 없다. 또는 부분적으로 잘못된 것이거나 그저 **부분적**인 것으로조차 보여질 수 없다. 그러한 문화적 상대성의 이론적인 절대화는 종종 그 분야에서 격앙된 감정, 즉 잘못된 방법론의 적용 때문이 아니라 **모든** 종교적 표현은 "진실"이 아니라는, 그리고 어떤 형태의 비판적 평가는 의무적이라는 보다 선험적인 이해 때문에 생긴 격노로 해석된다.

해석학자와 상징적 현실론자들은 물론 이 격노가 방법론적이거나 해석적인 역기능 때문임에 틀림없다고 응수한다. 왜냐하면 어떤 종교적 표현이 비판적으로 평가될 수 있는지를 환원론을 범하지 않고 말할 **외적인 기준**이 없기 때문이다. 따라서 특정 해석학적 서클이 말하는 것과 다르게 말하는 모든 것은, 선험적인 방식에서, 환원주의로 가득차 있으며, 따라서 "비환원주의적"인 것처럼 변장한 해석학은 자신도 모르게 어떤 식의 부당한 비판적 평가도 사전에 배제해버린 자세, 즉 "모든 종교는 진실이다"라는 무기력한 주장으로 곧장 빠져드는 경향이 있다. 이런 점에서 해석학은 이빨 빠진 호랑이나 다름없다.

위계적인 발달 구조

배타적인 해석학은 기능주의 시스템 이론의 부분적인 진실, 예컨대 그 텍스트의 지식 밖의 어떤 텍스트에 의해 수행된 잠재 기능이 있을 가능성조차 부정할 뿐만 아니라, 특히 볼드윈James Mark Baldwin[41], 피아제, 베르너Heinz Werner[42], 콜버그, 뢰빙거의 노선을 따르고 있는 현대 구조적 발달 과학에서 이룩한 진전도 무시한다. 이러한 분야에서의 생산적인 발견은 심리적 구조들이 **위계적**인 방식으로 발달한다는 것이기 때문이다. 특정 단계에 붙잡혀 있거나 퇴행 및 고착된 경우를 제외하고, 발달의 매 단계는 선행 단계의 기본 요소들을 포함, 포괄, 또는 포섭하지만, 선행 단계에서는 볼 수 없었던 중요한 구조와 기능들을 추가한다. 매 단계는 **겹겹이 층을 이룬 위계**nested hierarchy 속에서 자신의 선행 단계를 "초월하면서 포함한다." 즉 덮어 싸가면서 발달해간다. 후속 수준은 선행 수준을 포함시키지만 그 역은 성립하지 않는다. 그 **역은 성립하지 않는다**는 바로 그것이 매우 진정한 위계를 구성하고 설정한다. 각각의 후속 단계는 발달론적 논리를 통해서 **상위**higher라는 단어의 의미를 규정한다고 밝혀진 십여 개 변인을 통해 더 큰 수준의 조직화, 분화와 통합, 기능적 역량을 보여준다. 따라서 발달심리학자들은 인지의 상위 단계(피아제), 자아발달(뢰빙거), 대인 관계(젤만), 도덕적 판단(콜버그), 뿐만 아니라 정신분석학자 라파포트David Rapaport[43]가 **"구조**

---

41 1861~1934, 윌리엄 제임스·퍼스 등과 동시대인으로 초기 미국의 가장 위대한 심리학자 중 한 사람이며 통합심리학과 철학을 최초로 창안한 인물이기도 하다.

42 1890~1964, 지각·미학·언어를 연구한 발달심리학자. 정상아와 정신지체 장애아 간의 지각, 언어, 미적 감각에 있어서의 발달적 차이를 주로 연구하였으며 주요 저서로 《Comparative Psychology of Mental Development》, 《Symbol formation》 등이 있다.

43 1911~1960, 헝가리 부다페스트 출신의 유대계 정신분석학자이자 임상심리학자. 박사학위 이후 주로 미국에서 활동했으며, 임상적 진단을 위한 심리 검사 개발에 기여했다. 미국심리학회APA의 임상 및 이상심리학 분과를 창설하고 첫 번째 회장 직을 맡기도 했다(1946~1949). 대표 저서로 《Organization and pathology of thought》가 있다.

는 위계적으로 순서가 정해져 있다"라고 설명하듯이, 태연하게 질quality
의 상위 단계에 대해 말한다. 이런 가정은 분화와 관련된 정신분석적
인 명제를 위한 기반이기 때문에, 그리고 의식적인 **처리의 질은 그 처
리가 일어난 구조의 위계 수준에 달려 있다는 것을 의미하기 때문에
중요하다.**

잠시 동안 심리학은 언제나 사회심리학이라는 점을 받아들인다면,
이 전반적인 위계화는 매우 중요하다. 왜냐하면 그것은 명백히—아마
도 최초로—(종교적 표현을 포함해서) 다양한 심리사회적인 산물들의 **상
대적인 타당성 정도를 판정**하도록 해주는 패러다임을 가져다주기 때
문이다. 이와 유사한 접근 방법이 이미 하버마스에 의해 제안된 바 있
었다. 그는 다양한 사람들과 더 큰 규모의 사회상과 시대상에서 증명
된 상호작용 유능성의 발달 수준을 판정하기 위해, 콜버그의 도덕적
판단의 단계 구조를 사용한다.

이런 겹겹이 층을 이룬 위계 패러다임을 더 자세히 보기 전에, 하버
마스는 그것을 명백하게 역사적 · 해석학적 탐구의 교정 장치로 인식하
고 있다는 점에 주목하기 바란다. 하버마스는 이야기 역사와 의사소통
유능성을 강조하는 해석학의 핵심 사항 중 어떤 것을 사용하긴 하지
만, 이야기를 돋보이게 하는 해석학에 대조해서 발달 논리의 위계적인
실현을 자리매김해야 한다고 강조한다. 이야기 발달 **수준**이라는 사실
은 어떤 이야기에 그 이야기 자체에 대한 공감적 해석만으로는 결정되
지 않고 결정지을 수 없는 유능성 지위를 **부여한다.** 달리 말하면, 해석
학적 집단에 대한 어떤 종류의 **외적 교정 장치**가 있으며, 그 외적 교정
장치는 이야기 유능성의 발달 수준에 대한 하나의 구도라는 것이다.

끝으로, 겹겹이 층을 이룬 위계 덕분에 우리는 의식의 상위 단계 하
나하나가 단계 특유의phase-specific 할당물이 아니라, 하위 선행 단계의

부분성을 **정당하게 비판**하는 능력이라는 점에 주목한다. 이는 정확히, 예컨대 형식조작적 사고를 하는 사람이 전前조작적 사고의 균형 잡히지 않은 자아중심성을 비판할 수 있고, 5단계 도덕적 입장을 갖고 있는 사람이 조망이 결여된 2단계 입장을 취하고 있는 사람을 비판할 수 있는 것과 마찬가지이다. 바꿔 말하면, 구조적 발달주의는 단순히 해석학적이거나 현상학적·상징적 현실주의 접근에서는 명백히 결여하고 있는 보편적이거나 준準보편적인 비판 차원 또는 외적 교정 장치를 우리에게 준다는 것이다.

이 책의 전반적인 접근 방법

위의 모든 것들을 배경으로 놓고 우리는 이제 이 책의 핵심이 심리사회적 발달뿐만 아니라 진정한 종교적 발달에도 겹겹이 층을 이룬 위계가 있다는 것, 또한 실제로 이들 둘은 단일한 스펙트럼의 양쪽 끝으로서 서로 만난다는 것, 끝으로 이 스펙트럼의 위계적인 성질은 비판적·규범적인 종교사회학critical-normative sociology of religion을 가능하게 해준다는 점을 제안하는 것이라고 말할 수 있다. 그런 종교사회학은 다양한 종교적 표현을 **구조적으로 분석**structurally analyzing할 수 있도록 해주며, 그런 표현들을 위계 안의 한 지점에 배정하도록 해주고, 결과적으로 그것들의 진정성 정도를 판정하도록 해준다. 따라서 전반적인 비판사회학 이론이라는 특유의 형식으로, 이런저런 종교적 참여가 이런저런 다른 종교적 참여보다 **더 고차적**이라고 말할 수 있게 해주는데, 이는 예컨대 6단계의 도덕적 반응이 4단계 반응보다 고차적이라고 말하는 것과 정확히 똑같다. 이런 발달론적 구조주의에 더해서 기능적 시스템 분석과 해석학적인 탐구, 그리고 원시화 이론조차도 필요하며, 적절한 역할, 그러나 제한된 역할이 있음을 보게 될 텐데, 이는 아주 짧게 논의한 각 접근법의 진실한 요소들을 지켜주리라 생각한다.

그런 작업을 시작하기 전에 우리는 몇 가지 배경 정보가 필요한데, 특히 초개인 발달심리학transpersonal developmental psychology 분야에 대한 정보가 필요하다.

2: 겹겹이 층을 이룬 구조 체계

여섯 가지 단계

이제 정통 발달심리학이 발견한, 겹겹이 층을 이룬 구조 체계에 관해 아주 단순하면서도 간소화된 종합적 설명을 해보자(앞으로 참고를 위해 이 와 관련된 동양 심리학 내용을 포함시켰다).

1 **물질적**physical: 유기체의 단순 물리적인 토대(불교도들이 말하는 최초의 가장 낮은 온蘊, skandha[44]; 최초의 가장 낮은 요가식 차크라chakra; 베단타에서의 **안나 마야코샤**annamayakosha[45]).

2 **감각지각적**sensoriperceptual: 하나의 일반 영역으로 취급되는 감각

---

44 생멸하고 변화하는 모든 유위법을 구성하고 있는 것을 가리키 는 불교식 개념으로 보통 색色, 수受, 상想, 행行, 식識의 다섯 요소인 오온五蘊으로 지칭된다. 여기에서는 육체나 물질인 색온을 말한다.

45 《타이티리야 우파니샤드Taittiriya-Upanishad》에서 등장하는 인간 관으로, 인간은 다섯 가지 몸으로 구성되어 있다고 한다. 자세한 설명은 본문 149쪽을 참고할 것.

(두 번째 온)과 지각(세 번째 온) 영역; 단순한 감각운동 인지(피아제).

3 정서적·성적emotional-sexual: 생체 에너지, 리비도libido, 활기élan vital[46] 또는 프라나prana[47](불교에서 말하는 네 번째 온인 행온行蘊, 베단타에서의 프라나마야코샤pranamayakosha; 두 번째 차크라).•

4 마술적magical: 정신 영역의 시작; 여기에는 단순한 심상, 상징, 최초의 초보적인 개념이나 가장 낮은 최초의 정신적 산물이 포함되는데, 이들은 압축, 환치, 심상과 대상의 혼동, "전능한 사고의 힘", 물활론 등 등을 드러내는 점에서 "마술적"이다. 또한 조망주의perspectivism가 부족하거나 타인의 역할을 분명하게 취하는 능력이 결여되어 있다. 이것은 프로이트의 일차 과정, 아리에티Sivano Arieti[48]의 고늄논리paleologic, 피아제의 전前조작적 사고(세 번째 차크라)다. 이는 콜버그의 전前인습적 도덕, 뢰빙거의 충동 및 자기보호 단계, 매슬로의 안전 욕구 등과 관련이 있다.

5 신화적mythic: 구체적 조작 사고(피아제)와 조망주의(혹은 공동체적 역할 취하기)가 시작되면서 마술 단계보다는 진보되었지만, 가장 단순한 형태의 가설연역적 이성마저도 불가능하여 그 작동에 있어 "신화적"(겝서와 비교하라)이다; 전반적인 "하위 마음"(네 번째 차크라, 베단타의 **마노마야코샤** manomayakosha와 대승의 말나식manovijnana[49]). 이는 뢰빙거의 순응주의자 conformist 및 양심적 순응주의자conscientious-conformist 단계, 매슬로의 소속감 욕구, 콜버그의 인습적 도덕 등과 관련이 있다. 전반적으로 **순응**

---

46 생명의 진화 과정에서 일어나는 폭발적인 비약을 베르그송은 'élan vital'(생명의 비약, 생의 약동)이라고 했다. 이 용어는 원래는 매우 철학적인 의미가 담겨 있었으나 일반적으로 사용되면서 보통 활기vital force로 번역된다.

47 요가와 인도 의학에서 생명력을 나타내는 산스크리트어.

48 1914~1981, 뉴욕 의과 대학에서 활동한 이탈리아 출신의 정신과 의사. 정신분열증에 대해 깊이 연구했으며 정신 장애에 대한 트라우마 모델을 제안하였다. 그가 저술한《Interpretation of Schizophrenia》는 정신분열증을 이해하는 데 새로운 지평을 열어주었다고 평가받는다.

상태에 있기 때문에 이런 일반 수준을 우리는 종종 "신화적 멤버십 mythic-membership"으로 부른다.

6 합리적rational: 피아제의 형식적 조작 사고(다섯 번째 차크라, 마노마야코 샤와 말나식의 정점). 이는 세계에 대해 사고할 수 있을 뿐 아니라 사고에 대해 사고할 수 있는 첫 번째 구조다. 따라서 이것은 분명 자기반성적이고 내성적인 최초의 구조이면서 조망주의를 향한 진보된 역량을 보인다. 이는 또한 가설연역적 또는 명제적 이성("a면 b이다")이 가능한 첫 번째 구조로서 고차적 또는 순수하게 지적인 **관계**를 파악하도록 허용한다. 이는 뢰빙거의 양심 및 개인주의 단계conscientious and individualistic stage, 콜버그의 후後인습적 도덕, 매슬로의 자존감 욕구 등과 관련이 있다.

그림 1은(144쪽) 이런 식의 일반적인 단계 구조와 이들이 갖고 있는 위계적 성질을 보여주고 있다. 이들이 발달상에서는 주로 창발적이거나 불연속적임을 보여주기 위해 나는 각 구조 간에 간극을 두었다. 즉 이들을 완전히 그 선행 구조들로 환원시키거나 오로지 선행 구조들로만 설명할 수 없다. 그 결과 창발적 진화 또는 이정표 발달milestone development로 부르게 되었다(이는 각 수준에서 지속적이면서도 연속적인 선형적 발달이나 "양극적 발달polar development"로 알려진 것을 배제시키지 않는다). 그림 1에서 각 선은 진화를, 각 간극은 혁신을 나타낸다.

● 간단히 말해서 나는 이런 세 가지 낮은 수준들을 보통 태고 수준 arcahic level이라고 했다.

49 산스크리트어 'manas'의 음사로 보통 의意로 번역된다. 유식 유가행파唯識瑜伽行派를 비롯한 대승불교에서는 마음이 8식識으로 되어 있다고 보는데, 7식이 말나식이다. 생각과 생각이 끊임없이 일어나게 하는 마음 작용의 원인이 되며 8식인 아뢰야식과 6식 사이에서 매개 역할을 하면서 6식이 일어나게 한다.

초개인 수준

이 절에서 제기하고자 하는 문제는 종교적 표현이 그림 1의 어디에 속하는가다.

발달구조론자들이 계통발생/개체발생이라는 대비 개념을 점점 더 많이 재수용하게 되었음에 주목하면서 시작해보자. 원시 구석기 마술 단계는 그 심층 구조가(표층 구조는 **아니다**) 유아동기 초기의 전前조작 사고와 유사하며, 고전적인 종교적·신화적 표현은 아동기 후기의 전前조작 및 구체적 조작 사고 초기와 심층 구조가 유사하다. 근대 합리적 과학은 청년기에서 성인기까지 나타나는 형식적 조작과 가설연역적 이성이 수반되어 위계 구조의 정점을 이룬다. 아리에티가 설명했듯,

[두 가지] 과정은 전반적으로 유사한 발달 계획을 따른다는 것이 근본적으로 중요하다. 이는 마음의 경우 문자 그대로 (…) 개체발생이 계통발생을 반복한다는 의미는 아니지만, 발달 분야에서는 (…) 어떤 유사성이 존재하므로 우리는 최상위 형태의 보편성[예를 들어 그림 1에서와 같은 심층 구조] 체계를 개별적으로 고찰할 수 있으며, [서로 다른] 유형으로 발달하는 마음의 모든 수준이 여기에 포함됨을 의미한다.

나는 아주 확실히 그렇다고 생각하기 때문에, 그런 생각에는 어떤 진실이 담겨 있음을 당분간 수용한다면, 우리는 종교적 의식religious consciousness을 정당화시키는 일에 관해서 어떤 진지한 문제에 봉착하게 된다. 왜냐하면 그림 1을 개체발생뿐 아니라 계통발생/개념발생적 ideogenetic 차트로 볼 경우, 사실상 우리가 얻는 것은 종교적 원시화에 관한 매우 정교한 이론, 콩트의 3의 법칙을 갱신하면서 다소 확장시킨 이론이다. 왜냐하면 우리가 종교를 여타의 모든 구조들과 잠재적으로 공유하는 무언가로서가 아니라 그 구조들 중 한 구조로 다룬다면(우리는 이것을 나중에 탐구할 것이다), **역사적 발달이 점증적으로 진행됨에 따라** 결국에는 **종교성religiosity이 점점 더 감소함**을 분명하게 보여주고 있기 때문이다. 구석기시대 인류는 마술적 종교, 인간과 동물 조상의 융합, 부두교voodoo[50] 같은 의식, 물활론적 믿음 등을 표현하는 토템의식을 갖고 있었다. 신석기와 청동기 시대 인류는 고전적인 신화적 종교, 즉 신과 여신이 자신들의 운명을 결정하며, 인간이 하늘에 계신 아버지와 어머니에게 간구하는 의식과 기도를 바치는 종교를 갖고 있었다. 그리

---

50 원명은 '영혼'을 뜻하는 보둔vodun이며 서인도 제도와 미국 흑인들 사이에서 행해지는 악마숭배, 주물숭배, 주술 등을 포함하는 관습을 말한다. 좀비가 탄생한 곳도 부두교라고 한다.

고 마지막으로 (서기 6세기 그리스에서 시작되어 18세기 계몽주의 사고에서 진전을 이루었다가 분명 오늘날에서야 지배적인 구조적 역할을 주장하기 시작하는) 합리성의 혁신이 도래한다. 이런 합리화rationalization의 확대는 결국 널리 보급된 정당한 세계관으로서의 종교(온갖 인습적 의미에서)가 퇴보하는 결과를 가져왔으며, 베버 이후 사회학자들이 주목했듯 가설연역적 이성, 실증분석적 탐구, 기술적 관심이 점점 더 그 자리를 차지하였다.

이런 계획안에 따르면 고도로 발달한 종교의식의 구조는 존재하지 않는데, 왜냐하면 최고 구조는 합리적·과학적이기 때문이다. 원시주의자와 정신분석가들의 입장, 즉 종교는 **기본적으로** 유아적인 마술이나 아동기의 신화(필요하다면 합리화된)로의 원시적인 고착/퇴행이라고 보는 입장에 굴복할 수밖에 달리 선택의 여지가 없는 것처럼 보인다. 나는 그런 **발달론적 논쟁**은 정신분석적 환원주의에 대한 벨라의 반박을 무력화시킬 수도 없다고 믿는데, 왜냐하면 분석가는 종교적 상징주의를 개인에게는 낯선 무언가로 해석하지 않고, 종교적 상징이 개인의 마음에 관한 위계적 구조화structuralization의 역사 속에 **스스로 위치를 잡는** 것이 내적 구조임을 입증하고 있기 때문이다. 분석은 이런 역사의 영향력이 현재 어떻게 불투명해졌는지 더 분명하게 볼 수 있도록 그 역사를 기억하고 재구성하도록 개인을 도울 뿐이다. 이것이 환원주의라고 말하는 것은 어떤 사람을 3단계 도덕으로부터 4, 5단계 혹은 6단계 도덕으로 변하게끔 돕는 일이 환원주의라고 말하는 것과 같다.

이런 궁지에서 벗어나는 길은 두 가지뿐이다. 첫 번째는 계통발생/개념발생적 진화는 사실상 퇴화라고, 즉 사실상 과거에, 아마도 청동기 시대에 역사적인 에덴동산이 지구상에 존재했으며 그 후로 우리는 꾸준히 내리막길을 걸었다고 주장하는 것이다. 진화는 실제로는 퇴화이기 때문에 **초기** 단계는 사실상 **더 높은** 단계가 된다. 실증 과학자들은 이것을 다소 우습게 여기겠지만, 조지프 캠벨Joseph Campbell[51]과 휴스턴 스미스Huston Smith[52] 같은 건전하면서 존경받는 종교학자들은 이런 생각을 이리저리 굴려본 것에서 한층 더 나아갔음을 독자에게 일러주고 싶다. 또한 나는 종교에 공감하는 학자들 사이에서 이것을 믿는 것은 체면에 관계된 일임을 알았다. 그럼에도 불구하고, 여러 가지 이유 때문에 나는 그것이 완전히 설득력 없는 생각임을 알게 되었는데, 그 주제에 관한 책에 "에덴을 넘어"라는 표제를 붙일 정도였다.

이런 궁지에서 벗어나는 두 번째 길은 형식적 조작 사고보다 높은 구조화 단계가 존재한다는 가능성을 열어두는 것이다. 개체발생적으로 볼 때, 이는 오늘날 개인이 전적으로 합리적인 정신 작용의 형태를 넘어서서 아직 구체화되지 않은 어떤 상위 단계 또는 의식의 단계로 발달할 수 있음을 의미한다. 계통발생적으로 볼 때, 그것은 진화가 여전히 계속되고 있으며 인류 문화는 전체적으로 더 진보된 상위의 진화적(혁신적) 구조화 단계를 직시하고 있음을 의미한다.

그러나 그런 생각은 즉각 헤겔을 떠올리게 하는데, 그는 역사를 영 자체로서의 영spirit as spirit에 관한 절대지식absolute knowledge을 통해 궁극적으로는 심적 자기의식을 초월하는 것으로 보았다. 진화는 초상위 마음supermind의 실현을 향해 움직인다고 주장했던 오로빈도가 있으며, 테야르 드 샤르댕Pierre Teilhard de Chardin[53]은 진화를 오메가 포인트나 그리

---

51 1904~1987, 비교신화학과 비교종교 분야의 세계적인 권위자로 알려진 미국의 교수. 융의 원형 개념을 도입하여 세계의 모든 종교, 의식, 신들은 동일한 초월적 진실을 표현한 것이라고 주장하면서 동양 종교와 서양 종교의 유사성을 드러내고자 노력하였다. 대표적인 저서로《The Hero with a Thousands Faces》,《The Masks of God》,《The Power of Myth》등이 있다.

52 1919~ , 미국에서 가장 뛰어난 종교학자 중 한 사람으로 그의 탁월한 저서《The World's Religion》은 비교종교학 분야의 기본 도서로 꼽히고 있으며,《Fogotten Truth》도 또 다른 그의 대표 저서이다.

스도 의식 전반에서의 최정점으로 보았고, 위대한 러시아 철학자 베르댜예프Nikolai A. Berdyaev[54]는 진화가 하의식subconsciousness, 자기의식self-consciousness, 초의식superconsciousness(그가 쓴 단어다)으로 움직인다고 결론지었다. 이런 제안들의 일부는 도가 지나치지만, 진화는 현 단계를 넘어 초합리적인 어떤 정당한 구조로 지속된다는 일반적인 개념이 완전히 터무니없는 생각이 아니라는 것이 요점이다. 아메바에서 인간에 이르기까지 지금까지 진행해온 진화 과정을 보라! 아메바에서 인간까지를 미래의 진화에 적용시킨다면 어떨까? 즉 아메바에서 인간까지 진화했다면 인간은 어디까지 진화할까? 그 "어딘가"가 실로 오메가, 정신geist, 초상위 마음, 영일 수 있다고 제안하는 것이 우스운가? 하의식에서 자기의식까지이듯, 자기의식이 초월의식까지라면? 전前개인이 개인에게 길을 내주고, 개인이 초超개인에게 길을 내준다면? 브라만Brahman이 진화의 **기저**이자 **목적**이라면?

그러나 이런 일반화를 넘어서서 구체적으로 필요한 점은, 어떤 식이건 상위 의식의 구조 단계들이 무엇일지를 더 정확하게 구체화시키는 일이다. 처음에 나는 여러 가지 이유 때문에, 그 가능한 대답으로 힌두교와 불교의 심리학 체계를 살펴보았다. 나중에서야 나는 수피즘sufism, 카발라kabbalah, 신유교, 신비적 기독교 및 여타의 비교秘敎 전통들이 이런 대답을 되풀이하고 있음을 알게 되었다. 이런 전통적인 심리학들이

---

53 1881~1955, 지질학과 고고인류학을 깊이 연구했던 프랑스 신부. 과학적 진화론을 신학에 도입하여 과학과 종교를 통합하는 데 노력했으며 우주의 미래를 예시함으로써 예언자적 신학자로 추앙받는다. 대표적인 저서로는 《The Future of Man》, 《The Phenomenon of Man》 등이 있다.

54 1874~1948, 러시아의 기독교 실존주의 철학자. 자유를 다른 어떤 것에 의해서도 제한되지 않은 인간 실존의 궁극으로 파악하고, 영적 혁명을 통해 주체와 객체, 영spirit과 자연, 나와 너 등으로 갈라놓는 객관화를 극복할 필요가 있다고 강조하였다. 《Freedom and Spirit》, 《Toward a New Epoch》 등의 저서를 남겼다.

내게 감명을 준 것은 거기에는 현대 서구 심리학이 갖고 있는 세부적인 세련됨은 없지만, 그 심리학들은 서구에서 집중적으로 탐구했던 수준 구조level-structure의 일반적인 양상들(예컨대 신체적, 감각운동, 정서적·성적, 하위 정신, 논리적·합리적)을 완벽히 알고 있었다는 점이었다. 그럼에도 불구하고, 그들은 이런 수준들이 단연코 의식의 스펙트럼을 모조리 말하고 있지 않음을 보편적으로 주장하고 있었다. 신체, 정서, 정신 수준을 넘어 더 높은 구조 체계와 통합 수준이 있었던 것이다.

예컨대 베단타 힌두교는 여섯 개의 주된 의식 구조 수준이 존재한다고 주장한다. 첫 번째 가장 낮은 수준을 안나마야코샤annamaya-kosha라고 부르는데, 이는 문자 그대로 물질적 음식이나 물질체physical body로 구성되어 있다. 두 번째는 프라나마야코샤pranamaya-kosha(프라나란 거의 정확히 리비도와 같다)로서 정서적·성적 수준이다. 세 번째는 마노마야코샤manomaya-kosha로 마음 수준이다. 이 수준은 합리성 이외에도 심적 작용mentation의 "꿈 측면"을 포함한다. 샹카라는 꿈이 기본적으로 개인의 "환상과 욕망"으로 구성된 소망 충족이라고 말했다. 네 번째는 비즈나나마야코샤vijnanamaya-kosha로 상위 정신, 초합리성 또는 직관적 인지를 말하며, 실제적인 영적 통찰이 시작된다. 다섯 번째는 황홀한 광명·통찰illumination-insight 수준인 아난다마야코샤anadamaya-kosha다. 최고 상태는 **투리야**turiya나 브라만/아트만 자체인데, 이는 여러 수준 중의 하나가 아니라 모든 수준의 바탕, 실재, 본질(불교도들은 **진여**眞如, tathata라고 부른다)이다.

어쨌든 나는 여러 고전 경전들에 제시되어 있는 일반적인 의미의 구조적 단위를 분석하고 해석하려 하면서, 세계의 위대한 전통 심리학을 명백히 해석학적으로 독해하는 일에 착수했다. 나는 10년 동안 여러 스승들 밑에서 선불교를 수행하였고, 공감적 참여를 통한 "내부로부터

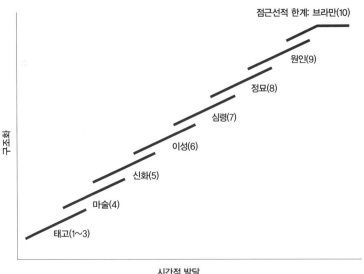

그림 2

from the inside"의 전통 중 적어도 한 가지를 알게 되었다.

전통적인 심리학을 이렇게 해석학적 · 실천적으로 만난 결과를 《아트만 프로젝트》에 제시했다. 비록 방법론적 설명 없이 아주 골격만 제시하는 식이었지만 말이다. 결론을 내리자면, 상위 구조 체계와 통합의 단계들이 존재한다는 것이 실로 가능하며, 영적이라거나 초월적이라는 어감으로만 불릴 수 있는 것들을 이런 상위 단계들이 점점 더 많이 보여준다는 것이다. 나는 이런 상위 구조 단계들을 주로 베단타를 따라서 심령psychic, 정묘subtle, 원인causal, 궁극ultimate 수준으로 불렀다. 이런 상위 단계들을 그림 1에 추가할 경우, 의식의 발달 및 구조 스펙트럼에 대한 전체 계획안에 시험적으로 도달하게 된다.(그림 2를 보라. 브라만 법신, 케테르Keter[55], 또는 신성은 접근선으로 보여준 성장의 무한한계limit-at-infinity인 동시에, 종이 자체로 표현될 수 있으며, 내가 "바탕"으로 명명한 성장의 모든 수준에 깔려 있는 항존하는 바탕이기도 하다.)

그림 3

우리는 또한 이것을 한 개 원으로 그린 후에 하의식(전前개인), 자기의식(개인), 초의식(초개인)이라는 세 가지 큰 영역을 더 쉽게 추가할 수 있겠지만, 이것들을 구체적인 구조와 정확히 정렬시키는 일은 물론 다소 자의적이다.(그림 3을 보라.)

여러 경전에서 드러난 상위 또는 초개인 수준을 매우 간략하게 서술해보자. 동시에 나는 이런 수준들을 오로빈도, 프리 존Free John[56]과 같은 숙련자들과 금강승 전통[57]이 제시한 **비교秘教적 종교 수행**의 기본 유형과 관련지을 것이다.

---

55 유대교 신비주의에서 말하는 천국에 있는 '생명의 나무'인 '세피로트Sefirot의 나무'의 최정점을 차지하고 있는 구珠를 말한다. 케테르는 '왕관'을 의미하고 인간의 머리 위에 있는 대우주와의 접점을 말한다.

56 1939~2008, 스와미 묵타난다를 비롯한 요기들에게서 요가를 배워 신비 현상을 체험한 미국 출신의 신비가. 초월의식과의 합일을 실현한 후 자신의 가르침을 폈으며 아디담Adidam이라 불리는 새로운 종교 운동을 창시하였다. 저서로는 자전적인 책《The Knee of Listening》과《The Enlightenment of the Whole Body》 등이 있다. 수차례 이름을 바꾼 그는 1991년 이후 사망할 때까지 Adi Da Love-Ananda Samraj 또는 Adi Da로 불렸다.

심령 수준**은 반드시 또는 항상 초능력 사건을 의미하지는 않지만, 어떤 경전들은 그것이 이 수준에서 보다 쉽게 일어나거나 제어할 수 있을 만큼 일어날 수 있다고 말한다. 더 구체적으로 말해서, 심령 수준은 그보다 선행하는 수준, 즉 "a면 b다"라는 형태를 띤 형식적 조작 또는 명제적 추론 수준과 비교할 때 가장 잘 이해될 수 있다. 심령 수준은 단지 형식적 심적 작용의 결과와 더불어 작동하거나 그 결과에 조작을 가한다. 즉 형식적 마음이 상위 관계를 확립한다면("a면 b다"), 심령적 인지는 이런 관계들의 **그물망**을 확립한다. 어떤 한 명제의 참이나 거짓이 어떻게 다른 명제들의 참이나 거짓에 영향을 줄 수 있는지 볼 수 있거나 "마음에 그릴 수to vision" 있도록 각 명제를 여러 다른 명제들과 나란히 둔다는 것이 핵심이다. 그런 파노라마 또는 **비전논리**vision-logic(이 수준의 인지적 조작을 설명하기 위해 내가 사용한 전문용어다)는 개념들의 전체 그물망, 그것들이 서로 어떻게 영향을 주며 그들의 관계는 어떤지를 파악한다. 그러므로 그것은 실로 통합하는 상위 차원의 역량, 연결을 맺는 일, 진리들을 서로 연결 짓는 일, 관념들을 조화롭게 하는 일, 개념들을 통합하는 일의 시작이다. 그것은 오로빈도가 "상위 마음higher mind"으로 부른 것의 정점에 있다. 그것은 "스스로를 단일 관념들로 자유롭게 표현할 수 있는 반면 집합적인 관념 형성mass ideation, 한 가지 관점에서 진리를 보는 시스템이나 총체, 통합적 전체에서 볼 때 자명한 관념과 관념과의 관계, 진리와 진리와의 관계가 그것의 가장 특징적인 움직임이다."

---

57 힌두교의 탄트리즘과 결합된 밀교를 말하며 소승·대승과 구별된다. 공空에 바탕을 둔 지혜와 중생 구제의 방편을 중시하면서 법의 화신인 대일여래를 본존으로 하는 종파로서 티베트에서 가장 번성하였다.

** 이 책에서 나는 켄타우로스와 심령을 하나의 영역으로, 개인에서 초개인으로의 위대한 이행으로서 다루고 있다. 전문적으로 말해서, 비전논리는 켄타우로스(개인 영역의 "최고" 수준)이며, 비전은 심령(초개인 영역의 "최하위" 혹은 시작 수준)이지만 편의상 그것들을 영적 영역으로의 이행으로 함께 다룰 수 있다.

이는 분명 고도로 **통합적인** 구조다. 그것을 초개인 수준의 최초이자 가장 낮은 수준[심령]으로 생각할 수 있지만, 개인 구조의 최후이자 최고 구조[켄타우로스]로 명명할 수도 있으며, 그 너머에는 더욱 초월적인 계기들이 있다. 내 생각에 이렇게 고도로 통합된 최고의 개인 구조는 일반적으로 뢰빙거의 통합 및 자율 단계integrated and autonomous stages, 매슬로의 자기실현 욕구, 브로턴John M. Broughton[58]의 통합 단계 등과 관련이 있다(동양 체계에서 이것은 여섯 번째 차크라, 마나스manas[59]와 비즈나나마야코샤의 시작, 티퍼레트Tiferet[60] 등에 해당한다).

수많은 정통 심리학자들은 이미 형식적 조작을 넘어 하나나 그 이상의 인지 단계가 존재할 것이라고 제안하였다. 예컨대 브루너Jerome S. Bruner[61]는 일부 성인들이 지성(형식적 조작)에서 지성에 대한 지성적임(혹은 형식적 조작을 조작함)으로 진보할 수 있음을 믿었다. 여기에서 우리가 제안하는 구조인 비전논리는 정확히 필요한 것을 공급하면서, 이와 더불어 여러 동양 시스템과(예컨대 특히 오로빈도가 언급하여 위의 인용문이 분명하게 보여준 바대로) 명확히 들어맞는다는 이점을 제공한다.

이 수준에서, 또는 가장 성숙했으면서 매우 발달된 상태***에서 제

---

58 미국에서 활동하고 있는 영국 출신의 심리학자로, 주로 문화 현상에 관심을 가졌다. 청년기 발달, 청년의 하위문화에 대한 그의 관심은 하버드대학교의 박사학위 논문 〈The Development of Natural Epistemology in Adolescence and Early Adulthood〉에 잘 나타나 있다. 주요 저서로《Beyond Formal Operations》등이 있다.

59 의意, 마음, 지성, 사유를 의미하는 산스크리트어로 불교 및 힌두교에서 주로 쓰이고 있다.

60 유대교 신비주의 카발라의 여섯 번째 세피라sephira(구球)로서 영성, 균형, 통합, 아름다움, 자비, 기적 등과 연결되어 있다.

61 1915~ , 교육심리학에서 인지학습 이론을 제창한 미국의 인지심리학자. 교육에 발달 이론을 적용시켜 학습자의 지적 발달 수준에 따라 학습의 내용과 방법이 달라져야 함을 강조하였다. 주요 저서로는《Studies in Cognitive Growth》,《Beyond the Information Given》등이 있다.

공되는 파노라마식의 강렬한 자각 덕분에, 개인은 강력한 통찰과 광명, 사고를 넘어선 이성으로부터 나오는, 초자연적이고 영감을 주며 내면에 기쁨을 주고 종종 황홀한, 하나의 비전으로 들어가는 것 같은 광명을 경험하기 시작한다. 이는 또한 일종의 자연우주 의식nature cosmic consciousness이나 자기가 자연우주와 합일하는 결과를 낳는다(우리가 앞으로 보게 될 유신론 또는 일원적 신비 경험과 혼동하지 말라). 신체 조작과 심적 집중을 통해 그런 상태를 지배한 숙련자들은 일반적으로 **요기**로 알려진다.

스스로를 "요기"로 부르는 사람들이 이런 수준을 실제로 성취했다는 뜻은 아니다. 이는 또한 스스로 요기라고 하는 사람들이 이 수준보다 높이 나아가지 못했음을 뜻하지도 않는다. 이는 스스로 **요기**라고 특별하게 묘사하는 전통은, 프리 존이 분명하게 설명하고 있는 것처럼, 대개는 가장 핵심적으로 심령 수준을 반영하고 있는 어떤 이해를 구현하고 표현하고 있을 뿐이라는 것이다. 차크라심리학에서 볼 때 전통적인 요가식 훈련(하타, 쿤달리니, 아슈탕가 요가)은 척추 기저부에 위치한 첫 번째 또는 뿌리 차크라에서 시작하여 눈썹 사이와 그 뒤에 위치한 여섯 번째 또는 아즈나ajna[62] 차크라, "푸른빛 진주", "제3의 눈"으로 안내하는 에너지와 통찰을 가장 중점적으로 다룬다. 아즈나 차크라는 여기에서 설명했듯이 심령 구조의 구현이다. 그 지점을 넘어서면 의식은 심령을 떠나 정묘로 진입한다.

정묘 수준은 사실상의 원형, 플라톤적 형상, 정묘한 소리와 들을 수 있는 광명(**나디**nada[63], **샤브드**shabd[64]), 초월적 통찰과 몰입이 거주하는 장

켄 윌버의 신

●●● 다른 말로 표현하면, 켄타우로스 비전논리와 심령 비전 간의 차이다.

62 아즈나는 이다ida, 핑갈라pingala, 슈숨나sushumna라는 세 개의 주요 나디nadi(프라나가 흐르는 통로)가 합류하는 지점으로서 여섯 번째 차크라에 해당하며 여기에 집중하면 개인의식의 변용이 일어난다.

소로 전해진다. 힌두교와 영지주의 기독교 같은 일부 전통들이 주장하기를, 현상학적인 직접 파악에 따르면 이 수준은 개인적인 신 형상deity-form(이슈타데바ishtadeva[65], 데미우르고스demiurge[66], 이담yidam[67])의 거주처로서 힌두교에서는 **유상삼매**有想三昧로 알려진 단계에서 인지된다. 종합해보면, 이는 "비쳐주는 마음illumined mind"(오로빈도) 수준, 마나스와 비즈나나마야코샤의 정점, 진실로 초합리적인(전합리적이거나 반합리적이 아니다) 구조, 최고이자 가장 맑은 정신상태에서의 직관(그노시스gnosis, 즈나나 jnana, 프라즈나prajna)[68], 주정주의나 단순히 신체적인 의미 느낌felt meaning 이나 생장적·프라나적·사적 중심의 "예감"이 아니라, 대천사 형상이나 관념의 거주처, 비자만트라bijamantra[69], 바사나vasana[70], 일곱 번째 차

63 '소리'를 뜻하는 산스크리트어.

64 '말'을 뜻하는 산스크리트어.

65 힌두인들이 헌신의 대상으로 가장 선호하는 신.

66 플라톤이 《티마이오스Timaios》에서 창조자라는 뜻으로 최초로 사용했으나 초기 그리스의 그리스도교 학자들은 창조주라는 의미로, 그노시스파들은 최고신 하느님과 구분하여 물질세계의 기원이 되는 하급신을 가리키는 말로 썼다.

67 티베트 불교미술에서 부처의 세계를 수호하는 수호신의 총칭으로 사용되며 '염지불念持佛'을 의미한다.

68 '그노시스'는 높은 차원의 모든 영적 지혜를 의미하는 단어로 그리스어가 어원이고, '즈나나'는 힌두교와 불교에서 '지식'을 의미하는 산스크리트어며, '프라나'는 '지혜'를 의미하는 산스크리트어로 보통 '반야般若'로 번역된다.

69 'bija'란 산스크리트어로 '씨앗, 종자'를 의미하며 신비한 힘을 지닌 '씨앗이 되는 음절'로 된 진언이 비자만트라이다. 진언에는 특별한 뜻이 없지만 영적인 원리와 연결되어 있다고 생각된다. 대표적인 비자만트라로는 '옴'이 있다.

70 불교철학과 아드바이타 베단타에서 주로 사용되는 전문용어로서 개인의 현재 행동에 영향을 주는 행동적 경향성 혹은 카르마적 인상을 말한다.

크라(사하스라라sahasrara[71])의 시작이자 물론 매슬로의 **자기초월 욕구**의 출발이다.

진리와 빛의 후광을 띠고, 정묘한 소리가 드러나며, 혼·신과의 교감 soul-God-communion이 직접 일어나는 정묘 영역을 지배한 숙련자들은 일반적으로 **성자**로 알려져 있다. 다시 한 번 말하지만 이는 스스로를 성자로 부르는 모든 사람들이 이 수준에 도달했다거나, 일부 진정한 성자들이 이 수준을 넘어가지 못했다는 뜻은 아니다. 이는 단지 성자 전통의 훈련, 수행, 통찰이, 가장 중점적으로는 구조 체계의 정묘 수준을 반영하는 경향이 있음을 의미한다. 샤브드 차크라 심리학에서 볼 때, 정묘 영역은 여섯 번째 또는 아즈나 차크라에서 시작하여 일곱 번째 또는 사하스라라 차크라로 계속 진입한 후, 더욱더 정묘해지는 몇 개 수준의 위계 구조를 더 드러내는데, 이 구조는 사하스라라 자체와 그 너머에 감추어져 있다. 정수리에 있는 빛의 후광으로 멋지게 상징화한, 정묘 구조를 지배한 숙련자들을 (동서양 모두) 일반적으로 성자로 부른다. 그러나 이런 성자의 계시를 넘어서면 원인/궁극의 바탕 자체 또는 근본적이면서 초월적인 본질로서의 의식이 놓여 있다.

원인 수준은 더 낮은 모든 구조들의 드러나지 않은 근원이거나 초월적 바탕으로 전해지며, 오로빈도는 이를 "초월 마음over-mind"으로 불렀다. 이는 "무상삼매"(힌두교), "**지멸**nirodh"(상좌부 불교), **지혜**jnana **삼매**(베단타), (선禪의) 십우도에서 여덟 번째 등 다양하게 알려진 의식의 단계에서 실현된다. 이는 아난다마야코샤(베단타), **알라야식**[72](대승불교), 케테르 등을 말한다. 지멸이나 비현시의 몰입 상태를 충분히 거치면서 의

156

---

71 힌두 전통에서 말하는 일곱 개 차크라 중 최상위 차크라인 정수리 차크라를 말하며, 모든 것이 하나이고 하나가 모두가 되는 최고의 의식으로서 환상으로부터 초연해짐을 상징하기도 한다.

72 제8식에 해당되는 의식으로서 오감으로 느낀 정보를 보관하고 인식하는 주체를 말하며 장식藏識, 종자식種子識이라고도 한다.

식은 마침내 빛나고, 모든 것에 편재한, 일자이면서 다자, 유일하면서 모든 것인 영Spirit으로서, 절대적으로 선행하는 영원한 거처에로 다시 깨어난다고 전해진다. 이는 **본삼매**sahaj samadhi, **투리아**turiya[73]라는 상태 조건, 초월적이면서 절대적인 본질로서의 의식, 오로빈도의 "초상위 마음supermind", 선禪에서 말하는 "일심One Mind", 브라만·아트만 자체, 아인 소프Ein Sof[74], 원인신Svabhavikakaya이다. 이 책 전체에 걸쳐 나는 편의상 원인과 궁극의 "수준"을 하나의 수준으로, 최고의 의미에서의 영으로, 대인大人이 아니라 "존재의 근본바탕"(틸리히Paul Tillich[75]), "영원한 실체"(스피노자), "절대정신Geist"(헤겔), 발달 혁신의 바탕이면서 목적으로 다룰 것이다.

원인/궁극 수준은 어떤 특별한 경험이 아니라 경험하는 자 자체의 해체이거나 초월, 관찰자 원리watcher principle의 죽음이다. 즉 주체와 객체의 이원성을 근본적으로 초월함으로써 혼은 더 이상 신성에 대해 묵상하지 않고 스스로 신성이 되고, 수피가 최상의 정체성Supreme Identity으로 부른 해방이 찾아온다. 정묘가 신과 신과의 교감의 거주처라면 원인/궁극은 지고신과 지고신 정체성의 거주처다.

무한에 접근하는 그 단계에서, 개인은 근본적으로 자아를 소실하거

---

73 깨어 있는 의식, 꿈, 꿈 없는 잠이라는 일상의 의식 상태 기저에 놓인 배경으로 작용하는 순수한 의식을 말하는 힌두철학 용어.

74 유대교 신비주의 카발라 전통에서 말하는 모든 창조물들의 신성한 기원이다. 현시된 존재로 드러나기 이전의 신으로서 '끝이 없음', '영원한', 또는 '무한'으로 번역된다.

75 1886~1965, 독일의 신학자이자 루터교 목사. 존재의 본성에 초점을 두는 실존주의 신학을 제창했으며, 신앙이란 유한한 인간이 무한한 신을 받아들이는 것이어서 신앙에는 불가피하게 "불확실성"이 따른다고 하였다. 궁극적 관심으로서의 신앙을 강조한 그는 신이 실재와 존재를 넘어서는 존재 자체라고 하였다. 대표적인 저서로는 《The Shaking of the Foundations》, 《Systematic Theology》, 《The Courage to Be》, 《The Eternal Now》등이 있다.

나 독립된 자기감각으로부터 해방됨으로써, 높건 낮건, 신성하건 세속적이건 현현된 모든 것과 절대적으로 똑같아진다. 모든 것과 하나가 되는 이 상태에서는 타자란 존재하지 않으며, "이것은 얼마나 놀라우며, 얼마나 초월적인가! 나는 물을 긷고 나무를 나른다"라는 유명한 선禪의 격언처럼, 그것은 완전히, 근본적으로, 역설적으로 평범해 보인다. 이런 적응을 실현한 숙련자들은 일반적으로 **현자**로 알려져 있다.

정묘 수준의 성자들과 원인 수준의 현자들 간의 차이를 나타내는 한 예로서 우리는 모세와 그리스도의 통찰을 들 수 있다. 시나이 산에서의 모세의 계시는 정묘 수준의 파악에 관한 표준적인 모든 양상, 즉 광명, 불, 통찰, 소리(샤브드)인 신성한 타자를 갖추고 있다. 그러나 모세가 그 존재와 하나임을, 그 존재와 동일함을 주장하는 곳은 어디에도 없다. 거의 동일한 시기에 인도에서는 유사한 수준의 종교적 통찰이 베다에 표현되고 있다. 반면에 그리스도는 "나와 아버지는 하나다"라고 주장하는데, 이는 완벽히 아트만적이거나 원인 수준에 해당하는 파악이다. 거의 동일한 시기에 인도에서도 유사한 이해가 《우파니샤드》에 기록되어 있으며, 여기에서 우리는 "당신이 그것이다", "이 아트만은 브라만이다", "나는 브라만이다" 등과 같은 원인/궁극의 진술, 그리스도에 상응하는 진술을 발견하는데, 여기에는 **누구나** 잠재적으로 이런 최상의 정체성에 도달할 수 있다는 단서가 붙는다. 이는 영지주의 기독교에는 보존되어 있지만 통속적·신화적 기독교 신앙에서는 소실되었던/거부되었던 교리로서, 여기에서는 그리스도가 "위층으로 걸어차여" 최상의 정체성을 취하게 된다. 어쨌든 정묘 수준의 성자와 원인 수준의 현자 간의 차이, 또는 모세/베다와 그리스도/우파니샤드 계시의 차이는 근본적으로는 유상삼매와 무상삼매의 차이인데, 전자의 경우에는 존재Being를 보는 반면 후자의 경우에는 존재가 되어버린다.

종교적 경험은 다양할 뿐 아니라 경험의 **위계** 또한 존재하는데, 즉 심령, 정묘, 원인으로 이어지는 각 단계는 그 선행 단계보다 높으며 (발달적·구조적·통합적 기준에서 볼 때), 각각 관련된 요기, 성자, 현자의 수행도 마찬가지로 궁극적으로는 더 계시적이라는 것이 요점이다. 이런 체계와 그것이 종교사회학에 미치는 영향을 6장과 7장에서 탐구할 것이다. 당분간은 재너Robert C. Zaehner[76]를 출발점으로 삼아 종교학자들 간에 여전히 맹위를 떨치고 있는 논쟁에 이런 체계가 결정적으로 스며 있다는 점에만 주목하자.

재너는 "이른바 신비주의는 동일한 보편적 영Universal Spirit을 똑같이 표현하지 않고 세 개의 뚜렷한 범주로 나누어 구분한다"는 점을 분명하고도 올바르게 지적하면서 시작했다. 만유내재신적panenhenic 자연신비주의(예컨대 랭보Rimbaud[77], 워즈워스), 일원론적 신비주의(예컨대 베단타와 선), 그리고 신성신비주의(예컨대 기독교)가 그것이다. 재너는 또한 만유내재신적 신비주의와 일원론적 신비주의보다 유신론적 신비주의에 더 높은 지위를 부여하려는 노력의 일환으로 이런 체계를 사용하였다. 다른 한편, 니니안 스마트Ninian Smart[78]는 유신론적 신비주의보다 높지는 않지만 적어도 열등하지 않은 것으로 비이원 종교학파(베단타, 대승 등)를 옹호하길 원했으며, 그 결과 유신론적 신비주의와 일원론적 신비주의 간에 구분을 거부함으로써 재너의 입장을 완화시키려 했지만, 그는 이들과 만유내재신적 신비주의를 분명히 구분하였다.

내 생각에 양자는 부분적으로 옳다. 만유내재신론적·유신론적·일

---

76 1913~1974, 동양 종교에 정통한 영국학자.

77 1854~1891, 10대에 매우 창조적인 시를 발표한 프랑스의 천재 시인. 현대 문학과 예술, 음악 등에서 초현실주의가 등장하는 데 영향을 주었다.

78 1927~2001, 스코틀랜드의 저술가이자 교육자. 종교를 전통적인 신학을 떠난 세속적인 연구 분야로 만드는 데 선구적인 역할을 했으며, 영국의 랭커스터대학교에서 최초로 종교학과를 창설하였다. 대표적인 저서로《The World's Religions》가 있다.

원론적 신비 경험은 **구분된다.** 그것들은 우리가 심령, 정묘, 원인이라는 명칭을 부여한 구조 체계 수준에 거의 정확하게 상응한다. 그러나 우리는 재너에게 등을 돌려 스마트 편에 설 것이다. 즉 유신론적 종교는 일원론보다 높지 않은데, 실제로는 정반대다. 성자처럼 영과 교감하는 것은 현자처럼 영과 동일시하는 것에 의해 초월된다. 그러므로 예컨대 왓츠Alan Watts[79]가 일원론적 신비주의는 유신론적 신비주의를 포함하고 있으며 그 반대는 아니라고 주장했을 때, 그는 직관적으로 포괄적 타당성의 정도를 결정하는 위계화 원리principle of hierarchization를 행사한 것이다.

그것은 구조 체계가 보여주는 층으로 이루어진 위계의 (단순화시킨) 하나의 버전, 전前개인 또는 하의식적인 요소, 개인 또는 자기의식적인 요소, 초개인 또는 초의식적인 요소를 포함하고 있는 표현이다. 그런 체계가 타당한지 아닌지, 실제로 그런 구성을 검증하는(또는 기각하는) 전체적인 방법은 9장에서 명확하게 다룰 것이다. 그동안 우리는 **가설적이거나** 잠정적으로 그것을 타당하다고 수용할 수 있다.******** 우리는 그저 그것이 대체로 사실이라고 **가정하면서,** 이런 가정을 따르는 일이 종교심리학과 종교사회학을 분명하게 만드는 데 도움이 될지를 살펴볼 것이다. 이어지는 두 개 장에서 우리는 이런 전체 모델이나 가설의 몇 가지 세부 사항들을 더 채워 넣을 것이다. 그런 다음 우리는 5장에서 그에 따라 조치를 취하기 시작할 것이다.

---

[79] 1915~1973, 영국 출신의 성공회 신부로서 제도화된 종교의 틀을 깨고 신비사상의 해설자 겸 작가로 활동했던 신비철학자로 알려져 있다. 선, 도, 힌두사상을 서양에 소개하는 데 중심적인 역할을 했으며 주요 저서로는 《The Way of Zen》, 《Psychotherapy East and West》 등이 있다.

**** 의식의 스펙트럼을 비교문화적으로 포괄적으로 비교한 내용을 위해서는 《통합심리학》을 보라.

3: 복합 개체로서의 인간

교환을 통한 적응과 성장

    사회학과 연관될 뿐 아니라 아무튼 사회학과 융합된, 앞에서 언급한 계획안, 즉 십여 개 구조 체계 수준을 형성하는 것은 각 수준 자체의 성질이다. 즉《에덴을 넘어》가 보려주려 했듯이, 각 수준은 세계 과정 전반에서 **해당** 구조 체계 수준과의 **교환 과정**이므로 이것이 항상 그 수준의 심리학을 사회학으로도 만든다. 이제 이 장은 이것을 제시할 것이다.

    편의상 나는 구조 체계 수준의 수를 다섯 개로 축소시켜 서구인들에게 가장 친근한 용어, 즉 물질(1), 신체(2~3), 마음(4~6), 혼(7~8), 영(9~10)이라는 용어를 사용할 것이다. 이제 이런 구조 체계의 각 수준은 그 선행 수준을 **초월하지만 포함하기** 때문에, 발달의 각 구조는 이전 구조를 껴안거나 덮어 가리거나 포괄하거나 **혼합하는데**, 신피질이 포유류의 변연계를 감싸고, 변연계는 파충류의 뇌간을 감싸고 있는 것과 같다. 또다시 겹겹이 층을 이룬 위계, 포함하는 발달인 셈이다.

이런 이유로, 발달심리학과 진화 이론을 화이트헤드Alfred N. Whitehead[80]와 하트숀Charles Hartshorne[81]의 철학적 근본 원리와 결합시키려고 노골적으로 시도하는 가운데, 우리는 인간이 **복합개체**로서 과거의 발달 수준 모두가 혼합되어 있고 현재 수준에 의해 덮여 있다고 말한다. 그렇다면 잠재적으로 볼 때 인간에게는 물질, 프라나prana, 마음, 혼, 영이 **혼합되어 있다.** 물질적·자연적 환경에서 노동하면서 물질적 신체를 훈련하고, 호흡, 성, 다른 프라나(정서) 체體를 느끼면서 프라나 체를 훈련하며, 다른 마음들과 언어적 의사소통을 하면서 마음을 훈련하고, 심령적·정묘적 관계 속에서 혼을 훈련하며, 지고신과의 절대적 관계 속에서 지고신(혹은 신과의 교감과 신적 정체성)으로서 영을 훈련한다. 즉 **복합적 인간개체의 각 수준은, 세계 과정 전반에서 해당 수준의 구조 체계와 이상적으로는 방해받지 않고 관계 맺는 복잡한 시스템 속에서 훈련된다.**

게다가 인류는 실제로, 그리고 정말로 각 수준의 요소들과 (세계 전체에서 부합되는 수준과) 적절하게 교환함으로써 그 수준에서 스스로를 복

o
켄 윌버의
신

---

80 1861~1947, 20세기를 대표하는 영국의 철학자이자 수학자로 기호논리학을 완성했다. 버트런드 러셀과 협력하여 수학의 논리적 기초를 완성하였으며, 과학의 기초에 각별한 관심을 가진 그는 실재론적 기초 위에서 문명론을 전개하여 '유기체 철학'이라는 새로운 철학 사상을 구축하였다. 대표적인 저서로 《Principia Mathematica》, 《Process and Reality》, 《Adventures of Ideas》 등이 있다.

81 1897~2000, 종교철학과 형이상학에 주로 관심을 두었던 미국의 철학자. 자신의 스승인 화이트헤드의 생성적 실재관을 따라가면서 실재와 경험과의 이원적 이해를 탈피하여 감각경험계의 경험 분석에서 형이상학이 출발해야 함을 강조하는 신고전 형이상학을 제창하였으며, 이를 바탕으로 화이트헤드의 과정철학을 과정신학으로 발전시켰다. 대표적인 저서로 《Man's Vision of God and the Logic of Theism》, 《The Logic of Perfection and other essays in neoclassical metaphysics》, 《A Natural Theology for our Time》 등이 있다.

제한다. 인류는 노동을 통해 자연환경으로부터 확보한 음식의 교환을 통해서 물질적으로 스스로를 재생산한다. 인류는 호흡과 성의 교환을 통해 신체적으로(또는 생물학적으로) 스스로를 재생산한다. 인류는 교육과 의사소통 교환을 통해 심적으로 스스로를 재생산한다. 인류는 숙련자에서 제자로 전해지는 살아 있는 교환적 전달을 통해 영적으로(혼과 영) 스스로를 재생산한다.

그러므로 각 수준은 본질적으로 활주하는 상관적 교환 사슬의 일부이며, 그러므로 가장 근본적으로는 **그 자체로** 교환 또는 사회적 관계의 **사회**처럼 보인다. 가장 낮은 수준에 있는 물질적 신체는 음식 섭취, 동화, 배출의 **과정**이므로 신체는 항상 교환 파트너들의 공동체에 속박되어 있는 것이 아니라 그런 공통체로서 속박되어 있다. 성적 재생산은 분명히 상관적 교환이다. 심적 수준에 관해서 (여러 인물 중) 레비스트로스Lévi-Strauss[82]는 분명하게 "수학이나 논리나 삶에서 상징은 다른 사람들과 교환되어야만 한다. 교환 행위를 하면서 상징은 관계를 창조하고 유지한다. 그러므로 **상징**이라는 단어는 우리로 하여금 그리스어의 원래 의미, 즉 계약, 유대, 서약, 교류 또는 연결로 다시 돌아가게 만든다"는 것을 입증했다. 그리고 영적 수준은 신성 또는 영적 교감을 통한 정체성과의 교환일 뿐 아니라 영적 스승과 명상 파트너들의 공동체로 구현된 신성과의 교환이다. 각 수준은 관계나 교환 계기exchange occasion로 구성된 사회이며, 인간 복합개체는 그런 사회들의 총체로서 인간 사회에서 다른 사람들과 속수무책으로 얽혀 있다.

상관적 교환이라는 개념은 때로는 "충동"이나 "욕구"로 (과다하게) 표

---

[82] 1908~2009, 프랑스의 인류학자로 문화 체계를 이루고 있는 요소들의 구조적 관계를 중심으로 문화를 분석하여 구조주의와 구조인류학의 선구자가 되었다. 인간의 모든 활동의 근저에 놓인 일관된 패턴을 찾기 위해 노력했으며, 야만인의 마음은 문명인의 마음과 구조가 동일하다고 주장하였다. 주요 저서로 《The Elementary Structures of Kinship》, 《슬픈 열대Tristes tropiques》, 《Structural Anthropology》 등이 있다.

현된다. 인간의 각 수준은 해당 환경과의 상관적 교환 과정이므로, 인간은 그런 여러 환경들을 향한 욕구를 표현하려는 충동을 갖는다. 즉 물질적 욕구(음식, 물, 공기, 거주지), 정서적 욕구(느낌, 감촉 및 접촉, 성), 심리적 자아 욕구(대인관계와의 의사소통, 반성적 자존감, 의미), 영적 욕구(신과의 교감, 심층) 등등이다. 마치 물질적 음식, 정서적 음식, 심적 음식, 영적 음식이라는 "음식"이나 "마나mana"[83] 수준이 존재하는 것 같다. 간단히 말해서, 성장과 발달은 점점 더 정묘해지는 음식 수준에 대해 적응하고 이를 소화하기 위해 배우는 과정으로서, 성장의 각 단계는 특정 유형의 음식에 단계 특유함으로phase-specific 적응한다는 특징을 갖고 있다(우리는 다음 장에서 단계 특유의 마나라는 개념으로 돌아올 것이다).

간단히 요점을 말해보면, 각 구조 수준은 상관적 교환(또는 음식 욕구) 과정이므로, **반드시** 그런 욕구를 "만족시켜주는" 대상에 집착하게 된다는 것이다. "구조", "욕구", "대상관계"는 각 수준이 되는 단일한 교환 과정의 세 가지 측면일 뿐이다. 욕구의 대상이나 구조의 음식을 없앤다면 구조 자체를 없애버리는 결과가 된다. 거친 음식을 치우면 물질적 신체가 시들기 시작한다. 활력을 주는 음식을 치우면, 느낌이나 온기, 정서체가 시들기 시작한다. "생각을 위한 음식", 상호주관적 의사소통이나 상징교환을 치우면 마음이 시들기 시작한다. 초월적 음식, 영적 관계나 은총·신앙을 치워버리면 혼이 시들기 시작한다. 간단히 말해서 욕구나 충동이라는 개념은 어떤 구조가 그 해당 대상과의 관계에 참여하려는 필요성을 표현하는 것이며, 그렇지 않은 경우 소멸하게 된다.

---

83 초자연적인 힘을 나타내는 것으로, 멜라네시아 일대의 원시종교에서 쓰는 용어. 윌버는 '의식의 각 단계에서 교환되는 음식'이라는 의미로 사용하고 있다.

왜곡된 교환이 일으키는 것들

그러나 구조 체계와 상관적 교환(혹은 음식 욕구)에 관한 이런 수준들이 발달적 성질을 띠고 있음을 강조해야만 하는데, 왜냐하면 이런 수준들이 모두 개별 인간에게 출생 시부터 **드러나지** 않기 때문이다. 오히려 인간 개인은 분명 물질적 세계(그리고 그 음식), 그다음은 정서적 세계(그리고 그 음식), 그다음은 언어적·심적, 그다음은 초월 등에 (성장이 멈출 때까지) 적응하면서 성장과 발달을 시작한다. 이런 발달들은 종종 서로 평행으로 일어나거나 겹치는데, 그럼에도 불구하고 각 수준은 바로 이전 수준이 제공하는 기초를 토대삼아 구축되고 거기에 의존한다. 그러나 상위 수준은 낮은 수준에 "의존하지만" 상위 수준이 하위 수준에 의해 야기되거나 하위 수준에 의해 구성되지는 않는데, 이 점을 아무리 강조해도 지나치지 않다고 나는 생각한다. 상위 수준은 부분적으로는 **창발하며**, 불연속적이고, 획기적일 뿐 아니라 혁신적이다. 상위는 하위를 **통해** 창발한다. 상위는 말하자면 하위를 **거치면서** 나타나지만 그것으**로부터** 나오지는 않는데, 병아리가 달걀을 통해 나오지만 달걀로 만들어진 것은 아닌 것과 마찬가지다. 예를 들어 마음은 리비도를 **거쳐** 나오지만, 거기**로부터** 창발하지는 않는다.

상위 수준이 창발하기 시작할 때, 하위 수준이 **이미** 거기에 있다는 사실, 이미 존재하고 있다는 단순한 이유로 하위 수준을 통과해야만 한다. 상위 수준이 무대에 등장하면 무대는 하위 수준 또는 바로 직전 차원이기 때문에 처음에는 상위 수준이 하위 수준과 섞이고 혼동된다. 즉 처음에는 상위 수준이 하위 수준으로부터 **미분화되어** 있다. 상위 수준의 성장은 부분적으로는 하위 수준을 수직적으로 초월하거나 그 수준으로부터 **분화**(그 후에 통합)되는 과정으로서, 이런 과정을 통해서 상위 수준이 창발한다.

그러므로 예를 들어 약 한 살 반 정도 이전의 유아는 물리적 환경으로부터 신체자기bodyself를 분명하게 구분할 수 없으며, 신체자기와 물질적 세계가 대부분 미분화된 원형질적 비분리protoplasmic indissociation(피아제: "여기에서의 자기는 말하자면 물질적이다.") 상태로 살아간다. 한 살 반에서 세 살 정도 사이의 유아는 객관적 물질세계로부터 신체자기를 구분하는 법을 배움으로써, 신체로 하여금 그런 원시적 물질 융합 상태를 초월할 수 있도록 한다. 상징적 마음이 출현하기 시작하면(약 24개월 정도), 처음에는 신체 자체와 구분이 되지 않아, 마음과 신체는 융합되고 혼동된다(베르너가 표현한 것처럼 사고는 외관에 매이거나, 피아제에 따르면 감각운동 범주로 오염되어 있다). 약 7세 정도가 되어서야 마음과 신체가 최초로 분화되며, 11~15세가 되어서야 이들이 분명하게 분화되면서 마음은 마침내 신체 자체를 초월한다(그러나 포함한다). 마찬가지로 마침내 혼이 출현할 때(출현한다면), 처음에는 마음과 융합되어 있고 뒤섞여 있다는(혼은 그 고유한 비전과 광명이 아닌 심적 형상과 사고로 뒤덮여 있다) 등등이다. 각 경우에 상위 수준은 하위 수준을 통해, 또는 하위 수준을 거쳐서 창발하며 마침내 하위 수준으로부터 분화될 때만 그것을 초월한다는 것이 요점이다. 이런 분리 개별화separation-individuation 또는 초월·통합의 과정이 성장이나 창발이 일어나는 각 주요 단계의 특징이다. 반복해보자. 상위 수준은 하위 수준을 거쳐 등장하지만, 하위 수준**으로부터** 등장하지 않으며, 그 본질은 일부분 창발적이다.

그럼에도 불구하고, 하위 수준을 **거쳐** 일어나는 이런 창발은 치명적인 결과를 낳는데, 왜냐하면 단단하거나 깨지기 쉬운 달걀 껍데기가, 태어나는 병아리에 손상을 입힐 수 있는 것과 똑같이, 왜곡된 하위 수준은 그 결과로 말미암아 고유의 영역에서 상위 수준이 왜곡을 재생산하는 **경향을 만들기** 때문이다. 더 좋은 비유는 초고층 빌딩일 것이다. 상위 수준은 하위 수준이라는 기초를 통해, 또 거기에 의존해서 나타나기 때문에, 1층이 "기울면" 2층이, 또 그 위층이 비슷하게 기울어지는 경향이 있다. 신체적 트라우마는 정서적 장애로 이끌 수 있으며, 정서적 장애는 심적 불안정을 초래할 수 있다는 등이다.

그러나 이런 인과관계는 절대적인 것이 아니다. 하위 수준의 왜곡이 부분적으로만 전달될 뿐 아니라, **창발적 자유 덕분에 상위 수준은 종종 불균형을 보상할 수 있다.** 그렇다면 우리는 하위 수준의 왜곡은 상위 수준으로 하여금 그 고유의 영역에서 약하지만 유사한 왜곡을 재생산하도록 만드는 **경향이 있다**(야기하지는 않는다)고 말할 수 있다.

다른 한편에서 보면, 상위 수준은 하위 수준을 부분적으로는 초월하기 때문에 하위 수준을 **억압**할 수 있다. 예를 들어 성性은 성을 쉽게 억압하지 못하지만, 마음은 성을 억압할 수 있는데, 왜냐하면 마음은 구조 체계에서 성보다 높이 위치하므로 성에 "반대할 수" 있기 때문이다.

내가 사용하는 용어인 억압repression은 근본적으로는 **내면적** 사건이다. 항상 감지되는 선험적인 필멸성에 직면하고 있는 위태로운 존재의 감각을 방어하기 위해 분리된 자기가 억압을 부추긴다. 타인이 억압을 야기하거나 부추기는 것이 아니다. 가장 목가적인 환경에서조차도 억압의 정도는 다르게 일어날 텐데, 왜냐하면 제임스가 말한 것처럼 머지않아 향연에서 히죽거릴 해골로부터 자유로운 환경은 없기 때문이다. 감각, 지각, 정서, 인지라는 자기시스템self-system의 온갖 측면, 매우 위협적이고 죽음·죄책감death-guilt의 짐을 지고 있는, 금기로 가득 찬 측면은 시스템으로부터 분리되고, 효력을 상실하며, 제거될 것이다. 그러나 그런 억압은 "그림자"를 파괴하지는 못하고 단지 지하로 보낼 뿐인데, 거기에서 그림자는 은밀한 상징(숨겨진 텍스트)과 골치 아픈 증상을 보냄으로써 스스로의 존재를 새긴다.

어느 한 사람이 다른 사람을 직접 억압할 수는 없지만 다른 사람을 **탄압**oppress할 수는 있다. 이런 탄압은 몇 가지 결과를 낳는다. 이중 두 가지는 다음과 같다. (1) 탄압은 교환 과정과 복합개체의 모든 수준의 역량을 붕괴하거나 왜곡시킬 수 있다(**물질적** 교환에 대해 마르크스가, **정서적 · 성적** 교환에 대해 프로이트가, **심적** 의사소통 교환에 대해 소크라테스가, **영적** 교환에 대해 그리스도가 발견한 바와 같다). (2) 그런 탄압의 분위기를 견디면서 (그리고 거기에 적응하고 맞추려고 노력하면서) 분리된 자기는 본래는 외부에서 온 탄압을 **내면화**할 수 있고, 내면화할 것이며, 그런 다음 **내면화된 억압**은 **잉여의 억압**, 자기가 스스로 유발하는 것 이상의 억압을 만들어낸다.

지금까지 우리가 일반화시킨 내용은 이렇다. (1) 상위 수준은 하위 수준을 **통해** 등장하지만 하위 수준**으로부터** 나오지 않는다. (2) 왜곡된 하위 수준은 상위 수준으로 하여금 자신의 범위에서 유사한 왜곡을 재생산하도록 만드는 **경향이 있지만** (3) 상위 수준이 그 왜곡을 재생산하는 절대적 **원인**이 되지는 않는다(상위 수준은 어느 정도 약화시키고, 역전시키며, 수정하고, 보상하는 등등을 할 수 있다). (4) 개인은 자신에게 고유한 교환 수준(신체적, 정서적, 심적, 영적)의 어떤 것 또는 모두를 어느 정도 방어적으로 **억압하거나** 내면적으로 왜곡할 수 있다. (5) 외부의 (강력한) 타자는 개인의 교환 수준을 **탄압하고** 왜곡할 수 있다. (6) 내면화된 탄압은 잉여의 억압이다.

사회학이 가져야 할 비판적 태도

나는 이런 일반화가 어떻게 환원론적인 경향을 배제한 채 마르크스와 프로이트 같은 이론가들의 핵심을 재구성하는 데 도움을 줄 수 있는지를 어딘가 다른 곳에서 제시한 적이 있다. 왜냐하면 구조 체계와 복합개체의 상관적 교환 수준을 살펴보면서, 수많은 이론가들이 한 수준을 취해서는 그것을 패러다임으로 만들려 했음이 분명해졌기 때문이다. 이상주의자들처럼 상위 수준을 취할 경우, 하위 수준을 그것들이 보유하고 있지 않은 고귀한 위치로 격상시키는 경향이 있거나, 하위 수준을 모두 무시하는 경향이 있다. 예를 들어 헤겔을 따라서 역사를 읽으면, 물질적 세계는 어떤 순간에라도 항상 사라져버릴 수 있다는 인상을 받는다. 이는 분명 마르크스를 너무나 짜증나게 만들어 그는 정반대, 그러나 완벽하게 표준적인 환원주의적 접근을 취했다. 하위 수준을 취해서는 그것을 "실로 유일한 실재" 수준으로 부른 다음, 모든 상위 수준을 그 수준으로 환원시키거나 모든 상위 수준을 적어도 하위 수준으로 설명했다. 마르크스가 물질적 수준과 그것의 교환을 **모든** 존재 형태의 패러다임으로 만들었다고 굳이 말할 필요는 없을 것이다. 프로이트는 다음 수준에서 **정확히** 똑같은 일을 했다. 정서적·성적 에너지가 실재이며 문화, 자아, 마음, 종교라는 여타의 것들은 리비도를 남모르게 왜곡한 것일 뿐이다. 다음 단계에서 우리는 심적 의식을 성적 파생물이나 물질적 생산양식으로 환원시키기를 감탄스러울 정도로 거부하고, 그 대신 마음을 발달의 높고도 정당한 위치에 둔 이론가들을 종종 발견한다. 그러나 그들은 마음보다 상위 영역, 즉 그들이 전형적인 환원주의에 귀속시킨 영역의 타당성을 거부하는 경향이 있는데, 그들에게 그런 "영적 실재"는 기껏해야 **현실적** 지시대상이 없는 기능적 상징일 뿐이다. 그런 이론가들(예를 들어 하버마스)에게는 의사소통이 패러다임이 되며, 직접적인 영적 자각에는 기껏해야 파생물에 불과한 위치가 부여된다.

그러나 당신은 그런 이론가들이 완전히 부분적이긴 하지만 완전히 결정적으로 공헌한 지점을 볼 수 있다. 예를 들어 마르크스는 물질적·경제적 교환 과정이 탄압되거나 왜곡되면, 그런 왜곡된 기반을 기초로 소외된 사고와 느낌, 또는 "허위의식false consciousness"이 출현하는 경향이 있으며, 그럼으로써 예술, 철학, 종교라는 상위 문화적 생산물은 탄압의 노예에게 이데올로기로서 강요되어 각각은 자신의 방식으로 "군중의 아편"이 되어버림을 설득력 있게 입증해 보였다. 마찬가지로 프로이트도 정서적·성적 왜곡은 심적 의식이 증상으로 드러나는 경화증硬化症, sclerosis으로 기울어지게 만들어, 심적 개념의 자유로운 흐름을 막음으로써 일반적으로는 또 다른 유형의 허위의식을 구축하는데, 이는 자기 고유 존재의 측면으로부터 소외된 외양이나 허위자기라는 형태를 띤다(왜냐하면 그것은 **타인과의** 상관적 교환의 측면으로부터 소외되기 때문인데, 이 때문에 현대에 와서는 대상관계를 강조한다)는 점을 보여주었다.

이제 우리는 환원주의를 배제하고 본질적인 요소들은 모두 취하길 원한다. 왜냐하면 마르크스와 프로이트 모두 "왜곡된 하위 수준은 상위 수준에도 비슷한 왜곡이 일어나기 쉽게 만든다"(정확하다)고 말하는 것부터 시작해서 "상위 수준에서의 왜곡은 거의 전적으로 하위 수준의 왜곡으로부터 나온다"(부정확하다; 부분적으로만 하위 수준으로부터 나오지만 상위 수준은 순전히 그들만의 이유로 왜곡될 수도 있다)라고, "상위 수준 자체는 그러므로 하위 수준의 왜곡이나 좌절로부터 와야만 한다"(더 부정확하다; 이는 억압/탄압의 역동을 발달 전체의 패러다임으로 만드는 것과 마찬가지다)라고, "하위 수준에서 좌절이 없으면 상위 수준에서도 좌절이 없을 것이다"(분명히 모순되었지만 여기에서 환원주의가 완성된다)라고 말하기까지 했기 때문이다. 그러므로 물질적 교환이 마침내 공공화되면 철학, 예술, 종교 등에 **대한 욕구가 없을 것**이라는 정통 마르크스의 입장, 그리고 이와 정확히 유사한, 본능적 충동이 좌절되지 않으면 마음은 결코 출현하여 발달하지 않았을 것이라는 프로이트식 개념이 나타났다. 그러므로 우리는 이런 이론가들이 보여준 타당한 통찰을 두 번째 일반화로서 이용할 것이다. 우리는 첫 번째와 세 번째 일반화를 통해 그들이 주장한 환원주의에 대응한다.

포괄적이면서 통일된 비판적 사회학 이론은, 대략 발달논리 및 인간 복합개체를 구성하고 있는 상관적(심리사회적) 교환의 위계 수준에 관한 상세하면서도 다학제多學際적인 분석을 하는 가운데 가장 잘 구성될 수 있다는 것이 내가 말하고자 하는 요점이다. 그 이론은 두 가지 중요한 방식에서 **비판적이** 될 것이다. (1) 구조 체계의 각 **상위** 수준을 심판하고 각 하위 수준의 상대적 부분성을 비판한다. (2) 어느 특정 수준에서라도 교환의 왜곡이 일어날 때, 그리고 일어난다면 그 **왜곡들을** 비판한다. 후자의 경우는 한 수준 **내에서**의 비판으로서 자기반성을, 즉 경제, 정서, 의사소통이나 영성 중 특정 영역에서의 왜곡으로 이끄는 역사적 구조에 대한 자기반성을 그 시정 조치로서 요구한다. 전자는 수준 **간에** 대한 비판으로서 상위 수준으로의 **성장**을 그 시정 조치로서 요구한다. 전자는 수평적 해방인 반면 후자는 수직적 해방이다. 어느 쪽도 배제할 수 없는데, 상위 수준으로의 성장이 하위 수준의 건강한 정상화를 보장하지 않으며, 낮은 수준을 치유하는 것만으로는 상위 수준을 생산할 수 없다(우리는 8장에서 이 주제로 돌아올 것이다).

그렇다면 우리의 분석 수준은 최소한 다음과 같은 것들을 포함할 것이다. (1) 물질의 교환이라는 물질적 수준. 이들의 패러다임은 음식 소비와 자연환경으로부터의 음식 추출이고, 수공(기술적) 노동이 그 범위가 되며, 여기에 대해 전형적으로 분석한 사람은 마르크스다. (2) 프라나적(활력적) 교환이라는 정서적 수준. 이들의 패러다임은 호흡과 성이고, 느낌에서 성, 힘에 이르는 정서적 교류가 그 범위가 되며, 여기에 대해 전형적으로 분석한 사람은 프로이트다. (3) 상징교환이라는 심적 수준. 이들의 패러다임은 담론(언어)이고, 의사소통이 그 범위가 되며, 이에 대한 전형적 분석가는 소크라테스다. (4) 직관교환이라는 심령 수준. 이들의 패러다임은 싯디siddhi(또는 심령적 통찰과 일반적인 비전)이고, 요가식 쿤달리니가 그 범위가 되며, 이에 대한 전형적인 분석자는 파탄잘리다. (5) 신적 광명God-Light 교환이라는 정묘 수준. 이들의 패러다임은 샤브드 계시와 정묘한 광명(유상삼매)이고, 성자다운 "천상"(자신의 복합개체성의 더 상위 구조적 잠재력인 범천 세계Brahma-Loka[84])이 그 범위가 되며, 이에 대한 전형적인 분석가는 모세, 성자 바오로, 키르팔 싱Kirpal Singh[85]이다. (6) 무한한 교환이라는 원인 수준. 이들의 패러다임은 비창조에의, 그리고 비창조로서의 근본적 몰입(무상삼매/본삼매)이고, 현자적인 지고신이 그 범위가 되며, 이에 대한 전형적 분석가는 붓다, 크리슈나, 그리스도이다.

---

84 범천은 인도 고대 신화에서 나오는 만유의 근원인 브라마를 신격화한 우주의 창조신이지만, 불교에서는 제석천帝釋天과 함께 부처를 양옆에서 모시는 불법의 수호신으로 격하되었다.

85 1894~1974, 인도 태생으로 'Ruhani Satsang'이라는 영적 학파를 창설하여 가르침을 폈으며, 유네스코가 인정한 "World Fellowship of Religions"의 의장을 역임하였다. 모든 종교에서 신 또는 지고의 존재를 표현하는 공통적인 소리나 단어에 주목하여 이를 통해 영혼이 절대적 존재와 접촉하는 방법을 가르쳤다. 주요 저서로 《Spirituality: What It Is》, 《The Crown of Life》, 《Surat Shabd Yoga》 등이 있다.

4: 변환과 변용

일반적인 정의

종교, 신흥종교, 사이비종교 등 사회학과 같은 구체적인 분야에 이런 일반 이론을 최종적으로 적용하기 전에 몇 가지 전문적인 정의를 내릴 필요가 있다. 구조 체계의 여러 수준을 극단적으로 단순화시켜 고층 빌딩의 수많은 층으로 생각한다면(이 경우에는 열 개 층이 되는데, 10층은 최고 수준 및 성장의 점근선漸近線적 한계로서의 브라만이고, 빌딩 자체는 성장의 모든 수준의 기초로서의 브라만이다), (1) 각 층 자체는 **심층 구조**deep structure인 반면 (2) 각 층에 있는 가변적 요소들, 말하자면 실제 가구들은 **표층 구조**surface structure가 된다. (3) 표층 구조의 이동을 **변환**이라 하며 (4) 심층 구조의 이동을 **변용**이라고 한다. (5) 심층 구조와 표층 구조와의 관계를 우리는 **전사**轉寫, transcription라고 부른다. 변환은 한 층에서 가구를 옮기는 것이고, 변용은 서로 다른 층으로 옮기는 것이며, 전사는 가구와 각 층 간의 관계가 된다.

더 정확한 예로서 체커나 체스 같은 게임을 들어보자. 표층 구조란 여러 개 말이며, 주어진 게임에서 말들의 여러 움직임들이다. 심층 구조는 게임의 **규칙**, 열 개 말들이 서로 만들어내는 **내적 관계**를 결정하는 **패턴**들이다. 규칙은 패턴화된 관계를 통해 각 말이 서로서로 전체적으로 결합되도록 한다. 심층 구조는 **게임을 정의한다.** 당신은 표층 구조를 변경하거나, 말들을 진흙이나 플라스틱, 나무로 만들 수 있지만 여전히 똑같은 기본 게임을 하고 있는 셈이다. 당신은 돌도 사용할 수 있는데, 당신이 해야만 하는 일이란 기본 규칙을 따라서 말들을 전사하는 것, 즉 각 말이 어떻게 심층 구조의 규칙에 들어맞는지 보여주는 것이다. 심층 구조와 표층 구조와의 관계가 **전사**다. 마지막으로 판 위에서 말들을 실제로 움직이거나 게임을 진행하는 것이 **변환**이다.

178

이제 우리가 심층 구조를 변화시키면 게임의 기본 규칙을 변경하는 셈이 되며, 그렇게 되면 그것은 더 이상 똑같은 게임이 될 수 없다. 우리는 그것을 무언가 다른 것, 아마도 또 다른 게임이나 뒤죽박죽 상태로 **변용시킨 것이다.** 때로 사람들은 체커 말과 체커 판을 갖고(그들이 체스 세트를 사고 싶지 않은 경우) 우선 규칙을 변화시키거나 심층 구조를 체스의 심층 구조로 변용시킴으로써 체스로 만들어버릴 것이다. 그런 다음 체스에서 그들이 갖고 있는 기능에 따라 체커를 전사하는데, 이는 그것들에게 루크, 킹, 졸 등등의 표지를 붙임을 의미한다. 그런 다음 마지막으로 체스의 심층 구조에 따라 이런 새로운 표층 구조를 변환시킨다.

이 단순한 예에서조차도 심층 구조 자체는 게임 중에 변하지 않으며, 특정 게임의 특정한 움직임에 의해서도 영향을 받지 않음에 주목하라. 그것들은 "비역사적a-historical"이다. 그러나 표층 구조는 변하는데, 연속적인 각 움직임은 게임마다 다르기 때문이다. 움직임의 특정 경로를 결정하는 것은 지금까지 진행된 게임에서 이전에 움직였던 것들의 총합이다. 즉 특정 게임에서 다음번에 내가 움직이는 방향은 심층 구조 규칙 **안에서** 일어나지만, 그것은 분명히 선행하는 모든 움직임(이에 더해서 선행하는 움직임에 관한 현재의 내 판단)으로 결정된다. 다른 말로 표현하면, 그런 표층 구조는 **역사적으로 조건화되지만**, 전적으로 과거 표층 구조에 의해 야기되지 않으며, 어느 정도는 명확히 과거 표층 구조에 의해 형성된다.

이것이 구조 체계의 기본 수준 자체와 관련된 전반적인 가정을 보여주는 사소한 예다. 그것들이 창발한다는 면에서 의식의 심층 구조(예를 들어 그림 2에서 제시한 것처럼)는 비교적 비역사적·집합적이며, 변하지 않고, 범문화적인 데 반해, 표층 구조는 어디에서나 변하고, 역사적으로 조건화되어 있으며, 문화적으로 형성된다. 그러므로 예를 들어 구체적 조작 마음의 심층 구조는, 어디에서 출현하든 우리가 아는 범위에서는 동일하지만, 그런 마음의 실제 표층 양상, 즉 특정한 신념 체계, 이데올로기, 언어, 관습 등은 어디에서나 다르며, 주로 그 속에서 마음 자체가 발달하는 문화에 의해 형성된다. 이런 가정(혹은 그보다는 실험적 결론)은 촘스키Noam Chomsky[86]의 보편문법universal grammar/특정문화적 의미론 specific-cultural-semantics과 유사하지만, 이것이 심적·언어적 수준에 한정되지 않고 기본적인 구조 체계의 모든 수준과 관계가 있다는 점만 예외다(예를 들어 신체의 심층 구조, 즉 208개의 뼈, 2개의 콩팥, 사지, 1개의 심장 등은 어디에서나 똑같다. 그러나 그런 신체의 표층 활동, 즉 수용 가능한 놀이, 일, 스포츠 등

---

86 1896~1977, 20세기에 가장 중요한 공헌을 한 미국의 언어학자이자 철학자. 구조주의 언어학에 도전하여 변형생성문법 이론을 제안함으로써 언어학에 혁명을 일으켰다. 언어학에 대한 그의 독창적인 접근은 정신과 언어철학에 많은 영향을 미쳤다. 주요 저서로《Syntactic Structures》,《Aspects of the Theory of Syntax》,《Sound Pattern of English》등이 있다.

의 형태는 문화마다 다르다. 정서, 정묘, 원인 및 구조 체계의 여타 수준에서도 마찬가지다). 이런 생각 자체는 "내용이 없는 형태forms devoid of content"와 같이 원형에 대한 융의 작업으로부터 최초로 자극을 받았지만(그러나 윌버를 보라), 피아제, 콜버그, 베르너 및 다른 사람들의 연구와 관련된 범문화적 탐구로 인해 지지를 받았다. 이런 결론이 종교적·신비적 경험의 세 단계(심령, 정묘, 원인)의 심층 구조와 표층 구조에도 분명히 적용된다는 사실에 특히 주목할 필요가 있는데, 왜냐하면 우리는 7장에서 이 지점에 도달할 것이기 때문이다.

변환: 통합과 균형

그렇다면 발달이나 성장은 두 가지 주된 차원, 즉 수평적 진화의 역사적 차원과 수직적 혁신의 초월적 차원, 또는 간단히 말해서 변환적 차원과 변용적 차원에서 일어나는 것처럼 보인다. 수평적 혹은 변환적 성장은 주어진 수준의 표층 구조를 전사하거나, 채우거나, "구체화시키는" 과정이다. 즉 그 수준의 생명줄 혹은 "음식"을 구성하고 있는 표층 구조의 상관적 교환에 대해 책임을 지면서, 그 수준과 그 수준에서의 상호교환 파트너로 구성된 사회가 매 순간(혹은 개별적으로), 그리고 세대마다(혹은 집단적으로) 스스로를 재생산해야만 할 경우 일어날 수밖에 없는 과정이다. 반면에 변용은 수직적 이동으로서, 과거의 요소를 혁신적으로 재조직하면서 새로운 요소들이 창발하는 것이다. 변용은 **초월**과 동의어지만, 이 경우 초월은 의식의 상위 수준에만 제한되는 것이 아니라(이 수준에서 훌륭하게 일어난다), 연속되는 **각** 수준은 선행 수준을 초월하거나 넘어선다는 사실을 의미하고 있음에 주목하라. 신화는 마술을 초월하고, 이성은 신화를 초월하며, 혼은 이성을 초월하고, 영은 혼을 초월한다.

명백히 변환은 한 가지 주된 기능, 즉 주어진 수준을 통합하고 안정화하며 균형을 잡는 반면, 변용은 분명 한 가지 주된 기능, 즉 주어진 수준을 넘어가는 기능을 한다. 이런 긴장의 변증법이 발달 역동의 상당 부분을 차지하는 것 같다. 이 절에서 우리는 그 변환적 차원에 초점을 둘 것이다.

주어진 수준을 통합하고, 안정화하며, 균형을 잡는 변환의 주요 기능은 두 가지 기본 양상을 갖는 것처럼 보이는데, 우리는 그것을 마나mana와 금기taboo로 부른다. 마나는 각 수준의 "음식", 예를 들어 물질적 음식, 정서적 음식(사랑, 소속감), 심적 음식(상징, 진리), 영적 음식(광명, 통찰)을 말한다. 변환은 물론 상관적 교환의 과정(수용, 동화, 배출)을 통해 특정 수준의 마나 음식을 확보하는 데 관여하는데, 왜냐하면 마나 음식은 정확히 그런 과정에서 교환되는 것이기 때문이다. 게다가 마나의 변환은 교환 파트너로 구성된 사회 내부에서, 그리고 그 사회로서 이런 **필요한** 관계를 통해, 단계 특유의 온갖 형태로 "접착제"를 만들고 구성하는 것 같은데, 이 접착제가 교환이 일어나는 특정 사회를 결속시킨다. 이를 염두에 두면서, 우리는 주어진 어떤 수준에서건 특정 개인의 경계 내부뿐 아니라 일반 교환 과정에 있는 개인들 간의 경계 사이에서 통합적이고, 건강하며, 정당하고, 본질적으로 결합시키는 것으로서 "좋은 마나"를 정의한다. 반대로 "나쁜 마나"는 특정 수준에서 덜 통합적이거나 분열시키기까지 한다.

우리는 또한 특정 수준 내에서의 좋고 나쁜 마나와는 별도로, 수준 간에는 높고 낮은 마나 형태가 존재한다고 제안했다. 즉 점차 높아지는 구조 체계의 각 수준은 점차 더 높은 수준의 마나 또는 더 높은 진실이라는 음식truth-food에 접근하는 것 같다. 그러나 이는 낮은 수준의 진실이 갖고 있는 상대적이면서 **단계 특유한 타당성**을 부정하지는 않는다. 그것은 그 자체로 높은 수준의 통합적 안정성을 보장하지도 않는데, 왜냐하면 상위 수준의 나쁜 마나는 종종 하위 수준의 좋은 마나보다 덜 통합적이기 때문이다. 그러나 더 높은 진실과 통합을 위한 잠재력은 매우 명백하게 존재하기 때문에 종합해보면 우리는 이렇게 말할 수 있다. 예를 들어, 과학이 신화보다 더 진실한 것과 마찬가지로 성자의 광명은 과학보다 더 진실되지만, 모든 것은 필요하면서도 단계 특유의 기능을 하면서 스스로에게 충분히 적합한 진실을 전달한다. 수직적 성장이 점차 높아지는 음식, 마나, 진실 수준에 단계 특유의 방식으로 연속적으로 적응해가는 일이라면, 수평적 성장은 고유의 수준에서 그 음식을 소화(섭취, 동화, 배출)하도록 배우는 과정이다.

변환의 금기 측면과 관련해서 나는 분명 나의 주장을 랑크Otto Rank[87], 벡커Ernest Becker[88], 브라운Norman O. Brown[89]의 주장들과 결합시켰지만, 그러나 그들의 이론에서 내가 환원주의적 요소로 느끼는 내용을 피하려고 다시 한 번 노력했다. 그들의 입장은 근본적으로 실존적이다. 그것

---

87 1884~1939, 비엔나 출신의 정신분석가로 20년 동안 프로이트와 매우 가깝게 교류하였다. 출생 시 일어나는 정신적 외상에 대해 최초로 언급했으며, 모든 정서 경험을 리비도로 환원시킨 프로이트에 반대하여 정서적 삶은 대인관계와 관련이 있고 이의 부정은 의지와 창조적 삶의 부정으로 이어진다고 하였다. 주요 저서로 《The Trauma of Birth》, 《Will Therapy》, 《Beyond Psychology》 등이 있다.

88 1924~1974, 유대계 미국인 문화인류학자. 죽음불안에 대한 문화적 영향을 과학적인 이론으로 발전시켜 사회심리학과 종교심리학에 중요한 영향을 미쳤다. 주요 저서로 《The Denial of Death》, 《Escape from Evil》 등이 있다.

89 1913~2002, 미국의 사회철학자. 역사, 문학, 심리학, 문화 등 다양한 분야에 관심을 기울였으며 마르크시즘과 정신분석을 중심으로 연구하였다. 죽음에 대한 불안, 에로티시즘, 문명 등에 대한 관심은 말년에 신화와 정신분석의 연구로 이어졌다. 주요 저서로 《Life against Death》, 《Love's Body》 등이 있다.

은 죽음불안death-apprehension이 개인의 마음에 미치는 영향과 그 결과로 인한 필멸성에 대한 공포를 다루거나 부정하는 시도들을 다루고 있다.

왜냐하면 그들은 **죽음**이 근본적인 금기이자 근본적인 공포로서, 분리된 자기가 그 자신의 존재로 깨어나는 만큼 자기 내부에 공포불안이 내재하기 때문이라고 주장한다("기본적인 원초불안arch-anxiety이 인간 존재라는 고립되고 개별적인 모든 형상들에 내재한다. 기본적인 불안 속에서 인간 존재는 '세계 내 존재'를 두려워하며 그것에 대해 염려한다"). 그러므로 억압이나 여타의 다른 방어 또는 보상기제 없이는 그런 공포를 피할 방법이 절대로 존재하지 않는다. 불안이란 자기가 고통을 받고 있는 무언가가 아니라 자기라는 존재 **자체**다.

전통적인 심리학, 예를 들어 힌두교, 불교는 그런 식의 평가에 완전하고도 분명하게 동의한다(나 자신을 포함한 수많은 학자들은 붓다를 인간이 처한 곤경에 대해서 실존적인 진술과 분석, 즉 무상無常, 무아無我, 고苦를 설한 사람으로 알고 있다). 자기가 존재하는 곳은 어디나 전율이 존재하며, 타자가 존재하는 곳은 어디나 공포가 존재한다. 그러나 전통이 단순한 실존주의를 초월하는 점은 이런 심리학들이 자기와 타자를 넘어섬으로써, 즉 깨달음, 해탈, 최상의 정체성의 상태에서 주체와 객체를 초월함으로써 공포와 전율을 넘어갈 수 있음을 주장하는 데 있다.

그러나 그런 전통들 또한 원인/궁극의 적응이라는 현자 수준에서만 위대한 해방이 마침내 일어난다고 주장하고 있다. 아무리 자주 황홀경을 경험하거나 선견지명을 갖추고 있어도, 더 낮은 단계들 모두에는 죽음에의 질병인 자아라는 근본적인 분위기가 따라다니고 있다. 현자들에 따르면, 성자들조차도 그나 그녀의 혼 또는 독립된 자기감각을 최종적으로 내맡길 필요가 있으며, 자기감각이 성자로 하여금 지고신과의, 지고신으로서의 절대적 일치감에 도달하지 못하도록 막는다. 독립된 자기감각은 발달의 매우 초기에 형성되기 때문에, 일련의 원초적인 자아핵ego nuclei은 출생 후 몇 달 안에는 생기기 때문에, 현자 수준의 구조적 적응까지는 그런 감각이 최종적으로 해소되지 않기 때문에, 위대한 해방이 없는 모든 발달 수준은 독립된 자기라는 특징을 갖는다는 결론이 도출된다. 그리고 분리된 자기란 불안이라는 수축, 특히 자신의 죽음 또는 비존재에 대한 공포다.

이런 상황에 필요한 심리 역동적 특징을 제공한 사람은 오토 랑크였다. 그는 필멸성이라는 근본적 금기에 직면한 분리된 자기는 약간의 안정(변환적 평정 상태)을 이루기 위해 자신의 비존재의 가능성에 눈을 감을 수밖에 없다고 말했다. 간단히 말해서 자기는 죽음을 억압한다 (벡커가 말한 것처럼 "성이 아니라, 죽음의 의식이 일차적 억압이다"). 랑크가 말하길 이렇게 한 것의 한 가지 결과 또는 이 일을 수행하는 방식 한 가지는 일련의 **불멸 상징**immortality symbol을 창조하는 것인데, 이런 상징들은 죽음을 초월한다는 **약속**을 함으로써, 불멸 상징을 창조하지 않았다면 자기의 작동을 얼어붙게 만들었을, 온몸을 마비시키는 추위를 누그러뜨린다는 것이다.

그렇다면 변환은 마나를 다룰 뿐 아니라 금기, 죽음이라는 기본 금기, 그러나 각 수준에서 서로 다르면서도 단계 특유한 형태를 취하는 금기를 다루고 있다. 이런 각도에서 보면, 심리문화적 생산물들을 (부분적으로는) **죽음부정에 대한 성문화된 체계**로 볼 수 있다(나는 "부분적으로는"이라고 말했는데, 왜냐하면 내 생각에 그것은 반쪽만의 진실이기 때문이다. 나머지 반쪽은 마나 축적이다). 랑크의 천재성은 마술과 신화뿐 아니라 **합리적** 생산물 및 순수하게 논리적인 신념들도 마찬가지로 불멸 프로젝트였음을 간파하였다는 것이다. 그것들은 어느 정도는 진실을 열망하면서 어느 정도는 지속성을 열망했으며, 지속성을 열망하면서 대망의 불멸을 요구한("내 생각은 계속 살아남을 것이다") 생산물들이었다. 그런 각도에서 보면 문화, 즉 합리적 문화조차도 분리된 자기가 죽음과 거래한 것이다. 죽을 운명에 처한 자기, 그 사실을 알고 있는 자기, 자신의 고유한 주관적 삶을 조작함으로써, 내면을 향하는 대망의 불멸에 대한 외향적·가시적 징표로서 "오래 지속되며" "영원한" 문화적 대상과 개념적 원리를 세움으로써 죽음을 부정하려 애쓰는 가운데 (의식적으로 혹은 무의식적으로) 전 생애를 소비하는 자기인 것이다.

랑크, 벡커 또는 브라운이 제기한 전반적인 주장이나 그런 주장들이 말하는 정수를 내가 재공식화시킨 내용을 반복하고 싶지는 않다. 대신 벡커의 간단한 요약을 살펴보자. "인간은 처음부터 죽음을 예상하고 살 수는 없다. (…) 인간은 자신의 궁극적 종말에 대한 공포를 잠재우기 위해 나이를 먹거나 쇠퇴하지 않는 문화적 상징을 세웠다. 인간의 행위를 이런 식으로 보는 일은 역사를 푸는 직접적인 열쇠를 제공한다. 어느 시대건 사람들이 원하는 것은 자신들의 육체적 운명을 초월하는 방법이고, 사람들은 어떤 막연한 기간을 보증받길 원하며, 문화는 그들에게 필요한 불멸 상징 또는 이데올로기를 제공함을 우리는 알 수 있다. 사회는 불멸 세력의 구조로 볼 수 있다."

《에덴을 넘어》에서 나는 그런 죽음부정의 단계 특유한 형태를 일부 보여주려고 했다. 그것은 마술 의식이 약속했던 불멸일 수 있다. 캠벨이 구석기시대 종교를 요약한 것처럼 "마술이 있는 한 죽음은 존재하지 않는다". 그것은 신화가 약속했던 불멸일 수 있다. 벡커가 고전적인 신화적 종교를 요약했듯, "신의 총아가 되는 것은 불멸하는 것이다". 그것은 이성이 약속한 불멸일 수도 있다. 화이트Lancelot. L. Whyte[90]는 "불멸을 보상으로서 약속한 자신의 사고thought라는 신the god of his own thought"이라고 말했다. 혼의 영역에서는 매우 정묘한 형태의 불멸 프로젝트가 있는 것 같다. 분리된 자기의 최후에 남은 조각이 영원한 존재를 직관한 후 그 영원함을 **불후의 기간**이나 **영원한** 자기감각으로 오해했다("당신의 불멸의 혼" 같은 것은 없다. 대승경전은 항상 수행자들에게 원인·알라야causal-alaya[91]를 영원한 혼으로 착각하지 말 것을 경고한다). 만일 최종적인 해방이 존재한다면 그것이 올 때까지 어떤 형태의 불멸 프로젝트가 남아 있게 된다는 것이 요점이다. 상위 수준의 구조 체계에서 그런 프로젝트는 점점 덜 보상을 주지만 그것들은 분리된 자기감각 자체가 근절될 때까지는 완전하게 근절되지 않는다. 그 시간이 오기 전에는 삶은 마나 대 금기의 전쟁으로 남는다.

요약하면, 변환의 기능은 상관적 교환 과정에서 마나를 확보하고 금기를 피하면서 그 현재 수준을 통합하고, 안정화하며, 균형을 잡는 것이다. 분명 이런 기능은 수준이 달라짐에 따라 다른 형태를 띠지만, 기능 자체는 모든 수준에 존재한다(피아제는 기능적 불변성functional invariant으로 불렀다). 기본적인 심층 구조, 그리고 변용적이면서 기능적인 불변성과 마찬가지로 이런 역량은 자기시스템이 소지한 일부 **천부적인 장치**native apparatus인 것 같다(하르트만Heinz Hartmann[92]의 "선천적인 장치inborn apparatus"와 비교해보라).

---

90 1896~1972, 스코틀랜드의 금융가이자 엔지니어. 아인슈타인과 협력해서 통일장 이론을 만들었다고 주장하는 그는 물리학 이론들을 통일시키는 "단일 원리"를 제안하였다. 물리학 관련된 논문을 다수 발표했고, 심리학과 관련된 주요 저서로는《The Next Development in Man》,《The Unconscious before Freud》등이 있다.

91 대승불교는 마음을 안眼(눈), 이耳(귀), 비鼻(코), 설舌(혀), 신身(몸), 의意(뜻)라는 6식識에 말나식과 아뢰야식을 합쳐서 8식이 있다고 한다. 원인·알라야는 아뢰야식을 말하며, 우주 만물의 근본이 되는 아뢰야식에 포함된 종자로부터 우주의 삼라만상이 전개된다고 본다.

92 894~1970, 비엔나 출신의 정신분석가. 프로이트의 수제자 중 한 사람으로 에고의 기능에 대한 그의 관심은 정상성과 건강에 초점을 둔 에고심리학이라는 새로운 분야를 여는 데 기초를 마련하였다. 주요 저서로는《Ego Psychology and the Problem of Adaptation》,《Essays on Ego Psychology》등이 있다.

변용: 죽음과 재탄생

이제 우리가 변용적 또는 수직적 발달로 주의를 돌림에 따라 무엇이 관여하고 있는지 좀 더 분명해졌다. 개인이 다음 상위 수준으로 변용되기 위해서는, 그나 그녀는 사실 현재 적응 수준의 **죽음**을 받아들여야만 한다. 즉 그 수준과의 **배타적** 동일시를 멈추어야 한다. 그러므로 예를 들어 조작적 신화로 진보하려면 어린아이는 마술적 소망에만 한정된 헌신을 포기하거나 거기에 대해 죽어야만 한다. 합리적 과학으로 진보하려면, 청년은 신화적 결과에 대한 배타적 애착을 포기해야만 한다. 요기적 적응으로 진보하려면 성인은 고립되고 선형적인 합리성을 더 큰 직관적 비전에 내맡기고 해방시켜야만 하는 등이다.

각 경우에 자기가 그 수준을 **초월하기** 위해서는, 즉 단계 특유의 진실, 음식, 마나의 다음 상위 수준으로 변용될 수 있으려면, 자기가 **그 수준에 대해 죽을 수 있을 정도로 강할** 때뿐이다. 자기가 새로운 수준과 동일시하고 그것의 음식 마나에 적응하기 시작함에 따라 자기는 그 수준에서, 그리고 그 수준에 대해서 죽는 공포와 맞닥뜨리게 된다. 자기의 변환 과정은 새로운 버전의 필멸성을 차단하기 위해 신속히 작동하는데, 그렇지 않은 경우에는 필멸성으로 인해 자기의 움직임이 얼어붙었을 것이다. **새로운** 자기는 **새로운** 진실의 마나에 적응하고, **새로운** 타자를 만나며, 새로운 죽음발작death-seizure을 경험함으로써 새로운 방어 조치에 착수하고, 그럼으로써 그 무엇보다도 새로운 불멸 프로젝트를 세운다.

이런 의미에서 발달이란 불멸 프로젝트가 보호하기 위해 고안된 자기의 층을 점진적으로 벗어버리고 이와 동시에 새로운 수준의 단계 특유한 음식, 진리, 마나로 솟아오름으로써 점차 불멸 프로젝트를 벗어버리는 일련의 과정이다. **각각의** 변용은 죽음과 재탄생, 낡은 수준에 대해서는 죽고 새롭게 출현하는 수준으로 변용되어 그 수준에서 재탄생하는 과정이다. 그리고 현자들에 따르면, 자기의 모든 층을 초월했을 때, 모든 죽음을 죽을 때, 그 결과로 궁극의 진리 안에서 오로지 신만이 존재하게 된다. 그리고 운명을 넘어 새로운 운명이 의식의 지류에서 부활하게 된다.

5: '종교'라는 단어의 용법

종교, 종교사회학, 종교 보편성의 가능성, 종교의 "시민적" 차원을 논의할 때 부딪치는 가장 큰 어려움은 종교가 특정한 "그것"이 아니라는 점이다. 내 생각에 "그것"은 적어도 십여 가지 정도의 서로 다르면서 중요하며 일반적으로 배타적인 의미를 갖고 있는데, 불행히도 이들은 문헌들에서 항상, 그리고 보통은 구분되지 않고 있다. 우리가 "종교"라는 용어를 쓸 수 있는(그리고 쓰고 있는) 방식과 내가 각 용어 사용의 배후에 실제로 존재한다고 믿는 것을 일부 지적해보자. 이들 각 용법은 충분히 정당할 뿐 아니라 우리가 원하는 어떤 방식으로건 종교를 정의할 자유가 있지만, 그러나 우리는 **그 의미를 구체화시켜야 한다**는 것이 내가 말하고자 하는 요점이 될 것이다. 왜냐하면 우리가 알게 될 내용이란 수많은 학자들이 종종 암묵적으로는 매우 다른 정의를 마음속에 품고서는 허위 결론을 내리는 식으로 이런 용법들 사이를 들락거리고 있다는 사실 때문이다. 나는 이런 식의 종교적 정의들을 번호로 구별한 후 그것들을 정의-1, 정의-2 등으로 지칭할 것이다.

1 비합리적 참여로서의 종교. 이는 긍정적인 동시에 부정적인 의미 모두를 내포하고 있다. 신학자들에게 이것은 종교가 신앙, 은총, 초월, 깨달음 등과 같이 타당하지만 비합리적인 측면을 다룸을 의미한다. 실증주의자들에게 이것은 종교란 타당성 없는 지식임을 의미한다. 정서적인 방식에서는 인간에게 "의미심장meaningful"할 수 있지만, 그것은 참다운 인지가 아니다.

이런 용법은 종종 상식에 반영되어 있다. 사람들 대부분은 직관적으로 마술적 부두교가 원시적이긴 하지만 일종의 종교이고, 신화적 신과 여신은 분명 종교적이지만 아주 "진지하지는" 않을 수 있다고 말할 것이다. 그들은 요기, 성자, 현자들이 하는 일은 분명히 종교적이라고도 말할 것이다. 그러나 과학적 합리성은 어떤가? **그것은** 종교적이지 않다. 이런 전반적인 용법은 종교가 모든 수준에서 성립되기보다는 특정수준, 구체적으로 말해서 합리적·과학적이 아닌 수준들에서 성립되는 것이라고 말한다. 이런 식의 정의는 만일 당신이 종교 편에 서 있다면 종교란 당신이 그것을 향해 성장해갈 그 무언가를 의미하는 반면, 반대편에 서 있다면 벗어나길 원하는 그 무엇임을 의미한다. 어느 경우가 되었건 종교는 비합리적인 셈이다. 그것은 이성과는 다른 차원에속하거나, 적어도 그런 차원에서 시작되었다.

2 극단적으로 의미심장하거나 통합적인 참여로서의 종교. 이 용법은 종교란 비합리적인 특정 차원이나 수준에서 일어나는 무언가가 아니라 주어진 수준에서의 특정한 기능적 활동, 의미·통합 등을 찾는 활동이라고 말한다. 내 생각에 이런 용법은 사실상 각 수준에서 일어나

는 마나를 향한 추구, 의미·진리·온전함·안정성·주체와 객체의 관계(교환)를 향한 추구를 반영하고 있다. 우리가 이미 보았듯, 구조 체계의 각 수준에서 마나의 변환mana-translation이 일어나야만 하기 때문에, 그 수준이 "종교적"인지 "세속적"인지는 문제가 되지 않는다. 이 정의에 따르면, 그것은 종교적이거나 마나 추구적이다.

이런 용법 또한 상식에 반영되어 있다. 그러므로 처음에는 신화, 성자, 현자 등은 종교적이지만 과학은 그렇지 않다고 말하는 전형적인 사람조차도 만일 당신이 "과학은 아인슈타인의 종교"라고 말한다면 보통은 당신이 말하는 바를 정확히 이해할 것이다. 〈스타트랙〉 애호가들은 "스팍의 종교는 논리다"[93]라고 말한다. 여기에서는 순전히 합리적인 노력을 종교적이라고 말하는데, 왜냐하면 모든 수준에서와 마찬가지로 그들도 그들만의 단계 특유의 마나를 찾고 있기 때문이며, 높건 낮건 신성하건 세속적이건 어떤 수준에서도 이런 마나 추구는 소박하게는 종교로서 이해되기 때문이다.

정의-1과 정의-2는 모두 수용 가능한 용법이지만 그럼에도 불구하고 그것들은 매우 다를 뿐 아니라 거의 상반되며, 우리가 그 의미를 구체화시키지 않는 한 어떤 역설이나 허울만 그럴듯한 결론이 내려질 것임에 주의를 기울여보자. 예를 들어 정의-1은 세속적 종교를 부정하는 반면, 정의-2는 그것을 요구한다. 정의-1은 과학이 종교임을 부정하지만 정의-2는 과학이 종교라고(혹은 그럴 수 있다고) 말한다. "종교"라는 한 단어에는 서로 다른 기능이 있음을 이해한다면 양측을 모두 수용할 수 있다. 상식은 때때로 구체화시키지 않은 채 이런 식으로 양쪽 의미

---

[93] 스팍은 〈스타트랙〉에 등장하는 인물로, 논리 이외에는 어떤 감정도 구사할 줄 모르는 캐릭터다.

를 모두 사용할 것이며, 그럼으로써 허위 역설을 만들어낸다. "존스 씨는 교회에 가질 않아. 그는 종교를 믿지 않고 돈이 그의 종교지"라고 말할 수 있는 것이다.

3 불멸 프로젝트로서의 종교. 이는 앞에서 소개했던 전문적인 용어를 사용하고는 있지만 실제로 그 용어 자체를 끌어들일 필요는 없다. 이 아이디어는 단순히 종교가 근본적으로 불확실/불안을 약화시키려는 간절한 바람으로 고안된 방어적이고 보상적인 신념이라는 것이다. 이런 의미는 종종 신학에 적용되지만 합리적이고 세속적인 노력에도 사용되는데, 예를 들어 벡커는 마르크스주의가 마나 추구(정의-2)라기보다는 죽음부정을 의미한다는 점에서 소련의 종교라고 말했다. 우리가 이미 보았듯 이는 어느 수준에서나 일어날 수 있는 것으로서 그 수준 고유의 금기 회피를 반영할 뿐이다. 이런 특정한 기능에 있어서 **신화**가 어린애 같은 자아에게 한 일, **마술**이 유아적 자아에게 한 일과 정확히 동일한 일을 과학이 합리적 자아에 **대해** 했으며, 이는 "붙잡고 늘어질" 신념 체계를 제공함으로써 불가피한 최후의 필멸성에 대한 불안을 덮어서 감추는 데 도움을 주고 있다. 이는 특히 "과학 신봉주의자 scienticians", 즉 과학 자체가 정의-2의 종교(마나 종교)로 되어버린 과학자에게 적용되는 것 같다. 나는 결정적인 순간이 되면 그들이 고함을 질러대는 근본주의자 전도사처럼 대망의 불멸로 완벽히 충전된 듯 흥분에 떨리는 열정으로 가득해서는 배타적인 자신들의 합리적 세계관을 지킬 것임을 알았다. (궁극의 수준 이외의) 각 수준은 필요한 자신의 일부 방어 구조로서 어떤 식이건 불멸 프로젝트를 건설하는 경향이 있는데, 이런 식으로 종교를 이용하는 것은 이런 특정 기능에 꼭 부합한다는 것이 내가 말하는 요점이다.

4 진화적 성장으로서의 종교. 이는 모든 진화와 역사가 자기실현이 점차 증가하거나 영이 영 자체로서의 영spirit as spirit으로 회귀함을 통해 소외를 극복하는 과정이라고 주장하는 세련된 개념이다. 헤겔과 오로빈도를 예로 들 수 있다. 이런 의미에서 보면, 종교는 사실상 변용적 충동 일반을 지칭하는 용어가 된다. 여기에서 종교적 충동이란 주어진 수준에서 의미, 통합, 마나 또는 가치를 향한 추구(이것이 정의-2다)가 아니라, 마침내 신의 실현화God-Realized Adaptation로 귀착되는, 점차 **높아지는** 진실이라는 마나의 구조를 발견하기 위해 그 수준에 대해 전적으로 죽는 것을 의미한다.

5 고착/퇴행으로서의 종교. 우리는 이미 이런 용법에 대해 논의했다. 여기에서 우리가 말할 필요가 있는 유일한 내용은 이런 의미가 보다 구체적이고 항상 경멸적인 점에서만 정의-1과 다르다는 것이다. 종교는 비非합리적이기보다는 전前합리적이므로 달리 대안이 없다. 이는 전형적인 원시화 이론이다. 유아적 환상, 마술, 신화가 종교가 된다.

6 통속적exoteric 종교. 일반적으로 이는 교육과 실천의 더 높고 내면적이며 진보된 측면이 있는 모든 종교가 갖고 있는 더 낮고 외면적이며 예비적인 측면을 가리킨다. 이는 보통 **신앙**을 불러일으키거나 옹호하는 데 사용되는 **신념** 체계라는 형태를 띠며, 이 둘은 비교秘敎적 **경험과 적응**을 위한 준비 단계이다(이런 정의를 보려면 6장을 보라). 종교에 비교적인 측면이 완전히 사라진다면 그런 종교를 전반적으로는 통속적이라고 한다(다른 종교들의 비교적인 측면과 비교해보라).

7 비교秘敎적 종교. 이는 종교적 실천에 있어 더 높고, 내면적이고, 진

보된 측면을 가리키며, 그런 실천은 신비 경험에서 최절정을 이루거나 적어도 그것을 목표로 삼는다는 조건이 따라붙는다.

(다음에 따라오는 두 가지 정의를 위해서 우리에게는 사전 설명이 필요하다. 일단 종교를 정의하면, 그 저자는 자동적으로 어떤 식이건 "더 타당하거나" "덜 타당한" 종교라는 기준을 확립하게 되는데, 종교의 기능을 실제로 구체화시킬 경우 항상 더 낫고 더 나쁜 경우가 존재하기 때문이다. 이렇듯 "낫고 못한" 성질은 이제 저자가 종교에 부과한 사전의 기본 정의에 의존한다. 정의-1, 즉 비합리적 차원이나 영역으로서의 종교를 사용할 경우, 그리고 이 경우 종교란 상위 영역을 의미하는데, 타당한 종교 또는 더 타당한 종교란 암묵적으로나 명시적으로 더 높으면서 진정한 영역이나 수준과 실제 접촉하는 것을 의미한다. 이와는 달리 어떤 수준에서건 마나를 향한 추구로서의 종교라는 정의-2를 사용한다면, 타당하거나 더 타당한 종교란 특정 수준을 경험함을 의미하는 것이 아니라 현 수준에서 정당한 마나를 발견하는 것임을 의미한다. 분명 이는 "타당한valid"이라는 용어에 부여된 전혀 다른 두 가지 의미로서, 문헌상으로는 거의 인정되지 않았던 만성화된 의미론적 어려움을 제기한다. 그러므로 나는 타당한에 부여된 이런 두 가지 의미를 구체적으로 명시하기 위해 "진정한authentic"과 "정당한legitimate"이라는 두 개 단어를 사용할 수밖에 없었다.)

8 정당한 종교. 이는 보통 "좋은 마나"를 제공하고 금기를 피하도록 도와줌으로써, 즉 한편에서는 의미 단위를, 다른 한편에서는 불멸 상징을 제공함으로써 무엇보다도 변환을 공인하는 종교를 말한다. 만일 저자가 주어진 세계관이나 수준(정의-2)의 의미심장한 통합으로 종교를 (암묵적으로나 명시적으로) 정의한다면, 저자가 (그 세계관이나 수준 내에서) 더 통합적인 종교임을 암시하거나 정의한 종교가 더 타당한 종교가 된다. 이런 경우 우리는 정의-2를 마나 종교 일반으로 지칭했기 때문에 더 타당한 형태란 정당하거나 "좋은 마나" 종교를 가리킨다.

지배적인 마나와 불멸 상징이 자신들의 통합적·방어적 기능에 실패할 때마다 **정당성의 위기**crisis in legitimacy가 발생한다. 이는 낮은 수준의 신화적·통속적 종교에서 일어날 수 있으며(예를 들어 토마스학파/아리스토텔레스식 생물학 개념에 근거를 둠으로써 오랫동안 구식이 되고 만, 교황이 내린 인간 생식에 관한 회칙回勅들은 많은 사람들에게 정당성을 상실했다), 중간 수준의 합리적·세속적 종교에서도 일어날 수 있고(예를 들어 세계관으로서의 뉴턴식 패러다임은 정당성을 잃었다), 높은 수준의 신비종교에서조차 일어날 수 있다(예를 들어 대승불교는 인도에서 결국 정당성을 잃어버림으로써 샹카라의 베단타가 그 자리를 대신했다). 각 경우에 있어 정의-2로 기능하는 종교는 한편으로는 의미를 부여할 만큼의 충분한 통합을, 다른 한편으로는 충분한 불멸 효력을 제공하는 데 실패함으로써 정당성이나 변환을 공인할 수 있는 역량을 잃어버리고 말았다.

부수적인 결론: "정당성 정도"는 어떤 주어진 수준에서의 통합, 의미 및 가치, 좋은 마나, 기능의 용이함, 금기의 회피 등의 상대적인 정도를 말한다. 이는 **수평적 평가 기준**으로서 "더 정당하다"는 말이 그 수준에서 더 통합적이면서 의미 있음을 뜻한다.

9 진정한 종교. 이는 일차적으로는 종교적 핵심으로 간주되는 특정 차원의 수준으로의 **변용을 공인하는** 종교다. 저자가 (암묵적으로나 명시적으로) 종교를 존재의 특정 차원의 수준으로서 정의하는 경우, 더 완벽하게 또는 더 정확하게 그 차원의 수준과 **접촉하고** 있다고 저자가 넌지시 비추거나 정의한 종교가 더 타당한 종교가 된다. 그런 경우 "더 타당함"을 나타내기 위해 나는 "진정한" 또는 "더 진정한"이라는 단어를 사용했다.

지배적인 세계관(혹은 종교)이 **더 높은 수준**의 관점에서 발생하는 도

전에 직면할 때마다 **진정성의 위기**crisis in authenticity가 발생한다. 이런 일은 더 높은(혹은 상위의) 새로운 수준이 창발하고 정당성을 획득하기 시작할 때마다 어느 수준에서나 일어날 수 있다. 새로운 세계관은 새롭고도 높은 변용적 효력을 구현함으로써 낡은 세계관에 도전하는데, 이는 정당성뿐만 아니라 진정성에 관련해서도 일어난다.

부수적인 결론 : "진정성 정도"는 주어진 종교(혹은 세계관)가 인도하는 실제 변용의 상대적 정도를 말한다. 이는 **수직적 평가 기준**으로서, "더 진정한"이라는 말은 (현 수준을 통합하는 데 그치지 않고) 더 높은 수준에 더 많이 도달할 수 있음을 의미한다.

물론 저자는 핵심적 종교나 상위 영역의 성질을 자유롭게 명시할 수 있다. 내 경우에 그것은 구조 체계와 관계 교환의 심령, 정묘, 원인, 궁극 수준이다. 내 경우에 진정한 종교란(원인종교가 정묘종교보다 더 진실되고, 정묘종교는 심령종교보다 더 진실되다는 더 진보된 이해를 전제로) 그런 초개인 영역의 진정한 출현과 그런 영역에 최종적으로 적응하도록 인도하는 온갖 수행이라는 결론이 도출된다. 때로 나는 부수적인 결론인 "진정성의 정도"를 느슨하게 사용하여 발달론적 구조화 **일반**developmental structuralization in general의 정도라는 의미로 사용할 것이다(예를 들어 신화는 마술보다 진실되고, 이성은 신화보다 진실되며, 비전은 이성보다 진실되다 등등). 그러나 내가 진정성 있는 종교 자체를 언급할 때는 그것들은 초超양심적 경계(예를 들어 심령이나 그 이상)나 그 너머에서 일어난 구조화 정도에까지 도달한 종교들을 말한다. 그러므로 마술, 신화, 이성은 **정당한** 종교일 수 있을 뿐 아니라(종종 그렇다) 때로는 절정 경험을 통해서 진정한 종교적 통찰을 **표현할** 수 있다(6장을 보라). 그러나 이들은 어떤 경우라도 진정성 있는 종교적 통찰의 원천이 될 수는 없는데, 내가 보기에

진정한 종교적 통찰이란 분명 전前이성적인 것이 아님은 물론 이성적인 데 머물지 않을 뿐 아니라 항상, 그리고 명백히 초超이성적이기 때문이다.

매우 일반적인 의미에서 볼 때 모든 종교(혹은 세계관)는 독립적으로 가변적인 서로 다른 두 가지 기준을 통해 그 타당성 정도를 판단할 수 있음에 주목해보자. **정당성** 정도(수평적 기준; 주어진 수준의 잠재적 역량을 측정하는 **변환적** 원활성과 통합성)와 **진정성** 정도(수직적 기준; 변용에 의해 인도되는 위계적 구조화의 정도로서 측정되는 **변용적** 힘의 정도)가 그렇다. 그러므로 예를 들어, 잠재력이 **최고조**에 달한 마술(말하자면 구석기시대의 일부 사회)에는 최고 잠재력을 성취한 신화만큼이나(말하자면 신석기시대의 일부 사회) **정당한** 상황이 존재하지만, **더 진정성이 있는** 것은 신화다(더 높은 수준의 구조적 조직화를 구현하고 있다). 정당성에 대한 우리의 기준을 1~10(주어진 수준에서 통합적 마나의 잠재력을 이용하는 정도)으로, 진정성 기준을 1~10(그림 2와 같이 주어진 구조화의 열 개 수준을 나타내는)으로 설정한다면, 이런 사례의 평점은 각각 (10, 4), (10, 5)가 될 것이다. 다른 예가 있는데 이는 더 흔하게 일어난다.

중국의 모택동주의Maoism는 매우 높은 수준의 정당성을 갖고 있지만(또는 갖고 있었지만) 진정성에 있어서는 아주 평범한 수준이었다. 그것은 분명 사람들을 대규모로 통합하고, 사회적 연대감과 일정 정도의 의미 및 가치를 제공했으며, 결코 소멸하지 않는 끝없는 민중혁명이라는 불멸 이데올로기를 제공함으로써 다량의 금기를 회피했다는 점에서 정당성 있는 종교(또는 세계관)였다(정당성 평점은 8~9다). 그러나 거기에는 **진정성**이 크지 않았는데, 왜냐하면 신화적·합리적 영역(5~6)에로만, 또는 그 수준에서의 적응만을 제시했기 때문이다. 어떻게 말하건 모택동주의는 오로지 신만을 초양심적으로 실현하면서 거기에 적응하게끔 만들지 않은 것이다. 그러므로 모택동주의에 그쳐버리고 만 것이다(8~9, 5~6). (모택동주의는 현재 중국 내에서 정당성을 일부 잃었으며, 위에서 정의한 바와 같이 "문화혁명"과 그에 따른 사건들은 정확히 **정당성 위기**였음에 주목하라.) 반면에 마르크스/레닌주의는 똑같은 이유로 모택동주의만큼이나 진정성이 결여되어 있었지만(그것은 심령, 정묘 또는 원인적 변용을 생산하지 않았다), 이들은 전성기 때의 모택동주의보다 그 정당성에 있어 정도가 상당히 낮았던 것처럼 보이는데(4~5 정도), 왜냐하면 더 큰 대들보가 이들을 지탱해줘야 했기 때문이다. 그러므로 우리는 비교적 정당하지만 진정성이 부족한 예(8~9, 5~6)와 정당성도 부족하고 진성성도 부족한 예(4~5, 5~6)를 든 셈이다. (미국의 개신교적 자본주의 쪽으로 편향되지 않도록 내가 재빨리 추가하고 싶은 점은, 통속적·개신교적·성경적 신화와 국수주의적인 불멸 상징의 혼합물인 미국 "시민종교civil religion"는 본질적으로 모택동주의와 동일한 정당성 및 진정성 평점을 받는다는 게 내 생각이다. 이런 시민종교가 1960년대에 **정당성 위기**를 맞게 된 내용에 관해서는 7장에서 다룰 것이다.)

　　진정성은 있으나 정당성이 없는 예는 풍부하다. 인도에서 대승불교가 소멸했을 때 교리 자체에 진정성이 없었기 때문은 아닌데, 그것은 여전히 원인 수준의 수행(9~10)을 구현하고 있었기 때문이다. 그러나 샹카라를 통해서 스스로 쇄신하였고 역사적 뿌리가 더 단단함을 주장했던 베단타 힌두교는 수행자들에게는 더 정당하였다. 마찬가지로 베단타는 완벽하게 원인적 진정성을 갖춘 종교지만 미국에서는 정당성을 광범위하게 획득하지는 못할 텐데, 미국에서의 평점은 아마도 (1~2, 9~10) 정도에 그칠 것이다. 사실 서구에서 비교秘敎적인 영적 교리는 진정성이 아무리 커도 대부분 대단한 정당성은 결코 얻지 못했다(에크하르트, 알 할라즈al-Hallaj[93], 조르다노 브루노Giordano Bruno[94], 예수의 비교적·원인적 메시지 자체를 보라).

정당하면서도 진정성 있는 종교로는 당나라 시대 중국의 선불교, 가우다파다Gaudapada[95]와 샹카라 시대부터 영국이 더 강력하게 점령했던 시기까지 인도에서의 베단타 힌두교, 파드마삼바바Padmasambhava[96]부터 모택동까지의 티베트 금강승을 들 수 있는데, 이들은 모두 약 (8~9, 9~10) 정도로 보인다.

앞에서 열거한 "종교"라는 단어의 아홉 가지 (혹은 그 이상) 용법은 적합한 위치를 점하고 있다. 어떤 "종교적" 표현은 고착/퇴행, 어떤 것은 불멸 프로젝트, 어떤 것은 마나 발생 장치이며, 어떤 것은 정당성이 있는 반면 어떤 것은 진정성이 있다. 그러나 우리가 어떤 의미로 사용하는지를 정확히 표현하는 데 있어서는 주의를 기울여야만 한다. 그렇지 않은 경우 "종교적 충동은 보편적이다", "모든 종교는 진실하다", "모든 종교는 깊은 수준에서는 하나다" 등의 언급은 엄격한 의미에서 보면 기껏해야 무의미하며, 최악의 경우에는 극심한 오해를 낳기도 한다.

93 858~922, 수피즘을 설파했던 페르시아의 금욕주의 신비가. "내가 진리니라I am the Truth"라는 혁명적인 주장을 하여 스스로 신임을 선언했다는 오해를 받아 수난을 당하고 11년 동안 투옥되었으며 공개적으로 처형당했다.

94 1548~1600, 가톨릭 도미니크 수도회 출신의 사상가이자 철학자. "우주는 무한하고 태양은 그중 한 항성에 불과하며 밤하늘에 떠 있는 별들도 태양과 같은 종류의 항성이다"라는 무한우주론에 대한 발언이 이단으로 간주되어 로마 교황청 이단 심문소로부터 유죄 선고를 받아 공개 화형에 처해졌다.

95 640년에 태어나 690년에 사망한 것으로 추정. 인도 베단타 학파의 학장으로, 그가 썼다고 기록되는 《만두키야 카리카Mandukya Karika》에서는 현상계가 꿈과 마찬가지로 허망하며 개아와 아트만이 다르지 않다는 불이론不二論이 처음으로 언급되어 있다. 그는 샹카라의 스승인 고빈다Govinda의 스승이라고 전해진다.

96 8세기에 탄트라 불교를 부탄과 티베트에 전한 사람으로 알려진, 티베트 불교에 등장하는 전설적인 인물. 파드마삼바바란 '연꽃에서 태어난 자'를 의미하며 아미타불의 화신으로 여겨진다. 전설에 따르면 붓다는 죽은 뒤 '파드마삼바바'라는 이름으로 환생할 것을 예언했다고 전해지며 티베트 사람들에게는 '두 번째 부처'로 숭앙된다.

6: 믿음, 신앙, 경험 그리고 적응

이 장에서 나는 종교적 **믿음**, 종교적 **신앙**, 종교적(신비적 또는 절정) **경험**, 종교적인 구조적 **적응**(또는 진정한 종교적 발달 수준으로의 실제 적응)을 구분하고 싶다. 왜냐하면 또다시 말하지만 그것들이 모두 "종교적"이라면 그 정도가 서로 다르기 때문이다. 이런 연속적인 구분 자체가 종교적 관여가 점점 더 커짐을 보여준다. 당신은 신앙 없이도 믿음을 가질 수 있으며, 경험 없이도 신앙을 가질 수 있고, 오래 지속되는 적응 없이도 경험을 할 수 있다.

믿음

믿음belief은 종교적 관여 중 가장 낮은 형태의 관여로서, 실제로 진정한 종교적 연결이 전혀 없는데도 불구하고 종종 작동하는 것처럼 보인다. 실제 경험은 고사하고 기본적인 신앙도 없는 "참된 신자true believer"
는 가장 기본적으로는 불멸 상징의 자원으로 작용하는 것처럼 보이
는, 어느 정도는 성문화된 믿음 체계를 포용한다. 신화적·통속적 종
교(예컨대 근본주의 개신교, 일반인들의 신도神道, Shintoism,[97] 대중적인 힌두교 등),
합리적 과학주의, 모택동주의, 시민종교 등이 여기에 속할 수 있다.
"참된 믿음"의 문제가 제기될 때, 이 모두가 갖고 있는 공통점은 이데
올로기적 유대가 불멸을 향한 개인의 자질과 단단히 결속되어 있다는
점이다.

나는 이 점이 독특하면서도 부수적인 심리 역동을 만든다고 믿는
다. 왜냐하면 불멸이 성공할 전망은 이데올로기적 유대가 갖는 진실
성에 달려 있으며 전체로서의 유대는 최대한의 어려움에 봉착하고 난
후라야 비판적으로 검토될 수 있기 때문이다. 그러므로 불확실성 또
는 불신앙이 정상적으로, 그리고 불가피하게 일어나는 순간이 발생하
면(마술: 이 춤이 실제로 비를 내리게 만들까? 신화: 세계가 **실제로** 6일 만에 창조되었
을까? 과학: 빅뱅 **이전에는** 어떤 일이 일어났나? 등등), 질문하려는 충동이 자기
시스템 내에 오래도록 잔존할 수가 없다(그것들은 개인의 불멸성 자질에 위
협이 된다). 그 결과 불신앙 충동은 타인에게 **투사되어** "저 밖으로부터"
공격을 받는 경향이 있는데, 이는 강박적인 지속성을 띠게 된다. 참된
신자는 영원히 계속해서 개종자를 찾고 불신앙자와 싸움을 벌이는데,
왜냐하면 한편으로는 불신앙자라는 단순한 존재가 불멸 계좌가 줄어
드는 한 가지 조짐이 될 뿐 아니라, 다른 한편으로는 자신의 이데올로
기를 포용하도록 타인을 설득할 수 있다면 그런 설득 행위가 참된 신

o
켄 윌버의
신

---

97 조상과 자연을 섬기는 일본 종교.

자에게는 자신의 불신 충동을 잠재우는 데 도움을 주기 때문이다. 신화적·종교적인 경우라면 그는 죄인에 대항해서 성전聖戰에 참여하고, 마녀들을 화형시키며, 이단자들을 교수형에 처한다. 마르크스주의자의 경우라면 그는 불신앙자를 괴멸시킬 혁명을 위해 살아가고(그동안에 "마녀들을" 투옥시키고, "이단자들을" 정신병원으로 보낸다), 과학의 경우 그는 종종 경쟁 상대인 (이단적) 세계관을, 터무니없이 사소한 세계관(예컨대 점성학, UFO, 유리겔라, 벨리콥스키velikovsky[98] 등)까지도 심하게 매도하기 시작한다. 반대편 견해의 옳고 그름이 아니라 반대하고 있는 남다른 열정이 그 발단이 거짓임을 드러낸다. 개종시키려 애쓰는 대상은 실제로는 믿지 못하고 있는 자기자신이다.

더 호의적으로 볼 경우, 믿음은 더 높은 정도의 종교적 관여(신앙, 경험, 적응)를 개념적으로 적절히 표현하고 성문화하는 데 기여할 수 있다. 이때 믿음 체계는 초이성적 진리를 이성적으로 명료화시킬 뿐 아니라 입문자를 위한 개론적· **통속적** · 예비적인 "읽을거리reading material"로서 기능한다. 그러므로 믿음 체계가 실제 상위(진정한) 종교성과 연결된 경우에는 그 자체가 아니라 그 연결성 때문에 진정한 믿음 체계로 불릴 수 있다.

신앙

신앙faith은 믿음을 넘어서지만 실제 종교적 경험에는 미치지 못한다.

---

98 행성 충돌을 예언한 러시아 학자.

보통 참된 신자는 당신에게 온갖 "옳은" 이유를 대겠지만, 만일 당신이 그의 이성에 진정으로 의문을 제기한다면 그는 그것을 매우 사적으로 받아들이는 경향이 있다(사실 당신은 불멸을 향한 그의 자질에 방금 의문을 제기했기 때문이다). 그의 믿음 체계는 내구력durability의 정치학이다. 반면에 신앙자는 보통 일련의 믿음을 갖지만, 개인의 종교적 관여는 온전히 또는 주로 믿음 때문인 것 같지는 않다.

개인은 사실상 자신이 "옳은"(종교를 갖는) 이유를 종종 정확하게 말로 표현할 수 없으며, 당신이 그가 제시하는 이유를 비판하는 경우, 일반적으로 그는 그것을 매우 철학적으로 받아들일 것이다. 내 생각에 그 이유는 이 경우에 믿음이 종교적 관여의 실제 원천이 아니기 때문이다. 그 사람은 오히려 이 세계와 이 삶에 내재하고 있는(뿐만 아니라 이들을 초월하고 있는) 신을 어떻게든 직관하고 있다. 믿음은 다소 부차적일 뿐인데 동일한 직관이 분명 똑같은 방식으로 어디에나 적용되기 때문이다("그들은 그분을 실제로는 일자─者인 다자多者로 부른다"). 신앙자는(거의 전적으로 참된 신자를 정의하고 있는) 사실주의, 독단론, 복음주의, 근본주의를 피하는 경향이 있다.

역설적으로 보이지만 신앙자는 고통을 가하는 엄청난 종교적 **의심** 속으로 종종 빠져드는데, 참된 신자는 이를 거의 경험하지 않는다. 참된 신자는 자신의 의심을 타인에게 투사하면서 그들이 자신의 내적 위상에 주의를 기울이도록 만드는 데 여념이 없다. 그러나 신앙자는 위안에만 머무는 믿음을 초월하기 시작하고, 그럼으로써 강렬한 의심에 대해 열려 있는데, 그 사람은 그것을 종종 신앙이 **결핍**된 신호로 파악하고는 이 때문에 쓰라리게 고민한다.

다음과 같은 일들이 일어나는 것 같다. 사전 준비 형태의 다소 모호한 방식이긴 하지만 신앙자는 순수한 신의 존재를 직관한다. 한편으로

208

켄 윌버의
신

이것은 평화, 내적 안정, 단순한 믿음으로부터의 해방을 어느 정도까지는 제공한다. 다른 한편으로는 바로 그렇기 때문에 그 사람은 이런 신성에 더 가까이 가기를, 신에 대한 더 완전한 앎 그리고 결합knowledge-union을 갈망한다. 그 사람은 아직 더 가까이 가지 못했기 때문에 그와 비교해서 자신의 현재 상태를 **의심**(그리고 갈망) 속으로 내던진다. 실제로 **신앙적 직관이 클수록 의심 또한 커진다.** 선禪에는 이에 대한 의미심장한 격언이 있다.

> 의심이 크면, 깨달음도 크다.
> 의심이 작으면, 깨달음도 작다.
> 의심이 없으면, 깨달음도 없다.

참된 신자가 보여주는 융통성 없는 독단적 확실성과는 얼마나 다른가.

이런 의심과 갈망을 근본적으로 완화시키는 데에는 두 가지 길만이 있는 것 같다. 하나는 단순한 믿음으로 되돌아가서 의심에 더 경직되고 외적인 형상(즉 불멸 상징)의 옷을 덧입히는 것이다. 다른 하나는 갈망을 따르면서 경험으로 진보하는 것이다.

경험

경험experience은 신앙을 넘어서서 아무리 짧은 순간이라도 실제로 만나고 충실하게 인지하는 상태로 진입하는 것이다. 내가 말하는 경험이란 **진정으로** 초개인적인 영역(심령, 정묘, 원인) 중 하나(그리고 그로부터의 유입)를 일시적으로 통찰하는 **절정 경험**을 의미한다. 내 생각에 진정한 종교적 경험은 단순한 정서적 흥분, 주술적 황홀경, 신화적인 대중의 열광과는 구분되어야 한다. 이들은 모두 전前이성적 적응에로의 퇴행, 초超이성의 출현과는 전혀 다른 추락을 통해 이성을 일시적으로 단절시키는 결과를 낳는다. 전이성적 흥분은 보통 음산한 지하의 분위기를 띠고, 감정이 실려 있으며, 신체에 묶여 있을 뿐 아니라 통찰이 결여된 것으로, 난잡한 무의식적 흐름에 접촉하여 불꽃이 튀면서 타오르는, 감정적인 합선 반응이다. 초이성적 출현은 지복감으로 충만할 수 있지만, 여기에는 또한 초자연적·지성적·계몽적이면서도 가장 중요하게는 상당한 통찰이나 이해가 수반된다.

초개인 영역으로의 **일시적인** 절정 경험은 발달의 거의 모든 단계에서 일어날 수 있다. 실제 신앙은 경험을 촉진시키는 반면 믿음 체계는 오히려 방해가 되는 것 같다(이와 관련된 어떤 상관관계도 아주 긍정적이지는 않은데, 절정 경험은 분명한 이유 없이도 누구에게나 엄습할 수 있는 것으로 악명이 높다). 예전에는 종교적 관여를 거부했던 사람에게 이런 경험들이 일어나면 그런 경험은 "회심回心, conversion"을 유발하고 그 결과로 그 사람은 "그를 때린 것"의 의미를 포착하기 위해 특정한 종교적 믿음 체계를 수용하게 된다(성 바울이 그 예다).

진정한 신화적·종교적 신자에게 진정성을 띤 절정 경험이 일어날 경우, 그것은 종종 그나 그녀의 신화적 불멸 상징을 활성화시키는, 다루기 곤란한 효과를 낳는다. 그 결과 "새로 태어난" 신자로 변하는데, 이는 가히 폭발적인 사건이라 할 수 있다. 우선 분석적 경험은, 신화적 단계에 있는 참된 신자는 종종 **과도한** 죄책감과 **과잉의** 억압, 특히 가혹한 초자아를 품고 있는데 이는 종종 지나치게 압제적·청교도적 부모 밑에서 자란 분위기에서 구축된 것임을 일관성 있게 밝히고 있다. 신화적인 참된 신자가 맨 처음 진정한 신자가 되는 이유 한 가지는 가공의 신화적 부모와의 관계를 구축함으로써 과잉의 죄책감을 보상하려는 것인데, 이번에는 가책을 느끼는 일탈(정서적·성적 충동)을 그 부모가 용서할지도 모른다. 이와 동시에 수용할 수 없는 죄 많은 충동은 저 바깥 **더러운** 죄인들 세상으로 투사될 수 있다(이런 이유 때문에 나는 "죄인"이 이 경우 보통 두 종류, 즉 불신앙자나 불멸 계좌를 위협하는 자와 "더럽혀진" 불신앙자나 정서적·성적 죄책감으로 오염된 자로 구분된다고 생각한다).

이런 식의 믿음 체계가 진실된 절정 경험과 만나면 시스템은 그것을 자신만의 불멸 상징이라는 의미로 **변환시킨다**. 그러므로 이데올로기 전체가 거칠게 동요하는 가운데 영혼이 구제되는 것처럼 보이는데, 이로써 가혹한 초자아는 평상시 이상으로 외향적으로 변해 훈계하고 개종을 강요하는 격노로 변한다. 이제 전능한 신의 절대적 승인을 얻은 참된 신자는 자신의 이미지로 세상을 개조시키는 데 착수한다. 보통의 경우에는 요기/성자에서 나타나는 **수직적** 통찰은 **수평 방향**을 따라 전방으로 곤두박질치는데, 왜냐하면 구조 체계 수준이 인지적 범람을 담아서 지속시킬 수 없기 때문이다.

다른 한편, 더 드물게 나타나기는 하지만 진정한 절정 경험은 참된 신자에게 충격을 가해 신앙인으로 변하도록 만드는데, 차후에 그에게는 특정 믿음에 대한 열정은 감소하고 더욱 보편적인 관용이 개화된다.

절정 경험 자체는 분명 아직 실현되지 못한 구조적 잠재력으로서 심령, 정묘, 원인의 세 개 상위 영역 중 어떤 영역에서도 **시작될 수** 있지만, 각 경우에 있어 경험의 정확한 성질은 서로 다르다(만유내재신론萬有內在神論, 신성론, 일원론). 유입이 현재의 구조적 적응 중 어떤 수준으로 "흘러 들어갔는지"를 결정하는 일도 중요한데, 왜냐하면 그것은 그 최종적 표현, 즉 마술, 신화, 이성의 형태를 결정하는 것처럼 보이기 때문이다.

그렇다면 우리가 제시한 단순한 체계만으로도 서로 간에 상당히 다른 진정한 절정 경험의 아홉 가지 종류, 즉 마술과 신화, 또는 이성 구조로 흘러 들어간 심령과 정묘, 또는 원인으로의 유입을 제안한 셈이다. 나는 이런 아홉 개 출현의 각각에 대해 풍부한 **구조적 증거**를 제공할 수 있는데, 더 극단적인 쌍의 경우(즉 마술과 원인)는 구조적으로 볼 때 일어나기 매우 어려워서 실용성을 목표로 삼는다면 존재하지 않는 것과 다름없다는 단서 조항이 붙는다. 그런 예외를 제외시킬 경우 그 밖의 여덟 개 쌍을 보여주는 예들은 아주 풍부하다. 예를 들어, 전형적인 샤머니즘은 만유내재신적 마술, 또는 마술 구조에 유입된 심령적 통찰로 보인다. 한 걸음 더 나아가서 조지프 캠벨은 **가장 진보된** 비교秘敎적인 샤먼은 자연의 또는 만유내재신적 현현인 다형상多形象, polyform 배후에는 실로 유일한 존재가 있음을 이해하고 있었다는 증거를 제시하였는데, 이것은 유신론적 마술theistic magic의 한 예가 된다. 모세가 시나이 산에서 겪었던 경험은 유신론적 신화나 신화적 적응으로 범람한 정묘 영역의 계시였던 것 같다. 현대 선禪 수행자의 첫 깨달음은 일원론적인 이성이나 이성적 적응 안으로, 그리고 이를 통과해 뚫고 들어온 원인적 정체성의 통찰이다. 버트런드 러셀Bertrand Russell의 유명한 신비 체험은 주로 유신론적 이성이나 논리 안으로 밀어닥친 정묘 영역의 깨달음으로 보인다. 반면에 오늘날에 가장 흔히 일어나는 종교적·신비적 체험 형태는 요가적이거나 만유내재신적인 이성인 듯하다. 이는 이성적 수준에 적응되어 있는 사람이 심령 차원을 "힐끗 일별하는" 체험을 한 것으로 볼 수 있는데, 종종 이성이 강한 학자의 "아하"나 "유레카!" 체험부터 시작해서 때로는 목적적·이성적 해석을 차단하는 황홀한 행복감이라는 한층 세속적인 비상에 이르기까지 이런 체험이 이 모든 것들의 배후에 깔려 있다고 볼 수 있다.

마지막으로 비교秘敎적이거나 고도로 진보된 절정 경험의 의미가 있다. 이미 심령 수준에 오른 사람에게는 정묘나 원인의 절정 경험이 가능하고, 정묘 수준에 오른 사람에게는 원인의 절정 경험이 가능하다. 이로 인해 때로는 요가, 성자, 현자의 종교를 구분하는 일이 상당히 어려워진다. 왜냐하면 세 가지는 모두 만물이 찬란하게 빛나는 유일한 실재radiant One Reality의 변형일 뿐이라고 때때로 주장하기 때문이다. 그러나 마지막 현자의 종교인 경우에만 지속되는 구조적 적응의 요소로 그런 주장을 하는 반면 나머지 두 가지는 단순한 절정 경험에 근거해서만 주장하고 있다. 이제 이런 식의 구분을 탐구해보자.

구조적 적응

아무리 진정성이 있어도, 그럼에도 불구하고 절정 경험이란 고차원의 **변용적 성장** 및 현실적인 구조적 적응-structural adaptation을 통해 실제로, 그리고 영원히 실현될 수 있는 초개인 영역을 일별한 것에 불과하다. 이 절에서 우리는 그런 관점이 갖는 함의를 검토할 것이다.

현재 동양 종교가 서구로 유입되기 이전에는 종교학자, 심리학자, 사회학자들은 대부분 오로지 믿음이나 신앙으로서만 종교를 보려는 경향이 있었다. 주로 동양 종교의 영향을 통해서, 또한 기독교 신비주의, 신플라톤주의 등에 쏠린 관심의 증가로 말미암아 **실제적인 종교 체험**(주로 신비적인)이라는 관념이 믿음과 신앙에 추가되었다.

어떤 면에서는 심리학자들이 이런 탐구 분야를 이끌어갔다. 윌리엄 제임스가 저술한《종교 경험의 다양성》은 종교의 근본 원천이 믿음이나 신앙이 아닌 직접 체험에 있다고 결론지은 고전적 탐구이다. 그는 결국 세계의 모든 종교는 어떤 예언자/선각자의 경험으로부터 **출발했으며** 나중에서야 신앙을 요구하는 믿음 체계로 성문화되었음을 언급하였다. 칼 융은 방향을 돌려 그런 경험이 일어나는 가능한 원형적 원천을 탐구했으며, 그 이후 비교적 최근에는 매슬로가 진행한 연구가 절정 경험을 진정한 종교성의 근본 패러다임으로 만들었다.

그것은 혼란스럽게 뒤죽박죽된 축복이었다. 믿음과 신앙을 넘어 직접적인 경험을 보도록 학자들을 돕는 데 절정 패러다임이 제아무리 적합하고 필요했어도, 그 패러다임 자체가 우리의 시야를 가려버려 이런 상위 영역들에 실제로 적응하는 일은 영속적이면서 안정적인 가능성으로서 덧없이 스쳐 가는 경험에 그치지 않는다는 사실을 판단하지 못하게끔 만들었다. 예를 들어, 어떤 사람은 언어적 수준에서 현재 작동할 수 있는 것과 똑같은 최종적인 안정성과 지속적인 기능을 갖춘 상태에서, 성자 수준에 구조적으로 적응할 수 있을 만큼 진화할 수 있다. 우리는 그런 안정된 적응을 "경험"이라고 말하지 않는데 전형이 되는 사람에 대해서 "그는 언어적 경험을 하고 있다"고 말하지 않는 것과 같다. 전형이 되는 사람에 대해서 "그가 언어적 체험을 하고 있다"고 말하지 않는 것과 마찬가지다. 그는 어느 정도 지속성을 갖고 언어적 **수준에서**, 언어적 **수준으로서** 존재한다.

진정한 종교성은 일시적인 것에 불과한 체험을 넘어서서 구체적인 발달적 변용과 구조적 적응을 포함시킬 수 있다는 점을 알게 되면, 우리는 영적인 앎과 진리 주장truth-claim[99]의 인지적 타당성 여부에 하나의 혁명을 도입하고 있는 셈이다. 왜냐하면 단순한 믿음은 인지적으로 입증이 불가능한데, 믿음에는 명시적인 지시대상이 없기 때문이다. 신앙 또한 그런데, 왜냐하면 신앙에는 필수적인 내용이 없기 때문이다.

그 결과 심리학자들과 신학자들이 신비 체험을 도입했을 때는 자신들이 종교적 주장을 입증하거나 인지적인 토대를 마련할 방법을 마침내 찾았다고 생각했는데, 왜냐하면 경험은 적어도 구체적이기 때문이다. 애석하게도 경험 또한 일시적이면서 덧없는 것이라서 재현 불가능할 뿐 아니라 사적인 내용인 동시에, 철학자들이 매우 신나서(그리고 매우 정확하게) 떠들어대듯, 지속 시간 역시 너무 짧아서 인지적 타당성을 위한 어떤 주장도 하기 어렵게 만든다.

이와는 달리 요기, 성자, 현자의 지식 주장knowledge-claim이 믿음, 신앙이나 일시적 경험에 근거한 것이 **아니라** 실제적인 구조화, 인지, 발달 수준에 근거한 것임을 이해한다면, 그렇다면 그들이 언급하는 진리 주장의 심층 구조는 완벽하게 적합하고, 입증 가능할 뿐 아니라 재현 가능하다는 위상을 갖는 것이 가능해진다. 실제로 그런 주장들은 피아제의 수준 및 콜버그의 수준과 같은 예와 정확히 똑같은 **유형**의 위상을 가지므로, 동일한 기본 방식을 써서 그런 식으로 분명하게 입증될 수 있다. 즉 상대적으로 적응된 충분히 진화한 수행자들 공동체를 단계적·구조적으로 분석함으로써 말이다(9장에서 이 주제로 돌아올 것이다).

나는 신학자들이 이제 막 믿음과 신앙에서 체험으로 바뀌고 있는 중이며, 이런 전환은 상당한 흥분, 열정, 논란을 불러일으킬 수 있음을 인식하게 되었다.[●] 이 모두가 올바른 방향에서 일어난 진일보이긴 하지만, 나는 체험이 안고 있는 심각한 한계를 염두에 두어야 할 뿐 아니라 가능한 한 빨리 절정 경험 패러다임에서 구조적 적응 패러다임으로 전환될 필요가 있다고 느낀다.

---

99 아직 경험적으로 실증되지 않는 가설.

● 피터 버거Peter Berger의 《이단의 책무The Heretical Imperative》를 보라.

7: 오늘날의 종교사회학

앞에 언급한 내용을 배경 삼아 현재 종교사회학 선봉에 선 여러 이
론과 주제들에 관해서 몇 가지 논평을 개요식으로 빠르게 전개할 수
있을 것이다.

합리주의의 증대

베버 이래로 사회학자들은 세속화, 개인주의, 합리주의를 향한 경향
성이 점차 증가하고 있다는 사실에 관심을 기울여왔다. 목적적·합리
적purposive-rational 세계관의 증가에 직면한 통속적인 신화적 멤버십과
주로 전통적 순응성에 근거한 낡은 신화적 세계관은 서서히, 그러나
불가피하게 자신들의 설득력을 잃기 시작했으며, 모든 분야에서 일어
난 정당화 과정은 합리적 판정과 인도주의적·세속적 점유로 이동하기

시작했다. 이 과정은 결코 완결되지 않았으며, 합리적 수준의 적응과 체계에 내재하는 통합적 안정화의 힘이 그 구조적 잠재력에 근접하는 어딘가에 도달하기 위해서 대부분의 문화가 가야 할 길은 여전히 멀기만 하다. 그러나 나는 신화적 멤버십 구조는 자신의 진리를 드러내는 통합적 역량에서 그 고유의 한계에 도달했다고 확신한다. 그 구조는 기원전 9000년쯤 어느 신화적 농업문화에서 최초로 출현하여 위대한 수렵을 자랑하는 구석기시대 마술을 서서히 대체했으며, 고전적 신화에서 나타난 고등문화(이집트, 중국 상나라, 인도 인더스 계곡)에서 성숙했을 뿐 아니라 신화적·통속적 기독교 지배하에 있었던 중세 유럽에서 전성기에 도달했다. 이는 17세기 유럽에서 소멸하기 시작했는데, 그 후 매 10년마다 대부분 신화적 부적합성을 드러내고 그것이 쓸모없음을 드러낸 코페르니쿠스, 뉴턴, 로크, 니체, 콩트, 다윈, 프로이트 등의 사람들과 사건들로 점철되었다. 개인뿐 아니라 사회 전반으로 볼 때도 이런 양식으로의 퇴행/고착이 줄곧 이어져왔으며 분명 앞으로도 계속될 것이다. 그러나 **실재**를 정당성 있게 **해석하는** 유력한 틀로서의 힘은 사라지고 말았다. 그것은 더 이상 충분한 정도의 마나를 제공할 수 없을 뿐 아니라 그 신화적 불멸 상징을 교양인들은 거의 믿지 않는다. 모든 수준의 구조적 적응이 그렇듯 그것은 단계 특유하다phase-specific. 그것이 선단을 주도했던 단계는 지나간 것이다(그렇다고 이 나라를 포함해서 외국의 전前이성적 지대에서 이것이 주도권을 잡는 일이 일어나지 않는다고 할 수는 없다).

그러므로 근대 발달의 핵심 과정에는 합리화의 증가가 두드러진다는 데에 나는 보통의 사회학자들과 의견을 같이한다. 그러나 내가 말하는 주요 요점은 합리화의 전반적인 경향이 우리가 제안했던 발달 계획안의 **처음 절반**만을 차지하고 있다는 것이다. 즉 태고, 마술, 신화, 합리까지인 셈이다. 그러나 그 계획안은 합리에서 시작해서 심령, 정묘, 원인, 궁극으로 **지속되는데**, 내가 영적으로 공감하는 그 밖의 이론가들과 구별되는 점은 합리화 자체의 경향은 필요할 뿐 아니라 바람직하고, 적절하며, 단계 특유하고, 진화적임을 믿고 있다는 점일 것이다. 실제로 합리화는 정의-4라는 의미에서 **그 자체로**(분명 아무리 세속적이어도) 완벽하게 종교적이라고 나는 믿는다. 최종 목적을 영spirit에 두고 있는, 또 스스로 영의 부활에 기여하고 있는, 점점 더 진보하고 있는 의식과 점점 더 명확한 자각의 표현이다.

또한 나는 합리적 적응이 정당하고, 설득력을 발휘하며, 통합적이고, 의미 충만한 세계관 또는 훌륭한 마나(정의-8)를 제공할 수 있는 정의-2라는 의미에서 완벽히 종교적이라고 믿는다. 그러나 이제 그것은 우리에게 총체적인 세계관Total Worldview을 제공할 수 없는데, 현자들의 말씀에 따르면 원인/궁극에서 오는 강력한 충격만이 절대를 성취할 수 있기 때문이다. 그러나 나는 그것이 태고의 마술이나 혼합식 신화만큼이나 모든 면에서 일관되면서 의미 충만한 세계관을 제공할 수 있다고 믿으며, 그렇다고 나는 생각하는데 우리는 곧 그 이유에 대해서 탐색해볼 것이다.

하지만 합리적·개인적 통합 형태는 신화적 순응성과는 매우 달라서 이것이 때때로 학자들을 혼란에 빠뜨린다. 신화적 멤버십은 조망 능력 perspectivism 수준이 중간 정도라는 특징을 띤다. 조망주의가 거의 없는 마술보다는 그 정도가 높기는 하지만 손쉽게 지속적인 조망주의를 보여주는 최초 구조인 합리적·반성적 단계만큼은 발달하지 못했다. 조망주의란 **타인의 역할을 취하는 역량**, 자신과는 다른 정신적 조망과 관점에 스스로를 인지적으로 투사할 수 있는 역량이다. 피아제에서 베르너에 이르기까지 심리학자들은 조망 능력의 증가, 또는 역으로 말해서 에고중심성의 감소가 어떻게, 왜 발달의 주요 지표인지를 보여주었다. 신화적 멤버십은 중간에 위치하고 있다. 그것은 타인을 의식하고 타인의 역할을 취할 수는 있지만, 조망주의를 학습하고 있는 단계에 있기 때문에 그런 역할들에 갇히고, 그런 역할들에 의해 규정되며, 그런 역할들에 구속되는 경향이 있다. 그러므로 그것은 순응주의자와 인습적이거나 전통적인 태도를 공략한다. 문화 코드가 자신의 코드가 되며, 사회 규범이 자신의 규범이 되고, 그들이 원하는 것이 내가 원하는 것이 된다. 콜버그의 인습적 단계, 뢰빙거의 순응주의자 단계란 정확히 이것을 말하고 있다.

그러나 합리적 수준의 부상과 함께 개인은 자기와 타자라는 반성적 reflexive 위치 또는 조망주의자 위치로 이동한다. 개인은 난생처음으로 사회 규범과 비판적인 거리를 유지할 수 있으며, 그럼으로써 자신을 위해 그런 규범들에 대해 결정을 내릴 수 있게 된다. 그는 그런 것들이 무가치하다고 생각해서 거부할 수도 있고 고귀하게 여겨 포용할 수도 있다. 그러나 어느 쪽이건 그는 잠재성에서 볼 때 합리적이면서 조망주의자적인 시각으로 그렇게 할 뿐 맹목적인 순종으로 하지는 않는다. 이는 물론 콜버그의 후後인습 단계, 뢰빙거의 양심적 개인주의 단계에 해당한다.

신화적 멤버십 결속unity이라는 패러다임은 "모두가 똑같은 생각을 하고, 똑같은 상징을 공유하며, 똑같은 아버지/신/왕을 함께 모셔야 한다"를 표방하는 것으로 보인다. 이에 반해 합리적 개체의 결속 패러다임은 "우리 서로 다른 일을 하고, 다른 상징을 공유하며, 다른 조망을 교환합시다"로 보인다. 이 또한 통합이나 사회적 안정성을 보여주는 완벽하게 **정당한** 형태라 할 수 있다. 이는 수많은 사회학자들이 신성하다고 간주하는 순응적·전통적 패러다임에는 부합하지 않는다. 그 안정성은 신화적 마나나 순응성 단위의 교환에 의존하지 않고 합리적 마나나 자기반성적 단위의 교환에 의존한다. (매슬로의 욕구 위계에 따르면) 신화적 멤버십은 소속감 욕구의 공유를 통해 결속력을 다지지만 합리적 개인은 자존감 욕구의 공유를 통해 결속된다. 여러 면에서 합리적 개인은 신화적 멤버십 변환보다는 그 잠재력에 있어 **더 안정적인데**, 왜냐하면 그것이 더 탄력적이고 더 제대로 **분화되어** 있어 잠재적으로 더 통합적이기 때문이다. 발달 이론가들에게 분화와 통합이란 서로 상반되는 개념이 아니라 보완적인 개념인데, 베르너가 "발달이 일어날 때마다 그것은 비교적 전체적이면서 분화가 결여된 상태로부터 분화와 분절articulation 및 위계적 통합이 점차 커지는 상태로 진행된다"고 요약한 내용이 이 점을 잘 보여주고 있다. 이런 식의 관계가 합리적 개체화rational-individuation와 신화적 멤버십의 전체성 간에 존재한다. 바로 이런 사실 때문에 펜Richard K. Fenn[100]과 벨Daniel Bell[101] 같은 학자들은 현대 사회가 서로 융합된 전통적 마나 단위에 의존하지 않고서도 적절한 안정화를 성취할 잠재력을 갖고 있다고 지적하였다. 오길비James A. Ogilvy[102]는 《다차원의 인간Many Dimensional Man》에서 조망주의자의 통합성이나 다양성을 **통한** 단일성을 옹호하는 주장(그러나 매우 단계 특유한 주장이다)을 설득력 있게 제시했으며, 이를 유일신, 유일한 왕, 유일한 정당을 신봉하는 정신 구조에서 파생되는, 낡았지만 한때는 적절했던 통합성과 대비시켰다.

---

100 미국의 사회학자이자 신학자.

101 1919~2011, 미국의 사회학자. 탈산업화post-industrialism에 대한 연구로 사회학 분야에 기여했으며, 전후 미국 지성을 이끌어간 학자로 평가받고 있다. 대표적인 저서로 《The End of Ideology》, 《The Coming of Post-Industrial Society》, 《The Cultural Contradictions of Capitalism》 등이 있다.

102 세계경영연합Global Business Network의 공동 창시자. 예일대학교에서 철학을 가르쳤고 현재는 경영 컨설턴트로 일하고 있다.

합리적 수준에 구조적으로 적응한 사람들이 세속적 합리주의라는 **정당성만을 갖춘** 종교에서 벗어나서 **진정한** 종교를 추구하는 경우, 그들은 거의 변함없이 자신들의 조망주의를 유지하면서도 진정한 종교에 접근하는, 서로 다르지만 똑같이 타당한 길이 존재한다는 사실을 인정한다. 이는 정교화된 조망주의가 결여되어 항상 자신의 아버지/신/왕 한 분만이 유일하게 가능한 일자—‡이며 구원받길 원한다면 멤버십을 "얻어야만 한다"고 주장하는 신화적 멤버십 신자와는 판이하게 다르다.●

이와 더불어 나는 합리적 개인의 적응 수준을 예찬하고 싶지 않다. 이는 그저 단계 특유성에 불과하다. 이 또한 지나가는 단계라서 마침내 요기적인 세계관에 포섭될 것으로 나는 믿는다. 한 걸음 더 나가서 우리는 다른 어떤 수준과 마찬가지로 이 수준도 자신의 세계를 건전하거나 병적으로 해석하여 좋은 마나나 나쁜 마나를 제공할 수 있다고 추정할 수 있다. "좋고" "나쁜" 신화가 있듯이 "좋고" "나쁜" 이성이 있는 것이다. 그러나 내 의견은 우리가 최악의 이성을 취해서는 최선의 신화와 비교한 후 "실로 종교적인 것", 에덴동산이나 신화적 순응성이라는 과거 양식과 비교할 때 이성 자체 또는 분화되고 개별화된 이성적 적응 수준이 퇴보한 구조라고 주장해서는 안 된다는 것이다.

종교학자는 종종 합리화로 가는 경향을 관찰하고는 그것을 반종교적인 경향이라고 결론짓는데, 그것은 신화 초월 또는 탈신화라는 점에서 **진정한 종교를 지향하고 있는** 경향인 동시에 구조적 적응에 있어 상위에 해당하는 요기적 수준으로 가는 **도상에** 있다는 것이 내가 말하

● 현대 사회학적 다원주의/조망주의에 관한 탁월한 논의로 피터 버거의 《이단의 책무》를 보라.

려는 요점이다. 합리성이 실로 하의식적 마술과 신화, 초의식적 정묘와 원인 사이에 놓여 있는 거대한 분수령이라면, 전체적인 진화 계획에서 그것이 갖는 주요 목적은 철부지처럼 구는 유아적 연결 관계, 부모에 대한 애착, 소망 충족, 의존성 갈망, 공생적 욕구 충족을 영Spirit으로부터 제거하는 일이 될 것이다. 그럼으로써 영이 신화로부터 벗어날 때, 영을 우주적 부모로서가 아닌 절대진여眞如, tathata로서의 영으로 접근할 수 있을 것이다.

합리화는 추정컨대 "파괴적"이라는 종교적 세계관에 대해 설명해보라는 질문을 받는 학자는 거의 언제나 마술적이거나 신화적인 상징학을 가리키면서 전前이성적 구조를 초超이성적 위치로 격상시킨다. 발달은 전이성적 신화에서 이성적 담론을 거쳐 초이성적 통찰로 움직이기 때문에, 진정한 종교를 신화와 혼동하는 경우에는 합리화가 당연히 반종교적으로 **보인다**. 그러나 진정한 종교를 초이성적인 것으로 본다면, 합리적 개체화라는 단계 특유의 순간은 방향을 제대로 잡은 여정에 놓인 하나의 단계일 뿐 아니라 절대적으로 필요한 전제 조건이 된다.

로버트 벨라

내 생각에 벨라는 언제나 엄청난 명료성과 직관을 갖고 있다는 특징 이외에도, 그가 행한 작업의 가장 위대한 공헌은 종교가 어떤 의미에서는 종교적으로, 즉 비환원적으로 다루어져야 함을 엄밀하게 입증한 데 있다. 이는 현대 사회학에서 작은 혁명의 출발점이 되었다. 그러나 나는 몇 가지 점에서 망설여진다.**

1 모든 종교적 표현을 "비환원적으로" 다루는 데 있어, 벨라는 진지한 비판적 역량을 모두 잃어버린 것 같다(1장 세 번째 꼭지인 '그것 자체로서의 그것'을 보라). 실제로 그가 "종교는 진실이다"라고 말했을 때, 그는 **심원한** 발달적 가능성이라는 입장을 포기하고 있으며, 진실 역량truth capacity의 위계 구조를 간과하고 있다. "도덕성은 진실이다"라고 말한다면 현대 발달심리학자들이 발견한 여섯 개의 도덕성발달 단계들 간의 현격한 차이—여기에는 점점 더 **높아지는** 성질이 포함된다—를 간과한 셈이 된다.

내게는 미심쩍어 보이는 "비환원주의"라는 용어를 사용함으로써, 결정적인 수직 차원을 이렇듯 결여하고 있음은 요기, 성자, 현자라는 진정한 종교적 적응의 위계가 가능함을 간과하고 있을 뿐 아니라, 분명히 종교적인 모든 상징들을 거의 액면 그대로 받아들임으로써("상징적 현실주의symbolic realism") 철없는 고착에 불과한 것에 탁월한 지위를 부여하게 된다. 내 생각에 환원주의란 당연히 **상위** 영역을 **하위** 영역으로 (마음을 본능으로, 정묘를 마음으로 등등) 설명하려는 것을 말하는 것으로서 이는 실로 개탄스러운 일이다. 그러나 벨라는 상위와 하위를 체계적으로 구분하지 않음으로써, 환원주의는 스스로에 대해 말하려 했던 내용을 넘어선 영역에 관해서도 무언가 할 말이 있는 것처럼 되어버렸다. 특히 벨라는 전前합리 종교와 초超합리 종교를 구분하지 못함으로써 후자를 환원주의로부터 보호하려 애쓰는 가운데 종종 전자를 예찬해야만 했다.

●● 종교의 진화적·구조적 단계를 설명하는 데 있어 벨라가 이룬 중요한 공헌에 대한 논의로 《성, 생태, 영성》을 보라. 벨라 작업의 다른 측면에 대한 논의로는 '전집' 4권에 있는 〈사회문화적 진화 Sociocultural Evolution〉를 보라.

2 종교에 대한 벨라의 숨은 정의는 주체와 객체의 전일적 상호관계에 종교가 의미 있는 방식으로 기여한다는 것이다. 이는 기본적으로 정의-2, 즉 (어떤 수준에서든) 마나의 상관적 교환으로서의 종교를 말한다. 벨라가 아무리 세속적인 사회일지라도 모든 사회는 종교적이며 모든 종교는 (그런 의미에서) 진실이라고 (제대로) 말한 것은 이러한 정의에 기초한 것이다. 그리고 그는 보통 정의-2에서 작업하고 있기 때문에, "더 타당한" 종교를 구분하는 그의 기준은 정의-8, 즉 더 통합적인 종교가 더 타당하고 유용하며 의미 있는 종교가 된다. 여기에서의 기준은 **정당성**이다. 예를 들어 미국의 "시민종교"(신화적 개신교 윤리와 미국의 민족주의적 불멸 상징의 혼합물)는 벨라에 따르면 현재 정당한 종교이거나 과거에 정당한 종교였는데, 왜냐하면 그것이 적절한 통합적 의미, 도덕적 구속력, 사회적 응집력을 제공했기 때문이다. 나는 그 점에 대해서는 동의한다. 시민종교는 훌륭한 마나 생성자mana generator였고 금기 회피자taboo avoider였다는 점에서 (정의-8의 의미에서) 정당한 종교였다.

그러나 자신의 무비판적인 ("비환원주의적") 입장으로 인해 벨라는 정당한 종교에 불과한 것을 **진정한** 종교와 체계적으로 구분하는 데 실패하고 말았다. 따라서 그는 이렇게 말할 것이다. "전성기를 누리고 있는 시민종교는 **보편적이면서 초월적인 실재를 제대로 파악하고 있다**". 뭐라 말하건 시민종교 자체는 화려한 전성기에도 진정한 깨달음, 해탈, 또는 영에 대한 올바른 파악과 비슷한 어떤 것도 생산하지 못했다. 내 생각에 이런 혼미는 벨라가 구조적 적응의 모든 수준에서 일어날 수 있는 정당한 마나 종교와 구조적 적응의 상위 수준에서만 일어나는 진정한 초월적 종교를 혼동했기 때문에 일어난 것이다.

3 그러나 벨라는 종교를 가끔씩 정의-1의 의미로도 사용할 것이다.

그가 "종교"라고 말할 때 여러 가지 이유로 특정 차원의 영역을 염두에 두고 있는데, 어떤 영역을 염두에 두건 과학적·합리적 영역은 아니었다. 그러므로 그는 "이런 의미에서 그것은 종교적이지 과학적이지는 않다"고 말할 것이다. 우리가 이미 살펴보았듯 그것은 종교를 완벽하게 수용 가능한 방식, 정의-1로 사용한 것이다.

여기에서 벨라는 세속적·합리적 사회조차도 속할 수 있는 **정당한** 종교뿐만 아니라 합리적 개체화를 넘거나 초월한 **진정한** 종교도 지칭하려 시도하였다(그러므로 벨라는 과학적·세속적 사회들을 인정하길 꺼렸는데 이해할 만한다. 내 생각에 그런 사회는 정당하지만 진정하지는 않다)는 것이 나의 의견이다. 그러나 초합리적 영역과 전합리적 영역을 체계적으로 구분하지 못함으로써 벨라는 **진정성**을 전합리적·신화적 참여 및 시민종교에까지 확장시켰는데, 그러나 이들은 기껏해야 견고한 **정당성**을 확보하는 데 머물렀을 뿐이다. 과학적·합리적 사회는 오늘날 여러 가지 이유로 온갖 종류의 정당성 위기에 직면하게 되었으며, 이들은 탐구 및 비판의 중요한 주제들이 된다. 그러나 벨라는 시민종교와 신화적 종교가 맞닥뜨린 현대의 **정당성** 소실을 그것들이 **전혀** 가져보지 **못했던** 진정성 소실과 혼동하고 있다고 나는 믿는다. 그러므로 그는 "소위 탈종교 인간, 최근 일부 이론가들조차도 찬양했던 침착하면서도 자신감에 차 있는 세속적 인간은 고전적인 종교 용어로는 죽음과 죄악의 세계, 추락한 세계, 환상의 세계로 묘사했던 상상력이 부족한 제한된 실재에 꼼짝없이 갇혀 있다. 탈종교 인간은 지옥에 갇혀버린 셈이다"라고 개탄하였다.

벨라가 "탈종교적"으로 불렀던 것은 탈신화, 탈인습에 불과할 뿐이다. 앞선 절에서 우리가 제시한 바와 같이 탈신화 남녀는 진정한 종교 이후post-authentic-religious가 아닌 진정한 종교 이전pre-authentic-religious에서 합리적 수준의 구조적 적응 상태를 유지하고 있으며, 집단적 발달상 다음번에 일어나는 단계이자, 진정성을 갖추고 있고 집합적이며 영적인 경험의 **첫** 단계, 즉 광범위한 요기적 적응의 단계를 맞을 준비를 하고 있는 것이다. 꼼짝없이 지옥에 갇혀 있다고? 분명 그렇다고도 할 수 있는데, **모든** 단계들은 초의식적 부활에 못 미친다는 점에서는 그렇다. 그러나 그 이전의 신화적·종교적 남녀도 똑같이 지옥에 갇혀 있는데, 실제로 보면 그 정도가 훨씬 심하다는 것이 요점이다. 그들은 자신들이 처해 있는 곤경을 철저히 인식하는 데 필요한 고도의 합리적·반성적 자각을 갖추고 있지 못하므로, 어떤 걱정거리라도 생기면 신화적인 우주적 부모가 흡수하도록 허용하면서 자신들의 불행을 비교적 순박하게 견뎌낸다. **그런 식의** 신앙 서약은 깨질 필요가 있는 것이다.

탈신화적 남녀는 선조들이 그랬듯 여전히 지옥에 갇혀 있지만, 자신들의 모든 움직임에 대해 울먹이고, 모든 소망 충족에 귀 기울이며, 모든 불멸 프로젝트를 들어주고, 주술적 기도에 춤을 춰대는 보호자 역할을 하는 부모로서의 유치한 신의 이미지를 적어도, 그리고 마침내 벗어버렸다. 탈신화적 남녀는 에덴으로부터 내쫓긴 것이 아니라 성장해서 걸어 나왔으며, 이제 자신들의 삶에 대해 합리적이면서 개인적인 책임을 일정 분량 지면서 저 밖에 계신 아버지가 아니라 내면의 신이라는 다음 단계로의 위대한 변용을 위해 준비하고 있다.

4 마지막으로 벨라는 과학과는 달리 종교는 입증 가능한(검증 가능한) 인지적 진리 주장을 하지 않는다는 입장을 고수하고 있다. 나는 이미 6장에서 제시했고, 9장에서 다시 논의하게 될 이유로 이에 대해 강하게 반대한다.

앤서니와 로빈스

딕 앤서니Dick Anthony[103]와 토마스 로빈스Thomas Robbins[104]는 최근에 주로 상징적 현실주의symbolic realism를 구조주의, 특히 촘스키의 심층 패턴과 표층 패턴을 모델로 한 구조주의로 대체함으로써(또는 보완함으로써), 그들이 보기에 벨라의 이론이 갖고 있는 일부 약점들과 모순들을 수정하려는 움직임을 보이고 있다.

나는 그들의 작업이 말하는 주된 요점에 대해서 분명히 공감할 뿐아니라 그 일반적인 특징들을 열렬히 추천하는 바다. 이 절에서 나는지금까지 진행된 우리의 논의에 비추어 그들이 제안한 사항과 관련해서 몇 가지 사소한 수정을 가할 것을 제안하고 싶다.

1 앤서니와 로빈스는 종교를 인간 존재의 보편적이면서도 환원 불가능한 **사실**로 보는 종교에 대한 벨라의 접근이 "종교 고유의 보편적인구조적 원리", 즉 "상징적 현실주의는 모든 종교가 심층 수준에서는 근본적으로 동일하다는 뜻을 내포하는 것처럼 보인다"라는 오랫동안 추구해온 공식화된 표현을 향해 나아가는 하나의 출발점이 된다고 제안하면서 시작하고 있다. 그러나 그들은 벨라가 주로 불변하면서 비역사적일 수 있는 보편 종교의 심층 구조와, 대부분 변하면서 우발적일 수

---

103 범죄심리학자로 세뇌에 대한 연구를 집중적으로 하였고, 신흥종교의 사회적·심리적 측면에 대해서도 많은 연구를 진행하였다. 벤자민 자블로키Benjamin Zablocki와 토마스 로빈스가 편집한 《Misunderstanding Cult》에서 신흥종교와 관련된 세뇌 이론을 전개하였다.

104 1943~ , 미국의 종교사회학자로 광신도 집단에서 흔히 볼수 있는 집단 자살을 연구했다. 치료 집단과 종교 집단에서 마인드 컨트롤과 관련된 법적·사회적 이슈들에 대해서도 깊은 관심을 갖고 저술 활동을 펼쳤다. 주요 저서로 《The New Religious Movements》, 《Cults, Converts, and Charisma》 등이 있다.

있는 종교의 표층 구조를 세심하게 구분하지 못했음을 지적하였다. 그런 결과로 말미암아 "벨라의 최근 작업은 표면적으로는 모순처럼 보이는 두 가지 경향을 강조하였다. 메타 이론식 논문에서 그는 겉으로는 다양하게 보이는 종교 전통들과 시대들 근저에 놓인 통일성을 강조하였다. 그러나 구체적인 종교 체계에 대해 실제로 서술할 때 벨라는 종교적 변화 [그리고] 종교적 진화의 필요성을 강조하였다"라고 그들은 적었다. 그런 다음 다음과 같이 주장하였다.

> 이런 입장들 사이에서 드러나는 분명한 모순은 벨라가 종교의 표층 구조와 심층 구조의 차이를 명시하지 않음으로써 생긴 것이다. 그가 서로 다른 문화와 시대에서 드러나는 종교의 유사성을 강조했을 때 그는 엄밀하게 종교의 심층 구조로 불릴 수 있는 것에 초점을 두고 있었다. 변화하는 심리적·사회적·경제적 조건들과 관련된 종교적 변화에 초점을 두었을 때 그는 표층 구조를 설명하고 있는 것이다.

심층과 표층 구조에 관한 이런 주장에는 설득력이 있지만(잠시 후에 우리는 이 점으로 되돌아올 것이다), 그런 구분을 하지 못한 것이 벨라의 작업에서 나타난 "분명한 모순"의 일차적인 원인이라고 할 수는 없다. 벨라가 그런 구분을 분명하게 하지 못한 건 사실이지만, 내 생각에 벨라는 그것을 누락시키기 **전에** 더 근본적인 구분, 즉 정당한 종교와 진정한 종교, **각각의** 부류는 대표적인 심층 양상과 표층 양상을 띠고 있는 점을 구분하지 못했다. 예를 들면 마술적 종교의 심층 구조가 존재하며(상징과 상징화된 사물과의 혼동, 압축, 환치 등의 특징을 갖는다), 마술적 종교의 실질적인 표층의 발현이 존재한다(여기에서는 부두, 저기에서는 자연주의적 물활론, 여기에서는 본 종교Bon religion[105] 등). 원인적 종교의 심층 구조가 존재하며(비현시적 몰입, 자기와 절대적 바탕과의 동일시 등), 원인적 종교의 실제 표층의 발현이 존재한다(선, 베단타, 에크하르트 등). 각각의 부류도 마찬가지다. 구조적 실현의 이런 수준들이 먼저 구분되지 않는다면, 정당하기만 한 모든 종교는 실로 진정한 종교와 혼동될 것이며, 정당성의 **역동**도 마찬가지로 진정성의 **역동**과 혼동될 것이다. 즉 존재의 스펙트럼 각 수준에서 일어나는 것(마나와 의미를 향한 보편적이거나 항존하는 욕구)은 특히 스펙트럼의 **상위** 수준으로 정의되는 것(실제로 보편적인 신비주의)과 혼동될 수 있으며, 그 결과로 말미암아 진정한 종교에 심층과 표층 구조가 있듯이 정당한 종교에도 심층과 표층 구조가 있어 두 가지가 반드시 중첩될 필요는 없다는 점을 보지 못하고 "심층"을 '진정한'(혹은 신비한)의 의미로, "표층"을 '정당한'의 의미로 파악함으로써 "심층"과 "표층" 구조의 의미가 출발부터 빗나가버리고 만 것이다.

232   욕구의 위계에 대한 매슬로의 작업을 이와 관련된 예로서 들어보자. 이 위계는 생리적 욕구(물질적), 안전 욕구(마술적·신체 보호적), 소속감 욕구(신화적 멤버십), 자존감 욕구(합리적·반성적), 자기실현 욕구(켄타우로스/심령), 자기초월 욕구(정묘/원인)의 위계다. 이제 우리는 **욕구는 보편적**이거나 항존한다고 말할 수 있는데, 욕구는 **모든** 수준에서 일어나기 때문에 물론 그렇기는 하다. 그러나 "보편적인 것으로서의 욕구need-as-universal"를 **최상위** 수준에서 일어나는 보편적·신비적 자기초월을 향한 욕구와 혼동해서는 안 된다. 우리가 종교를 의미 욕구(정의-2)로만 정의한다면, 그것은 물론 마나 추구와 마찬가지로 보편적이면서 어느 수준에서나 일어난다. 한 걸음 더 나가서 우리는 모든 수준에서 **좋은**

---

105 불교 이전에 존재했던 티베트 종교.

마나를 구성하는 것(정의-8)을 탐구할 수 있으며, 그렇게 함으로써 정당성 자체의 실제적인 **역동**과 기능적 불변성functional invariants 수준을 찾아낼 수 있다. 그러나 앤서니와 로빈스가 제대로 했듯이 종교를 통해 어떻게든 진정하거나 보편적이고 신비적인 합일(그리고 **영원의 철학**)의 의미도 전달하길 원한다면, 직접 연루되어 있는 건 최상의 초월적 수준뿐이다.

이들은 완전히 다른(그러나 똑같이 중요한) 두 가지 형태의 "보편적 종교성" 또는 "종교 고유의 보편적인 구조적 원리"인데, 주된 이유를 들자면 이들은 꽤나 다른 두 가지 종교 형태(정의-2와 정의-1)와 서로 상관을 이루는 타당성 기준(정의-8과 정의-9 또는 정당성과 진정성)을 반영하고 있기 때문이다. 전자는 심층 수준에서 일어나는 모든 좋은 마나 종교들이 갖고 있는 보편성으로서, 여기에서 말하는 "심층 수준"이란 정당성을 갖추고 있는 통합적·수평적인 모든 변환의 기능적 유사성 및 역동을 의미한다. 후자는 "초월적 합일"로서 특정 종교에 속해 있는 매우 희소한 하부 종파만이 여기에 도달했으며 이들을 공유하고 있는데, 이 종파들은 사실상 진정 신비적인 또는 **비교**秘敎**적인** 수준, 또는 초의식 영역 전반을 포함하고 있으며, 이것이야말로 **영원의 철학**자들이 "종교의 초월적 합일"이라는 구절로 표현할 때의 의미이다. 기본적으로 벨라의 작업은 전자 또는 정당한 마나와 금기 회피(또는 불멸 상징의 축적. 이런 이유 때문에 그가 노먼 브라운Norman O. Brown[106]의 작업을 꽤 높이 평가하고 있다고 나는 생각한다)를 다루고 있다. 앤서니와 로빈스는 후자나 진정한 신비적 종교를 위한 여지를 더 분명하게 남기길 원했지만, 그러나 정당성

---

106 1913~2002, 미국의 사회철학자. 역사·문학·심리학·문화 등 다양한 분야에 관심을 기울였으며, 마르크스주의와 정신분석을 중심으로 연구하였다. 죽음에 대한 불안, 에로티시즘, 문명 등에 대한 관심은 말년에 신화와 정신분석의 연구로 이어졌다. 주요 저서로 《Life against Death》가 있다.

과 진정성을 명확히 구분하지 못함으로써 대충 전자를, 심층 구조로 간주되는 후자의 표층 구조로 만들려고 했다. 그런 결과로 말미암아 그들은 (만유내재신론, 유신론, 또는 일원론이라는) 신비주의 자체가 심층 구조이며 진정한 종교(요기, 성자, 혹은 현자)**만이** 표층 구조일 가능성을 간과하였다. 왜냐하면 내 생각에 실질적인 신비주의는 예컨대 시민종교의 심층 구조가 될 수 없는데, 이를테면 자기초월 욕구가 안전 욕구의 심층 구조가 아닌 것과 같은 이치다.

바꿔 말하면 앤서니와 로빈스는 벨라의 체계에 심층 및 표층 구조를 도입함으로써 그의 생각을 상당히 개선시키긴 했지만, 그들은 벨라가 범한 정당한 종교와 진정한 종교와의 혼동, 모든 수준의 정당한 마나와 신비 수준의 정당한 마나와의 혼동, 훌륭한 통합의 보편적인 기능적 불변성과 보편적인 신비적 통합과의 혼동을 재생하는 데 그치고 말았다. 그런 다음 그들은 진정한 신비주의(또는 신성의 내재divine immanence)의 심층 구조를 취해서 그것을 그 고유의 **진정성 있는** 표층 구조에 배정하지 않고, 어떤 하위 수준이건 진정성이 철저히 부족해도 그것의 **정당한** 표층 구조에 배정하고 말았던 것이다. 이런 맥락에서 그들은 한 예로서 "모택동주의는 전통적 종교의 보편 양상을 공유하지만(그러므로 우리가 말하는 종교이지만) 러시아 공산주의는 그렇지 않다"고 말한 것이다. 모택동주의가 갖추고 있다고 추정되는 이런 양상을 앤서니와 로빈스는 분명히 "궁극적 실재의 내적 경험"이라는 심층 구조와 연결시키려 했다. 달리 표현해서 정당한 모택동주의라는 표층 구조 기저에는 진정성 있는 신비주의라는 심층 구조가 놓여 있어야 한다. 다시 한번 말하지만 나는 모택동주의의 경험과 삼매 경험은 표층 구조와 심층 구조로서 서로 관련을 맺고 있는 것이 아니라 명백히 서로 다른 구조화 수준으로서 관련을 맺고 있다고 생각한다. 모택동주의는 신화에서

켄 윌버의
신

합리 수준에 걸쳐 있는(심층 구조) **정당한** 종교(표층 구조)인 반면, 러시아 공산주의는 똑같은 수준에서 그와 유사한 정당성을 확보하려 지금도 애쓰고 있지만 **두 가지 모두** 베단타와 선禪처럼 **진정한** 종교는 **아니라고** 말하는 편이 더 낫다. 베단타와 선은 **동일한** 원인 수준의 심층 구조의 서로 다르지만 어느 정도는 정당한 두 가지 표층 구조(각각 인도와 일본에서)이다.

이와 동시에 진정성 여부와 무관하게 온갖 종류의 **정당한** 종교, 예를 들어 모택동주의, 미국의 시민종교, 공산주의가 들어오기 전의 티베트 금강승, 통속적인 시아Shi'a파 이슬람교[107]를 비교함으로써 사회의 훌륭한 통합자로서 이들이 갖고 있는 공통점(완전히 다른 의미에서의 "심층 구조")을 결정한 후, "건강한" 종교가 갖는 역동과 기본이 되는 기능적 불변성을 발견해서 체계화시킬 수 있다. 나는 이미 그런 역동에는 (의미 단위 및 불멸 상징을 통한) 좋은 마나 생산 및 금기 회피가 포함되어 있음을 제안한 바 있다. 잠재적 형태를 띤 그런 "심층 구조"는 4장에서 변환적 잠재력에 관해 설명한 바와 같이 선천적일 수 있다. 그렇다면 진정성의 결여는 **변용적** 상징학의 결여와 관련이 있지만 정당성의 결여는 적합한 **변환적** 상징학의 결여와 관련이 있으며, 변환적 상징학 자체는 부분적으로는 전사transcription의 실패 또는 그 특정 수준에서 가용한 잠재력을 적절하게 판독하지 못한 것과 관련이 있다.

요약하면, 진정성 및 정당성의 사전 구분 없이 심층 및 표층을 구분하는 경우 한 가지 결과는 이렇다. 각 수준은 고유한 심층 및 표층 구조를 가지고 있고, 표층 구조는 모든 수준에서 정당하거나 정당하지 않게

---

[107] 두 번째로 큰 규모의 이슬람 종파.

기능할 수 있지만, 최고 수준에서만 진정한 신비적 합일이 스스로를 드러내며 그런 신비적 수준, 즉 심령·정묘·원인 수준의 심층 구조는 그 표층 구조로서 그런 심층 구조들을 유발하는 종교, 즉 요기, 성자, 현자를 갖는다는 점을 간과한 채, 심층 구조는 **진정한** 신비주의이고 그것의 표층 구조는 **정당성만 갖춘** 모든 하위 종교라고 가정하게 된다.

2 잠시 후 내가 그 장점을 강조하려 하는 중요한 논문(〈과학적인 종교 연구에 대한 현상학적·구조주의자적 접근A Phenomenological-Structuralist Approach to the Scientific Study of Religion〉)에서 앤서니는 또다시 "종교에 대해 두 가지 수준[심층 및 표층]을 제안하는 구조주의자 이론은 (…) 모든 증거들이 심층 구조 요소를 위한 데이터베이스로서 **보편적 신비주의**universal mysticism를 가리키는 쪽으로 집약되고 있다"고 제안하였다. 우리는 이미 보편적 신비주의는 마술적 부두, 통속적인 신화적 종교, 모택동주의, 또는 시민종교 같은 하위 수준에 머물러 있는 정당한 종교의 심층 구조가 아님을 제안한 바 있는데, 왜냐하면 이들은 자신들의 존재의 바탕이 되는 특정(하위) 수준의 구조적 적응을 정의하고 지배하는 본질적 규칙과 패턴을 심층 구조로서 취하고 있기 때문이다.

그러나 이 절에서 내가 특히 강조하고 싶은 점은 사실상의 신비주의란 오로지 진정한 종교적 경험 적응의 심층 구조임을 이해할 때조차도 우리는 여전히 신비적 합일의 위계적 **유형**을 조심스럽게 구분해야만 한다는 것이다. 우리가 이미 본 것처럼 적어도 세 개나 네 개 유형이 존재하며, 각각은 진정한 종교적 상징학(예를 들어 툰드라 샤머니즘, 모세의 유대교, 베단타 힌두교, 마하 아티Maha Ati[108] 금강승)의 여러 **표층 구조** 기저에 놓인 **심층 구조**(각각에 해당하는 심령, 정묘, 원인, 혹은 궁극), 진정한 종교적 수행(예컨대 각각에 해당하는 하타요가 각성, 샤브드나 내적 기도 및 관조, 즈나나 통찰이나 심정에의 근본적 몰입, 사하자sahaja[109]나 궁극의 자발적 정체성), 진정한 신비적 합일(만유내재신론, 유신론, 일원론, 비이원)을 갖추고 있다.

나의 느낌으로는 이런 네 개 수준의 위계조차도 훨씬 더 복잡한, 즉 열두 개 정도까지 구별되는 발달 구조로 곧 대체될 것이다. 그러나 여하튼 두 종류나 두 수준의 종교, 즉 어디나 달라지는 통속적 종교와 어디나 똑같은 비교秘敎적 종교만 존재한다는 낡은 관념은 일차적인 인지와 이차적인 인지라는 두 가지 형태의 심적 인지가 존재한다고 말하는 것과 마찬가지로 정확성이 떨어진다. 그런 프로이트식 초기 구분을 충분히 수용할 수는 있지만 훨씬 더 정확해질 수 있다. 네 가지 구조 단계에 대한 피아제의 설명을 한 예로 들 수 있으며, 이런 식의 정교함이 통속적 종교와 비교적 종교 양쪽 모두에서도 똑같이 일어날 수 있다는 게 내 생각이다.

그러나 내가 앤서니 논문을 언급한 진짜 이유는 이런 사소한 수정 사항을 열외로 친다면 내 생각에 그 논문은 일반적인 구조적 접근으로 종교를 바라보기 위해서 필요한, 흠잡을 데 없는 통찰과 제안들로 꽉 채워져 있기 때문이다. 여기에서 그의 공헌을 재삼 반복할 필요는 없으므로 독자에게 그 논문을 참고해보라고 제안하고 싶은데, 왜냐하면 그의 제안에 내포된 본질적 요소들은 종교에 관한 균형 잡힌 접근에서 우리가 분명 포함시키길 바라는 것들이기 때문이다.

3 내가 제안했던 정교함을 통해 우리는 또한 종교 역사에서 표층 구조만 변하고 심층 구조는 어디에나 획일적으로 남는다는 관념을 가지

---

108 족첸을 나타내는 산스크리트어로 쵸감 트룽파가 사용한 용어.

109 인도 불교와 티베트 불교가 중요시 여기는 상태로, 영과 물질이 궁극적으로는 동일함을 인식하는 상태를 말한다.

런히 정리할 수 있게 될 것이다. 심층 구조 자체가 비역사적인 것은 사실이지만, 그것은 역사의 과정에서 **창발**하므로 우리는 그 혁명적 창발을 추적해볼 수 있다. 이와는 반대로 종교의 기본 심층 구조는 오로지 **하나**뿐이라고 생각한다면, 당연히 그 심층 구조는 최초의 종교적 표현에서부터 현전할 것으로 가정해야만 하며, 따라서 모든 종교적 역사는 이런 "유일의" "보편적인" 심층 구조를 중심으로 여러 표층 구조들을 이리저리 뒤섞어놓은 것에 불과한 모습으로 상상하게 된다. 그러나 우리가 진정한 종교에는(통속적 종교는 말할 필요도 없다) 네 가지 혹은 그 이상의 주요 심층 구조가 존재할 수 있음을 이해한다면, 종교의 역사는 표층 종교의 진화뿐 아니라 심층 종교의 진화도 포섭할 가능성이 훨씬 더 높아진다.

바꿔 말해서, 역사의 과정에서 대부분의 종교는 다종다양한 **정당성 위기**와 맞닥뜨리게 되는 것 같은데, 이는 보통 라이벌 격인 여러 표층 구조에 의해 자극된다. 그러나 특정 종교는 때로는 **진정성 위기**에 해당하는 사태와도 맞닥뜨릴 수 있다. 즉 그 종교가 스스로 약속했던 현실적인 **변용**을 제공하지 못하거나, 더 상위의 변용도 더불어 전하는 종교와 마주치기도 한다. 예를 들어 서구의 경우 이런 식의 변용이 적어도 두 번 있었던 것 같다. 즉 (1) 약간 조잡한 요기 및 샤먼·만유내재신적 숭배로부터 실로 정묘하면서 성자적인 관여로의 변용인데, 전설에 따르면 그런 식의 "자연 숭배"에 직접 도전하기 위해 시나이 산을 내려온 모세가 그 전형일 수 있다. (2) 성자다운 모세식 숭배로부터 그리스도와 알 할라즈가 그 전형이 되는 원인적 정체성으로의 변용이 두 번째로서, 이 두 사람은 "인간인 그대가 스스로 신임을 입증했다"는 이유로 살해되었다.

이런 종교적 변용의 위기와 갈등은 새로운 상위 구조가 이전 하위 구조를 대체하거나 포섭하기 위해 창발함에 따라 발달의 모든 단계에서 일어나는 사건들의 부분집합일 뿐이라고 나는 믿는다. (일반적 발달 원리의 부분집합으로서) 종교 발달을 연구할 때 우리는 표층 구조의 경쟁 관계와 심층 구조의 혁명 간에, 정당성 위기와 진정성 위기 간에 존재하는 역사적 역동의 차이에 섬세해질 수 있다는 것이 내가 말하고자 하는 요점이다.

신흥종교

미국에서 일어나는 신흥종교 운동을 다루고 있는 문헌은 풍부하며, 이들이 사회학적 이론의 시금석이 되는 듯하다. 이 절에서 나는 초월 사회학 이론을 개론 형태로 적용할 것이다.

1 우리는 또다시 벨라의 작업을 가지고 시작할 수 있겠는데, 내 생각에 미국 시민종교에 관한 그의 분석이 설득력을 갖고 있기 때문이다. 나는 시민종교가 진정한 종교라는 데는 찬성하지 않지만 단연코 정당한 종교인 것 같기는 하다. 그것은 신화적 멤버십 수준에서 훌륭한 마나로 기능하며 금기 회피와 불멸 상징을 쉽고 풍부하게 제공하고 있다. 벨라(그리고 다른 사람들)에 따르면 미국 시민종교가 1960년대 치명적인 손실을 입은 결과로 여러 형태의 신흥종교가 대량으로 탄생했다. 1번의 나머지를 채우는 다음의 내용이 무슨 일이 일어났는지에 관한 나의 의견이다.

낡은 시민종교의 전통적 멤버십 서약은, 합리화가 증가하고 그 결과로 인한 (건강한) 탈脫신화의 등장으로 이미 압박을 받고 있었다. 그것이 남겼던 모든 정당화는 급진적 학생운동, 후後인습적 합리성, 베트남전, 대안적인 (동양의) 영성 출현, 경제적 회의론, 미국 민족주의에 대한 포괄적인 폭로들이 결합된 맹렬한 포격을 받아 마침내 무너지고 말았다. 낡은 변환 서약translation-covenant이 결국 해체됨에 따라 **서로 분리된 세 가지 발달 노선**이 그 자취로 남게 되었는데, 어느 정도까지는 이미 존재했었지만 이제는 그 형태가 적나라하게 드러나면서 가속화된 노선들이었다.

(1) 대학, 대중매체, 핵심 정치기술을 대부분 조종하는 의사결정자들과 지성인들, 그리고 교육받은 자유로운 개인들의 세계를 현재 대부분 지배하고 있는, 세속적 합리화secular-rationalization를 진행 중인 계층.

(2) 점증하는 합리적 세속주의 분위기에서 이미 성장했으며 어느 정도는 거기에 적응한 상태에서 초합리적 · 초개인적 구조화를 찾기 시작하거나 실제로 거기까지 발달한 매우 소규모 계층. 동양의 요가 및 명상 훈련, 기독교 및 유대교 신비주의, 새로운 형태의 집중적 심리 치료에 대한 관심은 그런 초합리적 침윤을 향한 갈망을 보여주는 증거다. **그러나** "신흥종교"에 관심을 갖고 있는 사람들 모두가 또는 대부분이 실질적인 초합리적 · 요가적 적응을 위한 준비가 확실하게 되어 있지 못한데, 왜냐하면……

(3) 깨진 서약으로 말미암아 폭넓은 인구 계층이 (초합리적 요가 훈련은 차치하고라도) 후後신화적 · 합리적 개체로 책임감 있게 변용될 준비가 되어 있지 못하며 변용할 수도 없다. 이는 합리적 개체화의 (수평적) 발달과정 자체가 그 통합적 잠재력까지 작용하지 못했다는 분명한 사실로 인해 악화되었다. 구조적으로 볼 때 그것은 스스로에게 가능한 훌륭한 마나를 제공하지 못하고 있다. 따라서 수많은 사람들은 다양한 이유로 위태롭지만 빠르게 출현하고 있는 합리적 · 개체적 사회로부터 소외된

실정이다. 이런 사람들 일부는 어떤 유의 정당한 마나(통합적 진리)를 찾는 가운데 여러 가지 전前합리적 불멸 상징과 신화적 이데올로기에서 퇴행적인 위안을 얻는다. 여기에는 주로 두 종류가 있다.

① 근본주의적인 신화적 종교: 개종시키려는 분노, 복음 전도식의 비조망주의, 아버지를 통해 구원받는 (오이디푸스적) 불멸 상징, 가부장적 성차별주의, 권위주의적인 복종을 갖춘 통속적 개신교 신화의 새로운 부상. 주로 참된 신자로 구성된 이 계층은 기본적으로 깨진 서약을 다시 되돌려놓길 원한다.

② 사이비 종교식의 뉴에이지 종교: 통일교, 하레 키르슈나Hare Kirshna[110], 지저스 프릭스Jesus freaks[111] 등이 있으며, 이들은 그 심층 구조에서는 기본적으로 복음파의 근본주의적인 신화적 종교 같지만, 철저히 다른 모양새를 띤 이들의 표층 구조들은 그 부모 세대들이 신화적 부흥을 통해 이미 합리성에 대해 불만을 터뜨린 경우에는 그런 사이비 종교 안에서 합리적 사회 및 자기 부모들에게 불만을 표현하도록 허용한다는 점에서 지극히 중요한 이점을 갖고 있다. 힌두인들처럼 옷을 입음으로써 사회 전반에 불만을 터뜨릴 뿐 아니라 자신의 근본주의자 기독교 부모들을 실제로 괴롭히기도 한다. 예수 그리스도처럼 옷을 입는다면 더 좋다.

신흥종교는 실제로 철저히 다른, 적어도 두 가지 구조적 의식, 즉 하나는 초超합리, 다른 하나는 전前합리적인 의식을 포함하고 있다는 것이 내가 말하고자 하는 요점이다. 전자는 주로(오로지는 아니다) 계속 진행되고 있는 후後합리적 발달, 수직적 변용, 상위 구조화의 발현인 데

---

110 1966년 뉴욕에서 설립된 힌두 전통의 종교 단체로서 최고의 신 크리슈나에게 모든 생각과 행위를 바치는 헌신의 요구를 강조한다. 현재 ISKCON International Society for Krishna Consciousness의 명칭이 붙여진 이 단체는 특히 동유럽과 인도에서 그 교세가 **빠르게** 확장되고 있다.

111 1960년대와 70년대 초에 미국에서 일어난 반문화 종교 운동.

반해 후자는 주로(오로지는 아니다) 합리적 개체화에서 일어난 (서약이 깨졌을 때 드러나는) 실패의 산물이며 전합리, 신화, 태곳적·마술적이기조차 한 (자기애적인) 구조적 손실로의 퇴행/고착으로서 이것이 "뉴에이지" 운동의 상당수를 규정하고 있다.

2 대규모의 실질적인 사회적 변용에 있어서 진정으로 신비적인 계층(위의 (2))이 수행할 수 있는 역할이 남아 있다. 왜냐하면 (진화적일 뿐 아니라) 혁명적인 변화에 대한 우리의 일반 패러다임은 다음과 같기 때문이다. 현재의 변환은 위안을 안겨주는 단계 특유의 통합적 과제에 실패하기 시작했다. 즉 그것의 의미 단위가 더 이상 상식을 지배하지 못한 것이다. 너무 많은 수에 달하는 그것의 불멸 상징이 충격적으로 손상을 입어(죽음) 구조적 긴장이 높아짐으로써 시스템을 온갖 혼란과 동요로 몰아갔다. 구조는 마침내 느슨해져 와해되기 시작했다. 낡은 변환적 레퍼토리에 존속 가능한 모결정seed crystal[112]이 존재하지 않는다면 시스템은 낮은 형태로 퇴행하거나 완전히 해체된다. 만일 존속 가능한 모결정이 존재한다면 그런 결정을 통해 구조적 긴장이 흡수되고 전달되어, 전체로서의 시스템은 갈등을 벗어나서 상위 수준의 구조 체계와의 통합으로 나아간다. 낡은 변환은 소멸하고 뒤따라 변용이 일어나면서 상위 수준에서 새로운 변환이 탄생하는 것이다.

그렇다면 그런 모결정을 어디서 찾는단 말인가? 미래 변용을 위한 거점과 전조는 어디에 있단 말인가? 정의식 패러다임definition-paradigm에 따르면 그들은 현존하는 변환의 법률 및 준법자들이 현재 "무법자out-

---

112 용액에서 결정을 성장시킬 때 핵이 되는 결정 조각.

law"로 생각하는 계층일 가능성이 높다. 로빈스와 앤서니는 다음과 같이 티랴키안Edward A. Tiryakian[113]을 인용했다.

사회 혁명은 반드시 사회 구조의 근본적인 재정비를 포함한다는 생각을 수용하고, 사회적 질서를 반드시 민중 구성원에 의한 도덕적 현상으로 보는 가설을 수용한다면, 사회 변화에 포함되는 새로운 도덕적 원천, 즉 현행 체계가 제시하는 금기를 완화하는 동시에 새로운 질서를 수용하는 길을 터주는 것이 있어야만 한다(이는 사회적 혁명에 수반되는 죽음과 재탄생의 측면이다[우리는 모든 형태의 변용이 갖는 이런 죽음/재탄생 측면을 이미 검토했다. 4장 "변용"을 보라]). 기존 종교는 계속 진행되고 있는 세속적 기구와의 타협을 대표하고 있기 때문에 혁명적 사고를 할 수 있는 또 다른 주인은 오로지 부지불식간에 비제도화된 종교적 계층뿐이다.

따라서 티랴키안은 "변화(예컨대 실재에 대한 사회적 의식의 변화)의 중요한 관념적 요소는 종종 사회의 비제도화된 ["무법자"] 집단이나 계층에서 유래할 가능성이 있는데, 이들이 품고 있는 실재에 대한 패러다임은 특정한 역사적 시점에서 제도화된 패러다임을 대체하고 새로운 사회적 청사진이 될 수 있다"고 결론짓는다.

나는 그런 식의 진술이 사실이라고 믿지만 더 구체화시켜 말한다면 도움이 될 것이다. 왜냐하면 미래의 모든 진실들이 현재 (정의상) 무법자들 속에 함유되어 있다손 치더라도 법에서 제외된 모든 사람들이 진실되지는 않음에 주목해야 하기 때문이다(과학에서 오늘은 어처구니없어 보

---

113 1929~ , 듀크대학교의 사회학과 교수로 종교·세계화·국가 정체성·사회학의 역사 등에 관심을 가지고 있다. 미국 종교연구학회와 사회학회 이론 분야의 회장을 역임했고, 현재 전 세계를 다니면서 사회학 관련 분야 및 종교사회학, 현대 민족주의자 운동, 글로벌화와 관련된 문화적·정치적 이슈들에 관한 세미나를 개최하고 있다. 대표적인 저서로 《Sociologism and Existentialism》, 《Russia and United States》 등이 있다.

이는 이론들만 내일의 진리가 될 수 있지만, 그렇다고 해서 터무니없는 모든 이론들이 참된 것은 아님과 마찬가지다. 사실 대부분은 오늘이나 내일이나 똑같이 얼토당토않다). 사회적 "부조리"도 마찬가지다. 모든 사회의 일반적인 무법자 계층에는 법 이전prelaw, 법 대립counter-law, 법 초월translaw이 존재하며, 이들이 사회적 혁명에 미치는 영향은 분명 완전히 다르다.

법 이전 계층은 여러 이유로 주어진 사회가 평균적으로 기대할 수 있는 구조적 적응 수준까지 도달할 수 없거나 도달하길 원치 않는 사람들이다. 그들은 종종 (노골적인 법 반대자들anti-laws로서) 감옥이나 정신병원에서 생을 마감하지만, 그들의 전前인습적 체계는 종종 아무런 문제를 일으키지 않으며, 더 나은 비유법이 없어 아쉽긴 하지만 사회라는 스튜에 소금을 첨가하는 격이다. 스스로를 "비교秘敎"또는 "오컬트"로 부르는 가르침과 수련들 **대부분은** 내 생각에 법 이전에 있다는 점에 주목할 필요가 있다. 그것들은 심령이나 성자 수준이 **아닌** 얄팍하게 합리화된 마술적 수준에 머물러 있는 것들이다. 점성학, 타로, "마법magick", 부두, 축제 의식 등은 정확히 주로 마술적/일차적 과정 인지라는 심층 구조를 따른다. 다른 형태의 법 이전, 전인습적 의식과 마찬가지로 이들은 미래를 위한 모결정이 되지 못한다. 그 미래가 퇴행을 끌어들이지 않는 한 말이다.

법 대립 계층은 대략 "반문화counterculture"로 불리며 최대한의 몫을 차지하고 있다. 법 이전도 아니고 법 초월도 아닌 법 대립은 현행 법률의 정확한 거울상이다. 그것은 주로 청년기 비슷한adolescent-like 정신으로 구성되어 있는데, 이는 단계 특유의 적절한 양상으로 현행 법률의 일면을 취해서는 정확히 반대로 행동하거나(예컨대 짧은 머리를 하는 사회는 긴 머리 반문화를 만들어낸다) 또는 정확히 풍자함으로써("그것을 과장되게 표현함으로써"법률에 대한 지배력과 함께, 그럼으로써 법률로부터의 독립을 입증한다. 그러나 처음에는 무의식적인 몸짓이었으므로 턱없이 심각해진다. 예컨대 엄마와 아빠는 술을 마시지만 나는 술주정뱅이가 될 거야,라는 식이다) 개인적 정체성을 확립하려 한다. 이런 경향성 중 어떤 것이라도 과장될 때 법 대립은 법 반대anti-law로 된다(그리고 보통 감옥에 갇힌다). 그러나 일반적으로 "반문 화는 부족화되고tribalize 의식화된 민족 문화의 거울상으로 설명될 수 있다."고 매린Peter Marin은 말했다.

특히 진정성 있는 요기 및 성자 수준의 종교가 법 반대 계층에 도입 되면 그런 수련들은 청년기 합리성에서 발생하는, 적응을 위한 투쟁 (즉 반反합리성)으로 **변환될** 뿐임에 주목하라. 그렇지 않았다면 진정성을 갖추었을 그런 수련들은 풍자를 통해서 현행 법률을 지배하는 가치들 과 사회의 변환들을 모두 구현하는 것으로 막을 내린다. 이 특정한 경 우, "새로운 영적 패턴은 1960년대 반문화와 마찬가지로 지배적인 문 화 패턴에 실제로 도전하거나 안티테제Antithese로 작용하지는 못하지 만, 그런 패턴들을 반영하면서 정교하게 만들었다. 여기에는 소비자 중 심주의, 개인주의, 영적 비밀주의spiritual privitism, '기술technique' 숭배주의 가 포함된다." 법 대립 계층은 진정한 영적 수행들을 받아들여 이들을 풍자화한 흥분으로 바꿔버릴 수 있는데, "매우 자기중심적이 되어 카 페테리아 소비자 모델에 가깝게 되어간다"고 벨라는 말했다.

이런 법 대립 운동들이 그러므로 하찮다고 말하는 게 아니다. 그것들 은 변용을 일으키지 않지만 **현** 사회에 대해서 유용한 기능을 하는 것 같다. 그것들은 전진하는 데 도움이 되며 사회 구성원들, 특히 청년기 단계에 있는 사람들로 하여금 그렇지 않은 척하지만 소용이 되는 사회 화 및 개별화를 동시에 수행하면서도 지배적인 가치를 포용하도록 허 용함으로써 주어진 사회의 변환을 안정시키는 데 도움을 준다. 이론적 으로는 법 대립 계층을 바깥에 세워두고 있는 것처럼 보이지만 실제로는 그들을 안으로 쑤셔 넣고 있는 셈이다. 그런 기본적인 요점을 포착하는 데 실패함으로써 몇몇 학자로 하여금 법 대립 계층을 법 초월 계층으로 오인하여 미국의 녹색화[114], 물병자리 뉴에이지[115] 등등을 선언하도록 유도하였다.

지금까지 우리는 법 이전과 법 대립 계층에 대해(아마도 법 반대 계층도) 검토했다. 법 이전은 비교적 퇴행적인 계층으로서, 평균적으로 기대할 수 있는 사회의 현재 변환 수준보다 낮은 구조 체계 수준에 붙들려 있거나 그 수준을 활용하고 있는 계층이다. 그들의 효력 자체는 해체적으로 작용하지만, 그 수가 적을 뿐 아니라 특히 해를 끼치지 않는 양상을 띨 경우, 그들은 자신들의 욕구를 만족시킴으로써 사회가 붕괴되지 않도록 하부 사회를 형성함으로써 사회의 전체적인 변환적 통합에 기여할 수 있다. 그러나 이런 계층들이 상당 부분을 차지하는 경우에는 일반적으로는 "퇴폐decadence"로밖에 불릴 수 없는 것의 원인(또는 증상)이 된다. 또한 사회 전반이 상위 수준의 변환을 부담으로 느낀다면, 실로 해체적·퇴행적인 경향성이 일어나는 결과가 발생한다. 로마는 분명 그 고전적인 예다.

반면에 법 대립 계층은 정반대로 희화화시킨converse-caricatured 예행연습을 통해 사회의 근본 가치를 포용함으로써 보통 총체적인 사회의 변환적 통합 기능을 수행하는데, 이런 연습은 동시에 개별화와 탈순응주의자 교화post-conforminst moralization라는 필요한 과정을 허용한다. 이것이 각 세대마다 스타일이 오락가락 왕복운동을 하는 원리인 것 같다. 아이젠하워Eisenhower 시대 부모들은 급진주의 학생들을 생산했으며, 이

---

114 느낌과 배려가 합리성을 대신하고 가이아, 지구, 생명을 존중하는 녹색 밈의 가치가 미국에 퍼지는 현상을 말한다.

115 물병자리는 현재 또는 다가오는 시대를 나타내는 점성학적 용어이다. 대중문화의 측면에서 물병자리 시대란 1960년대와 70년대에 미국에서 성행했던 뉴에이지 운동과 관련되어 있다.

제 부모가 된 이들은 어린 공화당원들을 탄생시켰다. 왕복운동에서 반대쪽으로 갈 때 종종 일어날 수 있는 결과는 현재의 변환을 더 온화하게 재정렬하는 것이다. 예를 들어 학생 시위가 때로는 정당한 시위가 된다.

법 이전이나 법 대립 계층은 우리가 현재 논의하고 있는 창발 기준에서 볼 때 실질적인 사회 **변용**에서 유의미한 계층이 아니라는 것이 요점이다(특히 물질적 생산 양식, 기술 혁신 등에서 온갖 종류의 "변환적 혁명"도 물론 가능하다. 그러나 이들은 의식 구조의 실질적인 변환을 반드시 포함하지 않는다). 실질적인 사회 변용이 보통 현재 무법자로 분류되는 계층에서 나온다면 고려할 수 있는 유일한 계층은 법 초월 계층이다. 그렇다면 궁극적으로 변용을 탄생시킬 수도 있는 모결정 유형을 더 정확하게 구체화시키는 것이 도움이 될 것이다. 왜냐하면 아무리 진정성이 있어도 단순한 법 초월만으로는 그것이 궁극적으로 주어진 변용을 일으킬 **정당한** 촉매제가 될지 확실치 않기 때문이다.

아마도 미래의 주요 촉매들이 대신할 구조 단계들을 살펴봄으로써 어디에서 그것들을 찾을 수 있을지 짐작할 수 있을 것이다. 왜냐하면 나의 강력한 의견으로는 진정한 초개인(예컨대 심령) 변용이 집단적으로 일어나기에 앞서 합리적 개체화 사회가 자신의 온전한 잠재력에 도달하고, 그런 사회가 설계되고 미래의 변용이 의존할 단계 특유의 진실과 가치 및 하부 구조들을 그 사회가 제공해야만 하기 때문이다. 그런 하부 구조의 예로서 적절한 기술, 수준 높은 의료 기반, 지구적 조망주의를 통한 지구적 유대로서의 원격통신, 마음의 확장으로서의 컴퓨터 접속, 특히 실재와 신성 및 의식에 대한 탈신화화를 들 수 있다.

내 생각에는 최초로 **대규모로 진행되는** 변용적 추세는 합리적 개체화의 조작적 기반을 이미 제대로 숙달한 사람들을 통해서 일어날 거라는 결론이 나온다. 왜냐하면 초합리적 통찰은 합리적 영역을 **통해서**, 그리고 그 영역으로부터 오기 때문이다. 그 영역 주변이나 그 영역과 떨어진 곳도 아니고, 그 영역에 반反하여 오는 것도 아니다. 그들은 내부에서 나온 요기들일 것이다. 청년기 시절의 법 대립 단계를 거치는 동안 그들은 처음에는 요가적(영적, 초개인적, 만유내재신적) 철학에 장난삼아 손을 대지만, 그 후 법 자체를 받아들이려고 애쓰면서 법률에 무의식적으로 반응하는 데 머물지 않고 확고한 태도로 의식적으로 법을 넘어 이동할 것이다.

비교적·신비적·비근본주의적 기독교 정신이 이런 변용의 과업을 완수할지, 또는 기독교 정신이 이전 모습을 극복하고 살아남아 반드시 탈신화화를 성취해서 자신의 통속적·가부장적·신화적 장신구를 벗어버릴지 나는 알지 못한다(이런 새로운/재건된 기독교 정신이 어떤 모습일지를 탁월하게 설명한 내용을 보려면 제이콥 니들만Jacob Needleman[116]의 저서《잃어버린 기독교 정신Lost Christianity》을 참고하라). 그러나 내가 상당히 확신하기로는, 특정 유형의 미래 변용에 대한 열쇠는 **표층 구조의 양립 가능성** surface structure compatibility, 즉 낡은 변환과 새로운 변환의 양립 가능성과 **정당성을 유산으로 남기는** 데에 달려 있다(낡은 것과 새로운 것은 실질적인 변용을 이룩할 만큼 충분히 달라야 하지만 사람들의 도약을 격려할 수 있을 만큼 비슷해야 한다). 그러므로 요기적(샤먼적, 만유내재신적)인 새로운 변환이 과거 표층 구조 상징화와 양립할 수 있는(그리고 때로는 그것을 직접 계승하는) 특정한 표층 구조를 갖출 가능성이 있다. 예를 들어 합리적 개체화라는 오늘날의 단계는 신화적 기독교라는 선행 단계와 아무리 다르다손 치

---

116 1934~ , 미국의 철학자이자 종교학자. 하버드, 예일, 독일의 프라이부르크대학교에서 교육받았고, 샌프란시스코대학교 철학 교수를 역임하였다. '신흥종교 운동new religious movement'이라는 용어를 대중화시킨 학자로 알려져 있다. 주요 저서로《The New Religion》,《Lost Christianity》,《Time and the Soul》등이 있다.

더라도 그 기원과 성질에 있어 명백히 유대교·기독교적인 인간성 personhood과 개성에 대한 강조를 보존하고 있다(신은 개별 영혼을 사랑하시며 보호하신다. 신의 눈에는 개별 인간이 소중하다. 신은 거대한 인간이며 그분의 아들도 마찬가지다 등등).

표층 구조 양립 가능성의 이런 필요성 때문에 나는 동양 종교가 선동적인 측면에서는 아무리 중요하다 해도 서구의 변용을 촉진하는 대규모 모델로 기능할 거라고는 생각하지 않는다. 그들의 영향력은 확실히 상당하겠지만, 일괄적으로 서구에 이식되기보다는 마침내 새로운 서구식 만유내재신적 세계관으로 변환되고 동화되는 식일 것이다. 그러므로 만유내재신적 변용이 비교秘敎적인 모습의 기독교가 아니라면, 새로우면서도 특별히 서구적인 신비주의가 탄생한다 해도 내게는 놀랍지 않다. 그러나 표층 조건으로 볼 때 그것은 기독교 상징학 및 합리적 테크놀로지와 양립할 수 있을 것이다(이미 다른 곳에서 내가 들었던 우스꽝스러운 예로서, 요가 명상은 "관조적 사랑contemplative love에 관한 심리 테크놀로지 psychotechnology"로 불리는 것을 들 수 있다. 같은 맥락에서, 심층 구조는 신비적 충동이지만 표층 구조의 모습은 처음에는 미국에서밖에는 거의 발생할 수 없었던 세 가지 현상, 즉 바이오피드백[117], LSD의 광범위한 사용, 기적 수업A Course in Miracles[118]에 주목하라. 이들은 각각 미국 테크놀로지, 약물 지향적인 미국 의학 및 문화, 마술적 기도에 대한 미국인의 근본주의적 개신교와의 **표층 구조상의 양립 가능성**으로 인해 아주 유행했던, 어떤 면에서는 진정성 있는 요기 및 성자 수준의 시도들이다). 요컨대 서구에서 새롭게 발흥한 만유내재신적 의식은 온갖 타당한 말을 하고, 온갖 합당한 상징을 이용하며, 온갖 낡은 욕구에 영합해서 서구 세계

---

117 개인이 마음대로 조절할 수 없다고 알려진 자율신경계 과정을 반영하는 기구를 사용하여 이를 조절하는 것을 말한다.

118 1965~1972년 사이에 헬렌 슈크만Helen Schucman이 내면의 음성을 속기로 받아 적어 저술된 《기적 수업》은 자습서 형식의 영적 교육 과정을 담고 있는 책으로, 비이원적 용서의 가르침과 이 가르침을 실천할 수 있는 실용적인 레슨이 포함되어 있어 영적 변용을 돕는다.

를 개조하기 시작할 것이다.

3 유아기의 하의식, 청년기의 자기의식, 성숙한 초의식이라는 인간 발달의 세 가지 광대한 영역은 각각 지배적인 심리적 태도, 즉 수동적 의존성, 능동적 독립성, 적극적인 수동적 순복surrender이라는 특징이 있다(이들은 정반합正反合의 관계에 있다). 이 절의 핵심은 학자들이 처음과 마지막 태도를 종종 혼동하는데, 이는 영적 공동체가 갖는 성질에 관해 잘못된 결론을 낳는 혼동이라는 것이다.

수동적 의존성은 유아동기 시절 자기시스템이 보유하는 경향성으로서, 유아가 아직 자신의 기본적 마나 욕구(생리적·안전·소속감의 욕구)의 상관적 교환을 위한 책임을 떠안을 만큼 충분히 발달하지 못했기 때문에 생긴다. 유아와 어린아이는 자신의 존속을 위해 특정한 파트너, 즉 엄마, 아버지, 중요한 타자와의 특정한 상관적 교환에 의존한다. 갓 태어난 경계로 인해 유아는 특히 외상적 감정전이displacement, 분열, 파편화, 해리에 노출되어 있다. 이런 왜곡들은 미래의 발달에 특히 중요한데, 왜냐하면(3장 '상관적 교환의 왜곡'에서 개요를 서술했다) 왜곡들은 구조 체계가 출현하고 공고화됨에 따라 상위 수준의 구조 체계에서 재생되는 경향이 있기 때문이다. 초반에 형성된 진주 층에 붙은 모래알 하나처럼 연속해서 쌓이는 각 층들은 계속 스스로 재생되는 스트레스 지점에서 주름이 생기면서 약해진다. 어린 자기시스템에서 그런 스트레스 지점은 특히 규율을 부과하거나 권위를 가진 인물과의 관계와 관련되는데, 대부분의 경우 이것이 실제로는 유아 자신의 전前언어적인 하위 구조, 특히 정서적·성적 및 공격적 충동과 햇병아리에 불과한 상징적·언어적 및 심적 구조 간의 관계를 나타내기 때문이다. 이때 심적 구조가 맞닥뜨린 과제 한 가지는 정서적·활력적 요소를 완화시켜 상위 표현으로 변형시키는 일이다. 즉 아이와 부모 간의 대인관계는 또한 어린아이 자신의 신체와 마음 간의 개인 내적 관계이기도 하다. 어린아이는 아직 둘 중 어느 관계도 지배할 수 없다. 이에 따라 기본적으로 양쪽의 관계는 모두 수동적 의존성이라는 어린아이의 근본 분위기를 부각시킨다.

비판적이고, 자기반성적이며, 자의식적인 심리 구조가 청년기에 출현하면 이 모든 게 변하거나 변할 수 있다. 부모를 향한 청년의 반항은 주로 유치한 의존성과 마술적·신화적 하의식으로부터 분화되거나 초월하려는 내적(그리고 건강한) 투쟁이 외부로 드러난 징후다. 어린아이의 법 이전은 청년의 법 대립에 자리를 내준다. 여기에 상응해서 일반적인 수동적 의존성에서 적극적 독립성으로 분위기가 돌연 바뀌어버린다(또다시 말하지만 이때 법 대립에서 법 반대로 과도하게 탈선할 수 있지만 대체로는 그저 건강한 분화와 변용에 불과하다).

적극적 독립성을 띤 청년기 분위기는 단계 특유의 초월, 하의식적 독립성으로부터 자의식적 책임성으로 초월하는 하나의 모습이다. 그러나 서구 문화 대부분이 그렇듯 그런 모습이 단계 특유의 시기를 넘어 지속되는 경우, 그것은 자신보다 상위의 선험적 본질prior nature, 또는 세계 과정 전체에서, 세계 과정 전체로서의 근본 초의식superconsciousness을 향해 적극성을 띠면서 고립된 개별성을 수동적으로 순복하는 성숙한 성향의 출현을 **방해할** 뿐이다. 이는 초의식 수준에서 재탄생할 여지를 두기 위해 뽐내며 으스대는 청년 분위기가 해소 및 소멸된다는 점에서 **순복**이다. 그리고 초조함으로 안달하는 에고로 알려진 중심센터가 더 넓은 자각에 직면해서 자신의 만성적 수축을 마침내 내려놓아야 한다는 점에서 **수동적**이다. 이는 **적극성**을 띤 수동성인데, 왜냐하면 이는 최면 상태 같은 복종에 머물지 않고 가장 예리한 집중, 인식, 의지, 에고를 구성하고 있는 편집증적 합리화와 수축된 사고의 흐름을 돌파하려는 의지의 노력을 수반하기 때문이다. 적극성을 띤 수동적 순복의 몸짓에는 초의식적 잠재력의 상위센터가 **적극적으로** 관여하고, 에고는 열려 **수동적**으로 변하는데, 이런 결과로 에고적 자기감각은 그 자신의 발달의 목적이자 바탕이 되는 더 넓은 존재와 자각의 흐름 속으로 놓여날 수 있으며 그런 흐름으로서 **순복한다**. 이는 자기소외self-alienation의 종말을 고하는 내맡김이다.

이 모두를 화제 삼아 들먹이는 유일한 이유는 특히 인정된 영적 마스터의 안내 하에 적극성을 띤 수동적 순복을 훈련하는 일이 언제나 유아적인 수동적 의존성과 혼동되기 때문이다. 내가 "언제나"라고 말하는 것은 특히 정통 심리학자들과 사회학자들 대다수가 전前개인적 무력감과 아버지 같은 권위적 인물에 대한 의존성, 그리고 영적 숙련자를 통한 초개인적 순복과 복종 간의 차이를 구별하길 원치 않으며 그럴 수도 없다는 것을 뜻한다. 그런 학자들에게는 적극적 독립성과 극심한 고립이라는 청년의 태도는 분명 위대한 발달의 여정에서 단계 특유의 시기가 아닌 발달 자체의 목표이자 최고 단계로 간주된다. 그러므로 여타의 태도들은 병적인 학문상의 흥밋거리로만 보인다.

다수의 신흥종교 또는 적어도 신新사이비 종교는 전前개인적 퇴행/고착의 역동에 기초를 두기 때문에 그 결과 아버지 같은 인물/토템술사에게 복종할 뿐 아니라 자기와 집단 간의 융합과 비분리(신비적 참여)가 일어나고, 집단의식, 마술적 주문, 신화적 수준의 외경外經이 등장한다는 건 분명 사실이다. 집단 사이비 종교 구성원들은 종종 경계선 신경증이나 경계선 정신병 기질을 드러낸다. 즉 낮은 에고 강도, 추상적 정위定位를 포착하기 어렵기 때문에 경험에 구체적으로 몰두함, 자기애적 개입, 낮은 자존감, 그리고 이와 관련된 도덕적 모호성, 모순 또는 선택 구조를 다룰 때의 어려움을 들 수 있다. 그런 성격들에게 집단 사이비 종교는 매력적으로 보이는데, 왜냐하면 그것은(그리고 보통 그런 토템술사는) 권위주의를 향한 소극적인 의존 분위기를 제공할 뿐 아니라 이를 조장하며, 이로써 그런 성격들이 심리적으로 여전히 붙들려 있는 어린아이 특유의 분위기를 재현하기 때문이다. 사이비 종교는 그런 구성원들을 "세뇌시킬" 필요가 없다. 그저 나타나서 미소 짓기만 하면 그만이다.

수동적 의존성이라는 어린아이 특유의 분위기에 영합하기 때문에 집단 사이비 종교에서는 청년기의 적극적인 독립 훈련, 특히 합리적인 자기반성, 비판적 평가, 논리적 담론, 대안적 철학에 대해 체계적으로 연구하는 훈련이 허용되지 않는다. 토템술사나 집단 전체를 지배하는 마술적 "아버지"에 대한 충성과 결부되어 이것이 사이비 종교에 대한 심리사회적 기반을 상당 부분 형성하고 있다.

불교도인들이 **승가**僧家로 부르는 초개인 명상가들로 구성된 공동체는 소박한 눈에는 종종 집단 사이비 종교와 유사하거나 동일하게 비치는데, 내 추측상 공동체가 단단히 결속되어 있을 뿐 아니라 다양한 숭배나 적어도 엄청난 존경심을 갖고 대하는 영적 숙련자 주변을 둘러싸고 조직화되어 있기 때문이다. 이런 공동체도 청년 시절의 적극적 독립성을 파기하는 데 관심을 두긴 하나 전혀 다른 방향, 즉 그것을 금지하는 것이 아니라 초월하는 쪽으로 관심을 기울인다. 실제로 각 상위 단계는 그 전 단계를 초월하지만 **포함하기** 때문에 진정한 승가는 항상 합리적 탐구, 논리적 성찰, 다른 철학 체계에 대한 체계적 연구, 유관 분야와 관련해서 자신의 가르침을 비판적으로 평가하는 것에 항상 **근접하고** 있을 뿐 아니라 이들에게 적절한 위치를 부여한다. 사실 역사적으로 볼 때 신비스러운 명상 센터는 종종 교육과 학습의 대형 센터가 되었으며, 인도의 날란다Nalanda[119]와 중국의 천태종 센터가 그 대표적인 예다. 니덤Joseph Needham[120]은 이미 신비주의와 과학적 탐구는 보통 역사적으로 연결되어 있는데, 양자는 모두 도그마적 신앙을 배격하고 항상 개방된 체험을 주장하고 있기 때문임을 보였다.

요점은 명상을 통해 "파괴하려" 하는 것은 **마음이 아니라 의식을 마음과 배타적으로 동일시하는 것이라는 점이다.** 유아동은 어느 정도까지는 전적으로 몸과 동일시한다. 청년기에 마음이 출현하면 마음은 몸과의 배타적 동일시를 파괴하지만 몸 자체를 파괴하지는 않는다. 마음은 몸을 더 큰 자신의 심적 정체성 안에 포함시킨다. 마찬가지로 영이 출현하면 그것은 마음(그리고 포섭된 몸)과의 배타적 동일시를 파괴하지만 마음 자체를 파괴하지는 않는다. 영은 마음을 더 큰 최고의 정체성 안으로 포섭한다. 마음 자체에도 온전한 가치를 부여하는데, 어떤 이론 영역이건 자유롭게, 또 비판적으로 탐구하는 일도 마찬가지다.

그러나 반항 섞인 독립의 태도로 마음과만 배타적으로 동일시하는 청년기에 나타나는 분리된 자기감각에는 그다지 높은 가치를 부여하지 않는다. 그러므로 명상 공동체의 수많은 예비 훈련은 에고가 단계 특유한 동시에 전체 발달상에서 중간 정도의 위치를 차지함을 에고에게 일깨우도록 고안되어 있다. 선禪에서 단순히 절하기와 금강승에서의 엎드려 절하기, 또는 수도승 종파에서 행하는 공동체를 위한 의무적인 봉사는 에고보다 더 파노라마처럼 펼쳐지는 무아적 존재selfless being 상태에 내면적으로, 또 적극성을 띤 수동성으로 순복하고 있는 가시적인 외적 징후들이다. 그런 수련이 지향하는 궁극의 목표란 마음을

---

119 5세기경 인도에 설립된 최초의 불교 종합대학.

120 1900~1995, 중국의 과학사에 대해 연구 및 저술한 영국의 과학자·역사학자·중국학자. 영국 왕립협회 회원이었고, 주요 저서로 《Science and Civilization in China》, 《Science in Traditional China》, 《Heavenly Clockwork》 등이 있다.

유지하고는 있지만 영적인 창조 차원 전체에서 더 큰 자기를 발견함으로써 에고적 자기감각을 초월하는 데 있다.

이것이 비판적 성찰에 자유롭게 참여하는 것을 제한하고 금지함으로써 자기를 전前개인적·수동적인 의존성 상태로 **축소시키는** 집단 사이비 종교의 전략과 근본적으로 다른 점이다. 승가의 목표가 마음은 보존하지만 에고를 초월하는 데 있다면 사이비 종교의 목표는 양측을 모두 금지하는 데 있다.

나는 어떤 공동체가 사이비 종교인지 승가인지 결정하는 일이 실제로는 항상 쉽지 않음을 알게 되었다. 삶에서 일어나는 대부분의 상황과 마찬가지로 이상적인 극단 사이에는 어떤 연속성이 존재한다. 그러나 나는 위에서 언급한 기준이 적어도 이런 집단들을 심리 역동적으로 구분하기 위한 그럴듯한 근거를 제공하고 있다고 느낀다(이런 기준을 확장시킨 내용을 보려면 참고문헌 106을 보라). 이 분야에서 진행될 필요가 있는 연구들이 분명 많지만, 개인적으로 그리고 초개인심리학자로서 나는 정통 심리학자들과 사회학자들이 공동체 의식에 대한 심리 역동에 관해 보고할 때 상상력을 조금 더 발휘할 수 있었으면 한다. 그들은 존스타운을 거의 "영적" 모임의 전형으로 만들어버렸다. 나는 어린이 특유의 수동적 의존성과 적극성을 띤 성숙한 수동적 순복을 구분하고, 이와 관련해서 전前개인적 사이비 종교와 초개인적 승가를 구분하려는 진솔한 노력이 있어야 한다고 제안하고 싶다.

4 나는 사회학에 심리학(특히 초개인심리학)을 투입함으로써 얻을 수 있는 점을 이 책에서 줄곧 강조해왔다. 그러나 나는 이것이 쌍방향 도로로서, 심리학(특히 초개인심리학)은 현대 사회학 특히 종교사회학을 연구함으로써 얻을 바가 많다는 점을 강조하고자 한다. 따라서 나는 〈초개

인심리학Journal of Transpersonal Psychology〉지에 실렸던《우리가 믿는 신: 미국 종교 다원주의의 새로운 형태In Gods We Trust: New Patterns of Religious Pluralism in America》(로빈스와 앤서니 편집)에 대한 나의 개관을 재수록하여 이 장을 마무리하려고 한다. 그 책은 온갖 종류의 신흥종교 운동과 관련하여 현재 미국 내에서(그러나 외피만을 수정해서 거의 서구 사회 전반이라고 말할 수 있을 거다) 일어나고 있는 진지하면서도 엄정한 유형의 사회학적 탐구를 대표하고 있다. 요즘에는 다른 책들도 그런 식으로 편집되고 있다. 두말할 필요도 없이 이것은 심리학, 사회학, 종교를 위해서는 희소식이다.

이 책에 대한 나의 코멘트는 위에서 서술한 내용만큼 상세하지는 않지만, 그럼에도 불구하고 지금까지 해온 우리의 논의를 일반적으로 요약하고, 이 분야의 미래가 달린 학제 간 대화를 나타내는 지표가 될 것이다.

심리학은 항상 사회심리학이기도 하다는 가정을 전제로 한다면, 분명 사회학적 조망에서 "신흥종교"를 연구하는 일은 심리학 전반, 특히 초개인심리학 및 치료에 있어 엄청나게 중요할 것이다. "초개인사회학"은 탄생을 몹시 기다리는 학문이라는 점을 감안할 때 더욱 그렇다.《우리가 믿는 신》은 내 생각에 신흥종교 운동을 최초로 엄밀하게 사회학적으로 다룬 책이다. 그러므로 그 책에는 실로 개척적인 노력이 갖는 모든 강점과 피할 수 없는 약점이 일부 담겨 있지만, 어쨌든 그런 책의 출현은 기념비적이라 할 수 있다.

그 선집은 "시민종교"라는, 엄청난 영향력을 행사하고 있는 로버트 벨라의 개념과 최근에 일어난 그것의 해체(여러모로 그 책의 중심 주제다)를 출발점으로 삼고 있다. 간단하게 말해서 그 기능이 어떻든 종교는 핵심적으로는 하나의 세계관을 의미 있게 통합하고 정당화시키는(정의-2와 정의-8) 방식으로 기능한다는 발상이다. 벨라에 따르면, 미국 시민종교는 성경의 상징주의와 미국 민족주의("신 아래 한 국가……")의 혼합물, 사회적 통합, 윤리로서 적합하게 기능하면서 더 나은 미국 역사를 목적으로 삼는 "종교"이다(였다). 그러나 벨라와 그 밖의 학자들에 따르면, 최근 수십 년 동안 미국 시민종교는 해체, 전문적 표현으로는 정당성을 잃기 시작했다(벨라는 "깨진 서약the broken covenant"으로 불렀다). (이 이론가들과 마찬가지로) 통합적 기능[정의-2]으로서의 종교가 보편적인 필요성이나 충동이라고 가정한다면 **무언가가** 낡은 시민종교를 대신해야만 한다는 결론으로 귀착된다. 그러므로 그것은 지난 몇십 년 동안에 발흥했던 신흥종교가 되며, "동양 신비주의와 유사 신비적 치료 집단은 이런 [시민종교의] 쇠퇴로 말미암아 생겨난 욕구와 관련지을 때 가장 잘 이해될 수 있다."

257

그 선집은 거기에서 시작해서 다양한 사회학 이론들, 연구, 자료를 여섯 개 부분으로 배열하는 방향으로 선회하였다. 종교적 소란과 문화적 변용, 미몽에서 깨어남과 주요 전통의 부활, 시민종교 계층, 동양 신비주의 및 치료 집단, 세뇌식 설명(이 개관의 나머지를 이 주제에 관해 논하면서 소비하고 싶지 않기 때문에, 이 책은 "세뇌" 이론이 나올 때마다 그것을 건전하게 고발하고 있다는 점을 나는 여기에서 지적하고 싶다. 자료가 그런 설명적 이론을 지지하지 않고 있을 뿐이다. 통일교 같은 문제 많은 집단에서조차 그렇다), 신흥종교, 공동체의 쇠퇴라는 소제목이 자초지종을 보여주고 있다. 인상적인 부분을 언급해보자.

로버트 우스나우Robert Wuthnow[121]의 〈정적주의 부흥의 정치적 측면 Political Aspects of the Quietistic Revival〉은 거의 익살맞은 제목을 붙였는데("정적주의quietistic"), 왜냐하면 그것은 "신비적인 사람일수록 [사회 또는] 정치 활동에 덜 관여한다는 면에서 경험적 종교와 정치적 참여 간에는 '수력학적 관계hydraulic relation'"가 존재한다는, 오랫동안 내려온 (베버에서 프로이트에 이르는 연구자들이 발견한) 편견에 사실상 도전장을 던지고 있기 때문이다. 우스나우는 실증적 자료를 근거로 신비주의에 매혹되는 사람들은 사회적 참여가 적지 않을 뿐 아니라, 대부분의 사회 참여 범주(예컨대 사회 개선의 가치, 여성에 대한 동등한 권리, 사회적 문제들의 해결 등)에서 일관되게 높은 수준에 자리매김하고 있음을 입증하였다. 이와 관련된 저술로는 도널드 스톤Donald Stone의 〈인간 잠재력 운동에 있어서의 사회의식Social Consciousness in the Human Potential Movement〉이 있다. 체계적으로 수집된 자료를 바탕으로 스톤은 (전부는 아니지만) 적어도 일부 인간 잠재력 운동은 래시Christopher Lasch[122] 및 여타 비평가들의 지적과는 **달리** 자기애적 철회narcissistic withdrawal가 늘어나지 않고 오히려 **줄어듦으로써** 사회적 책임성을 높이는 경향이 있다고 제안하였다(그러나 그 차이[내가 법 이전 대 법 초월로 제안한 차이]를 구체적으로 밝히지는 않았지만, 이 말은 일부 "뉴에이지 운동"에 분명 적용되는 래시의 주장을 모두 무용지물로 만든다는 뜻이 아니다).

로버트 벨라에 관한 장은 "시민종교"에 대한 그의 개념을 명료하게 설명했을 뿐 아니라 설득력 있는 주장을 펴고 있는데, 사실상 미국 헌법은 도덕적 훈련(또는 목표)이 항상 교회를 통해 수행된다는 암묵적인, 그러나 불가피한 가정을 전제하고 있으므로 이제 교회가 쇠락함에 따라

---

121 1946~ , 종교사회학에 대해 주로 연구한 미국의 사회학자. 주요 저서로《The Restructuring of American Religion》,《The Crisis in the Churches》등이 있다.

122 1932~1994, 미국의 역사가·도덕가·사회비평가로 로체스터대학교의 교수이기도 했다. 자신의 사회학 이론을 이용해서 미국의 극심한 소비주의, 프롤레타리아화, '자기애 문화'를 비판하였다. 대표적인 저서로《The New Radicalism in America》,《Haven in a Heartless World》,《The Culture of Narcissism》,《The True and Only Heaven》등이 있다.

국가적으로 통용되는 분명한 도덕적 대체물이 사라져버린 셈이다. 그러나 일부 신흥종교들이 분열된 도덕적 유대를 정당하게 대체하지 못하고 오히려 사적인 도피처를 제공하고 있다는 것이다("매우 자기중심적이 되어 카페테리아 소비자 모델에 가깝게 되어간다").

로빈스와 앤서니가 쓴 탁월한 서문은 그 선집에서 아마도 최고 내용을 담은 유일한 장으로서, 세너 모델에 대한 완벽하면서도 통렬한 비판이자 메헤르 바바Meher Baba[123] 공동체에 대한 통찰력 있는 보고이기도 하다. 후자는 특히 중요한데, 왜냐하면 공동체와 그 가르침을 환원주의적으로 폄하시키지 않고 정교한 사회학적 분석(주로 파슨스식 분석)[124]을 영적 공동체에 적용시킬 수 있음을 보여주고 있기 때문이다(그러면서 비록 미묘하지만 도처에서 엄격한 파슨스주의를 초월하고 있다).

일반적인 진술을 최종적으로 추가해보면, 그 책이 제시하고 있는 실증적인 사회학적 자료들은 사회학적 방법론이 가진 무시할 수 없는 힘을 보여준 점에서 흥미로울 뿐 아니라 중요하기도 하다.

심리학자들은 숲이 아니라 나무를 연구하는 경향이 있고, 사회학자들은 나무가 아니라 숲을 연구하는 경향이 있으므로, 이 학문들은 항상 학제 간 대화를 통해 균형을 맞출 필요가 있다. 종교심리학과 종교사회학의 경우 특히 그렇다. 예를 들어 초개인심리학자는 그 책의 몇 장은 미묘한 환원주의적 경향을 포함하고 있음을 지적하고 싶을 것이다. 예를 들어 "신흥종교"가 기본적으로 미국 시민종교가 해체된 결과라고 한다면 그것이 전부란 말인가? 선불교가 제공하는 건 시민종교가 제공

---

123 1894년에 인도에서 태어나 인도와 해외에서 많은 추종자를 거느린 인도의 영적 스승.

124 파슨스T. Parsons가 사회과학의 한 방법론으로 제안한 구조기능주의structural functionalism의 관점으로 사회를 분석하는 접근을 말한다. 이는 사회를 전체로서의 유기체로 보고 거시적 관점에서 사회를 분석하며 사회의 구조와 기능을 동시에 조망한다. 기능주의에 대한 보완적인 접근법으로서 사회 구조의 독특한 특징이 사회 체계가 유지되는 데 공헌한다고 주장한다.

하는 것과 **본질적으로** 같다는 말인가? 수많은 사회학자들은 그렇다고 말한다. 초개인심리학자는 아마도 그렇지 않다고 할 것이다. 종교는 후자에게는 에고의 통합을, 전자에게는 에고의 초월을 제공한다. 이는 사회학으로서의 사회학이 놓치기 쉬운 사실이다(그러나 나는 이 책의 편집자들이 자신들의 글에서 이런 구분을 예리하게 잘 감지하고 있음을 언급해야겠다). 따라서 초개인심리학자는 진정성 있는 신비적 종교에 쏠린 최근의 관심에 낡은 시민종교의 붕괴가 필요하지만 충분치는 않음을 말함으로써 사회학적 조망을 인정할 것이다. 정통 종교에 부조화 요소가 전혀 없었다면 다른 것을 찾지도 않았을 거라는 점에서 필요하지만, 진정으로 신비적인 새로운 전통은 시민종교나 정통 종교가 결코 공식적으로 제공하지 못했던 그 무엇, 즉 실질적인 초월(공동체적 몰입만은 아닌)을 제공한다는 점에서 충분치 않은 것이다.

초개인심리학자는 동일한 이유로 **초超개인적** 성장과 **전前개인적** 퇴행 간에는 명백한 차이가 있어 보이며, 일부 이른바 신흥종교나 새로운 치료는 사실상 초개인이 아닌 전개인적이고, 이런 전개인적 운동은 종종 자기애적 · 사이비 종교적 · 권위주의적 · 반합리적 · 자기중심적("집단자기group self"[즉 신화적 멤버십])일 뿐 아니라, 존스타운과 시나논 Synanon[125], 신의 아들Children of God[126] 같은 사이비 종교 운동은 순수한 여러 불교센터(선, 금강승, 상좌부)와 기독교 신비주의 군락, 일부 요가센터 등등과 같은 진정으로 초개인적인 승가나 명상 공동체와는 단연코 같지 않음을 지적할 것이다. 그러나 다시 말해서 사회학으로서의 사회

---

125 1958년 미국 캘리포니아에서 마약 중독자 갱생 단체로 출발했으나 1960년대 초기에는 대안공동체로 많은 사람들을 끌어들였고, 1970년대에는 시나논 교회가 되었으며, 1989년에는 여러 범죄 행위와 연루되어 마침내 해체되었다.

126 미국 캘리포니아에서 1968년에 시작된 신흥종교 운동으로서 초기 멤버들을 주로 히피 운동을 하던 사람들로 구성되어 있다. 후에 'Family of Love'로 개칭하였다가 현재는 'The Family'로 알려져 있다.

학[혹은 위계적 구조주의를 잃은 기능주의]은 이런 식의 구분을 놓치는 경향이 있는데, 왜냐하면 그것은 이런 숲들이 공통으로 갖고 있는 면만 보기 때문이다. 그것들은 모두 주류 정통 종교와는 다르다는 것이다.

그러나 사회학이 초개인심리학으로부터 배울 점이 이런 것들이라면 《우리가 믿는 신》은 초개인심리학자들이 현대 사회학으로부터 배울 수 있는 것을 탁월하게 요약한 개론이라 할 수 있다. 나는 분명 심리학자들 일반, 특히 초개인심리학자들과 치료자들을 가리키고 있다. 왜냐하면 우리가 말한 것처럼 초개인 학자들로서는 그런 이론들만으로 충분치 않다고 한다면, 그럼에도 불구하고 절대로 필요한 것들이기 때문이다. "카우치에서" 나온 정신분석이 사회 전반의 온전함에 대해 말해줄 수 없듯이 "좌선 방석에서" 나온 산물이 규모가 더 크고 똑같이 중요한 사회적 흐름에 대해 말해줄 수는 없다. 내 생각에 초개인심리학이 맞닥뜨린 근절하기 어려운 이론적 문제들 다수는 종교사회학이 이미 상당 부분 대답해주었으며, 《우리가 믿는 신》은 그런 대답들을 정확하게 요약한 개론서다.

이 선집은 편집자들이 참여함으로써 더욱더 중요해졌다. 예를 들어 딕 앤서니는 퇴행적·전개인적·전합리적 운동과 진보적·초개인적·초합리적 관심 간의 차이를 예리하게 인식하고 있다. 그의 작업은 영적 노력을 비환원적으로 해석하는 일에 대한 진심 어린 감수성으로 가득 차 있다. 게다가 제이콥 니들만, 토마스 로빈스, 그 외 다른 학자들이 연합하면서 그는 정통 사회학자들과 초개인심리학자들 간의 대화를 거의 단독으로 개시하였다. 《우리가 믿는 신》은 그런 대화는 아니다. 그것은 심리학, 초개인학 또는 그 밖에 다른 내용들이 빠진, 진실로 사회학적인 선집이다(그런 의도로 저술되었다). 그러나 그것이 언급했던 목표, 그리고 철저히 성취되었던 목표를 뛰어넘어 그 책은 미래에 펼쳐질 초개인심

7
오늘날의
종교사회학

261

리학자들과의 대화를 위한 초대, 그것의 중요성을 아무리 과대평가해도 지나치지 않은 초대, 심리학자 일반, 그리고 특히 초개인심리학자들이 열광적으로 반응할 것으로 믿는 초대이다.

8: 지식과 인간의 관심

이 장에서 나는 지식과 인지적 관심에 대한 하버마스의 작업을 사회학, 특히 비판사회학critical sociology을 실로 더 포괄적인 체계, 진정성 있고 영적이거나 실제로 초월적인 **지식**knowledge과 **관심**을 올바로 포섭할 수 있는 체계로 확장시키는 출발 거점으로 삼고 싶다. 나는 어떤 가능성만을 제시하길 원하기 때문에 보통의 일반화 수준, 예비적인 수준 이상으로 논의가 전개될 것이다.

하버마스는 지식 탐구의 세 가지 주된 양식, 즉 객관화가 가능한 과정을 다루는 실증적·분석적empirical-analytic 양식, 상징적 형태에 대한 해석학적 이해를 목표로 삼는 역사적·해석학적historical-hermeneutic 양식, (과거의) 인지적 조작을 이해함으로써 이들을 통찰의 수단으로 제시하는 비판적·반성적critical-reflective 양식을 구분했다.

하버마스 이론 중 특히 흥미를 불러일으키는 부분은 각각의 양식은 본질적으로 인간 **관심**의 유형과 연결되어 있다는 것이다. 왜냐하면 지식 자체로서의 지식은 항상 움직여왔으며 움직이고 있기 때문이다. 하버마스가 인지적 관심이라 부른 것의 의미를 살펴보면, 당신이 무언가를 알고 싶을 때마다 스스로에게 "나는 왜 이것이 알고 싶을까?"라고 물어가면서 개인 특유의 순수한 동기를 모두 제거해버린다면 특정한 탐구 과정을 이끌어가는 **일반적인 인지적 관심**만이 남을 거라는 것이다.

하버마스에 따르면, "실증적·분석적 과학의 접근은 **기술적인** 인지적 관심을 함유하고, 역사적·해석학적 과학의 접근은 **실용적인** 관심을 함유하며, 비판적인 방향의 과학적 접근은 **해방적인** 인지적 관심을 함유한다." **기술적** 관심이란 객관화할 수 있는 환경에서 사건을 예언하고 통제하는 데 대한 관심이다. **실용적** 관심은 삶, 도덕, 목적, 목표, 가치 등의 상호성을 이해하고 공유하는 데 대한 관심이다. **해방적** 관심이란 노동, 언어, 의사소통의 왜곡과 제한을 해방시키는 데 대한 관심으로 이런 왜곡과 제한은 이들이 불투명해진 데서 생기거나, 또는 이들을 끊임없는 비판적 자각으로 보지 않는 데서 생긴다(이 지점에서 나는 어떤 주어진 수준 내에서 왜곡을 바로잡는 데 목적을 둔 수평적 해방과 더 상위 수준으로 움직이는 데 목적을 둔 수직적 해방을 앞에서 이미 구분했음을 독자에게 일깨우고자 한다. 하버마스는 전자만을 다루었으므로 나는 그의 관심을 항상 수평적 해방의 관심으로 부를 것이다).

이제 나는 두 가지 지름길을 택할 것이다. 첫째, 나는 우리가 하의식, 자기의식, 초의식으로 말한 세 가지 일반 영역을 육체적·감각운동적, 심적·합리적, 영적·초월적, 간단하게는 신체body, 마음mind, 영spirit이라는 이름으로 부를 것이다. 신체는 **전**前상징이나 감각적 지식을 어느 정도 갖추고 있으며, 마음은 상징적 지식으로 작동하고, 영은 **초**超상징적 지식이나 그노시스gnosis를 다룬다. 마음은 상징적 양식이므로 물질세

266

켄 윌버의
신

계, 심적 세계, 영적 세계라는 세 개 영역 각각에 대해 상징을 만들 수 있음에 주목하라. 상징적 지식의 세 가지 양식에 초상징적 그노시스와 전상징적 자각이 추가되면 인지에 관한 다섯 가지 일반 양식이 주어진다. 그림 4는 이런 양식들을 나타낸다.

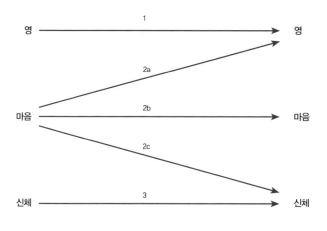

267

그림 4 인지에 관한 다섯 가지 일반적 양식

1은 영적 그노시스 또는 영 자체로서의 영에 대한 비매개된 직접적인 영적 지식이다. 2a는 역설적 또는 만달라적 이성으로 불리는데, 왜냐하면 이것은 결국에는 초정신적인 것을 정신적 상징에 담으려는 마음의 시도로서 마침내는 항상 역설적으로 끝나기 때문이다. 2b는 당신이 이 글을 읽을 때와 같이 다른 마음들에 대한 마음의 지식, 또는 다른 상징에 대한 상징의 자각이다. 2c는 물리적·감각적 세계에 대한 마음의 자각 또는 **전**前상징적 세계를 상상하는 데 이용되는 상징 모델이다. 3은 감각운동 세계에 대한 감각운동적 파악 또는 전상징적 세계에 대한 전상징적 포착이다.*

내 생각에 이런 형태의 지식들은 **구조 체계** 수준 자체에 바탕을 두

고 있다. 발달의 심층 구조나 자기형성하는 의식self-forming consciousness
은 그런 인지들의 **형태**를 좌우한다. 그 정도로 그것들은 변하지 않으
며, 심층에 뿌리내리고 있고, 선천적이며, 집단적이다(물론 그들의 표층 구
조는 대부분 문화적으로 형성되며 조건화되어 있다).

　나의 두 번째 지름길은 하버마스의 실증적·분석적 모델을 2c, 또는
실증적·감각적 세계에 대한 마음의 자각으로 여기고, 그의 역사적·해
석학적 양식을 2b, 즉 마음이 다른 마음들과 상호작용하는 것으로 여
기는 것이다. 이는 지름길로 가는 셈이 되는데, 왜냐하면 이런 구분들
을 정확한 것으로 볼 수 없기 때문이다. 예를 들어 해석학적 계기가 실
증적인 객관 요소를 갖고 있다면 그 요소는 실증적·분석적 탐구의 대
상이 될 수 있기 때문이다. 마찬가지로 감각적·객관적 계기가 해석적
이해의 영향을 받는다면 역사적·해석학적 탐구 대상이 될 수 있다. 그
럼에도 불구하고, 실증적·분석적 탐구의 핵심 형태, 패러다임은 전前
상징적 세계를 반영하는 상징적 마음이며, 역사적·해석학적 탐구의
패러다임은 상징적 마음과 상호작용하는 상징적 마음이라고 나는 생
각한다. 투박하게 표현해서 전자는 물질을 반영하는 마음이고 후자는
마음을 반영하는 마음이다. 그렇다면 하나의 일반화로서 우리는 역사
적·해석학적으로서 2b를, 실증적·분석적으로서 2c를 사용해서, 그들
에게 각각 인지적 관심, 실용적·도덕적practical-moral 관심, 기술적·예언
적technical-predictive 관심을 배정할 수 있다. 이 모든 것들을 그림 5에 열
거하였다.

　그렇다면 우리는 하버마스의 수평적 해방의 관심, 각 주요 수준에서

● 이런 양상의 더욱 충분한 논의로 《아이 투 아이》를 보라.

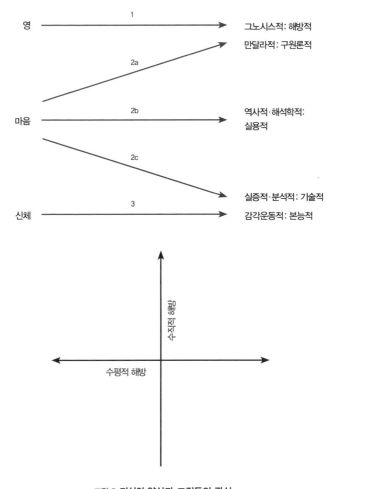

8
지식과
인간의
관심

그림 5 **지식의 양상과 그것들의 관심**

발생하는 상관적 교환의 왜곡을 "일소하는" 것에 대한 그의 관심을 어떻게 이해할 수 있을까? 지식과 인간의 관심이 실제로 **구조**에 바탕을 두고 있다면, 우리는 이런 해방적 관심에 대한 패러다임으로서의 핵심 구조를 가리킬 수 있어야 한다(실증적·기술적 양식에 대해 2c를 가리킨 것처림). 그러나 우리의 논의가 진전됨에 따라서 점점 더 분명해질 이유로 말미암아 다섯 가지 인지 양상 중 어느 양상도 꼭 들어맞지 않는다. 우선 수평적 해방의 관심은 분명 모든 수준 또는 거의 모든 수준에서 작동할 수 있다. 다른 한 가지는 **반드시** 작동하진 않지만 사실상 왜곡이 계속되어 명료화가 요구되는 경우에만 존재한다. 하버마스가 말했듯이,

> 깊숙이 박혀 있는(불변하는? [즉 심층?]) 행위와 경험의 구조에 근거한 지식에 대한 기술적·실용적 관심에 비해 (…) **지식에 대한** [수평적] **해방의 관심**은 부수적인 위상을 갖는다. 그것은 이론적 지식과 현실적 삶의 "대상 영역object domain" 간의 연결을 보장하는데, 이 영역은 체계적으로 왜곡된 의사소통과 희미하게나마 정당화된 억압의 결과로 존재하게 되었다.

달리 말해서 수평적 해방의 관심은 특정 구조 자체에 뿌리박고 있지 않은데, 뿌리박고 있다면 그것이 지속적으로 활동할 것이기 때문이다. 그보다는 구조적 왜곡으로 인한 구조적 **긴장**에 뿌리박고 있으며, 그 목표는 긴장의 원천을 제거하는 것이다. 일단 왜곡이 사라지면 수평적 해방의 관심은 수액을 잃고 만다. 그러므로 하버마스가 제시한 수평적 해방의 관심의 두 가지에 한정시킨 주요 예로서 프로이트의 정신분석과 마르크스주의 유물론 비판을 들었다는 점은 놀랍지 않다.

극히 단순하게 말해서, 정신분석에 대한 욕구는 심리적 발달에서 무언가 "잘못될" 때만 생긴다. 억압repression과 탄압oppression이라는 심리적 왜곡은 심리적 긴장을 일으키고 이런 긴장들은 "잘못된 것" 자체에 대한 비판적 반성이나 분석을 통해서만 해소될 수 있다. 그리고 이런

비판적·반성적 지식은 그런 왜곡, 장애, 억압으로부터의 **해방이 그 관심사**이다. 의사소통 윤리철학으로 하버마스가 한 일은 비판적·반성적 탐구와 수평적·해방적 관심을 이용해서 다른 경우라면 자유롭고 개방된 **의사소통 교환**이 되었을 것에 덧씌워진 왜곡과 제한을 밝히고 수정하려고 시도한 것이다. 의사소통과 상호주관적 교환을 탄압하면 담론 (그리고 진실) 자체에 왜곡이 생기는데, 가장 단순한 예로는 정치적 선전을 들 수 있다. 그런 식의 "체계적으로 왜곡된 의사소통과 희미하게나마 정당화된 억압"은 그런 불투명한 의사소통으로부터의 해방에 대해 관심을 갖게 만들고, 동시에 그런 왜곡에 대해 비판적·반성적으로 탐구할 가능성과 필요성을 일으킨다. **세 가지 경우 모두**에서 왜곡이 일단 일소되면 분석에 대한 욕구와 해방에 대한 관심도 모두 감소하는 경향이 있는데, 왜냐하면 그것들은 자신들의 원천을 해소시킴으로써 그 목적에 종사했기 때문이다.

내가 부언하고 싶은 내용은 내 생각에 프로이트와 마르크스는 둘 다 의사소통 교환이 갖는 중요성을 의식하고 있었다는 사실이 (마르크스의 유일한 관심은 아니나 대부분의 관심을 끌었던) 물질적·경제적 장애, (프로이트의 유일한 관심은 아니나 대부분의 관심을 끌었던) 정서적·성적 장애, 그리고 (하버마스의 유일한 관심은 아니나 대부분의 관심을 끌었던) 의사소통 장애는 상관적 교환과 잠재적 왜곡의 상당히 다른 구조적 수준을 지칭하고 있다는 점을 덮어버려서는 안 된다는 점이다. **수평적 해방의 관심은 서로 간에 재빨리 작용할 수 있지만,** 그러나 각 경우에서 실질적인 역동은 약간 달라지는데, 각 대상 영역이 서로 다른 구조를 갖고 있기 때문이다. 간단히 말해서, 물질을 "해결하고", 성을 해결하며, 의사소통을 해결하는 것은 모두 수평적 해방의 형태이지만 각 경우에 나타나는 구체적인 역동은 서로 달라지는데, 이는 물질, 정서, 사고의 역동 자체가 서로 다르기 때문이다. 예를 들어 소크라테스를 죽인 것은 경제적·물질적 왜곡이나 정서적·성적 억압이 아니라 의사소통의 탄압이었다. 이런 다양한 왜곡들은 이들이 해로운 영향을 끼치는 수준과 마찬가지로 위계적이다. 그런 식의 질병의 위계 구조에서 마르크스가 물질적 영역에서 **주로** 했던 것, 프로이트가 정서적 영역에서 **주로** 했던 것을 이제 하버마스가 주로 의사소통(심적) 영역에서 하고 있는 셈이다. 이 세 이론가들은 그런 수준에 대한 수평적 해방에 대한 관심의 예이다(아직도 우리는 영성의 왜곡과 탄압, 초월의 억압, 도道의 정치학, 존재들에 의한 존재상태Being 의 부정을 탁월하게 연구할 분석가를 기다리고 있다).

이제 다른 형태의 지식과 각각에 상응하는 관심을 추가함으로써 그림 5를 채울 수 있다. 나는 시험적으로 다음을 제안하고자 한다. 3번 양식 또는 감각 세계에 대한 신체적 지식에 보이는 관심은 **본능적**이다. 감각운동 인지에 대한 선험적 도식은 본능적 생존에 기초를 두고 있다. 2a 양식, 또는 영에 대해 논리적으로 생각하려는 마음의 시도를 향한 관심은 구원에 대한 **구제론적** 관심soteriological-interest으로서, 영을 심적 표현으로 이해하여 초월적 직관이 당기는 쪽으로 방향을 잡거나 아직 거기에 **관심을 갖지** 않는 마음에게 영적 영역을 "마음속으로 그리도록" 도우려는 시도이다(칸트와 나가르주나Nagarjuna가 설명한 바와 같이 그런 그림은 항상 궁극적으로는 역설적이지만, 이 때문에 신성한 것에 관한 인간의 관심이 방해를 받거나 만달라적 이성이 갖는 유용성이 제한되지 않는다. 즉 영은 완벽히 초월적인 동시에 완벽히 내재적이라는 역설적·만달라적 진술 안에는 어떤 유용한 정보가 담겨 있다). 그노시스, 1번 양식 또는 영 자체로서의 영에 대한 영적 지식을 향한 관심은 근본적인 해방(깨달음, 해탈, 오悟, 해방)에 대한 **해방적** 관심이다. 구제론적 관심이 자기에게 상위의 지식을 제시하고 싶어한다면, 해방적 관심은 자기를 그 지식으로서의 상위 지식, 즉 영에 대

272

○
켄 윌버의
신

한, 그리고 영 자체로서의 영의 지식 속으로 자기를 녹이는 것을 목표로 삼는다. 전자는 자기로서 영을 통해 구원받기를 원하지만 후자는 영으로서 자기를 초월하길 원한다.

수직적 해방의 관심에 대한 논평이 남아 있다. 사촌 격인 수평적 해방의 관심과 마찬가지로 그것은 특정 구조에 의해서가 아니라 구조적 긴장에 의해 발생하며, 그 관심은 긴장을 그 원천으로부터 제거하는 데 있다. 그러나 여기에서 말하는 원천은 특정 수준 **내의** 긴장이 아닌 수준 **간의** 긴장이다. 구체적으로 말해서 **창발**의 긴장과 다가올 변용 또는 구조 체계 수준에서 일어나는 수직적 이동에 대한 긴장이다. 이런 수직적 해방의 관심의 목표는 자각을 해방시키는 데 있는데, 어느 한 수준 내에서 일어나거나 일어나지 않을 수 있는 왜곡으로부터의 해방이 아니라 그 수준이 전성기에 달했을 때 그것이 제공하는 비교적 제한된 조망으로부터의 해방이다. 구조 체계의 다음 상위 수준을 향해 자각을 열어놓음으로써 그렇게 하는 것이다. 이런 관심은 어느 한 수준 내에서 일어나는 왜곡을 일소함으로써 완화될 수는 없고 다음 상위 수준의 창발에 의해서만 완화될 수 있다. 그렇다면 우리는 다음 수준에 내재하고 있는 한계가 스스로를 점점 더 노출하기 시작하고 그 수준 **내부**가 아닌 그 수준**으로부터의** 해방이 점점 더 영향력을 행사할 때까지 (오직 그런 경우에만) 그런 관심이 일시적으로 감소한다고 가정할 수 있다. 정체되지 않을 경우, 그런 수직적 해방의 관심은 마지막 해방, 즉 깨달음까지 주기적으로 반복될 것이다. 최종적으로 해방되는 지점에서 수직적 해방의 관심의 최후 형태는 해방적 관심과 정확히 일치한다. 즉 성장의 점근선적 한계에서 두 가지가 똑같아지는 것이다. 대체로 수평적 해방의 관심은 변환을 일소하는 데 있고, 수직적 해방의 관심은 변용을 조장하는 데 있다.

그림 5는 이 지식들의 모든 양상과 그 관심들을 열거하고 있다.

비록 소개에 그칠지라도 내가 말하려는 요점은, 우리가 다른 장에서 제안했던 온갖 추론들과 심리사회학적 정보를 소지한 상태에서 인간 지식의 여러 가지 양상과 관심을 다양한 수준의 구조 체계와 인간 복합개체의 상관적 교환에 추가하는 경우, 우리는 (완전하지는 않지만) 꽤나 포괄적인 문화 이론의 개요와 골격을 갖게 된다는 것이다. 우리는 바로 지금 대부분의 뼈대를 갖추고 있지만 아직은 거기에 매달 수 있는 것들을 모조리 알지는 못한다. 그러나 우리는 적어도 전前개인, 개인, 초超개인의 존재 차원, 즉 그들의 차원, 발달, 사회적 교환의 성질, (심리적인) 억압과 (사회적인) 탄압에서 파생한 왜곡, 그들의 지식과 관심의 양상, 구조 체계, 기능적 관계를 위한 완벽하면서도 적합한 자리를 마련하고 있다. 구조적 비자유와 불투명성이 일어나는 곳은 어디에나 머리를 치켜드는 두 가지 해방적 관심 덕분에 그것은 실로 **비판적**이면서도 **표준화된** 사회학적 이론이 된다. 특히 수직적 형태에서 이런 비판적이고(잘못된 것) **표준화된**(올바르게 되어야 할 것) 차원은 이데올로기적 선호, 도그마적 성향, 또는 이론적 추측에 바탕을 두고 있지 않고 관찰 가능하고, 실증 가능하며, 본질적으로 선호되는 구조적 발달과 진화의 방향에 근거하고 있는데, 이런 방향은 연속되는 위계적 해방에서 스스로 드러나는 것으로서 **해방 자체가** 덜 초월했던 선행 단계들을 판단한다.

9: 결론

나는 종교집단에 관한 사회학적 탐구에서 제안하고 있는 방법론 중한 가지 예를 들면서 이 개요를 요약하고 결론을 내리고자 하는데, 특히 모든 심리치료적 상담에 강조점을 두고 싶다(그런 치료가 필요해서가 아니라 그 주제는 항상 "종교집단"과 관련해서 등장하는 것으로 보여 일반적인 논평을 할 기회를 갖고 싶다). 이것은 이 책 전반에 걸쳐 우리가 이미 제시했던 모델에 사실상 포함된 전반적인 사회학적 방법론 중에서 특수한 예일 뿐이다.

구조적 분석: 진정성 결정

1 외관상으로는 종교적 표현으로 보이는 것들에 사회학자들이 맞닥뜨릴 때마다, 그들은 (다음에 서술된) 여타의 방법론적 접근과 더불어 표

현, 상징학, 심리사회적 교환 등등의 **형태**에 관해서 **구조적** 분석을 할 수 있다. 그런 표준적인 구조 분석의 목적은 표층 구조를 점점 더 제거해서/추상화시켜서, 표층 구조 자체의 작동(즉 변환) 근저에 깔려 있으면서 이를 지배하는 심층 구조에 도달하려는 데 있다. 이런 목적은 사실상 모든 표층 구조들이 특정 심층 구조의 전사적 규칙trascriptive rule을 따름(또는 이들은 전사를 통해 심층 구조로 귀착시킬 수 있음)을 보여줌으로써 이들을 적절한 심층 구조에 배정하는 것을 목표로 삼고 있다.

그런 구조 분석에는, 예를 들어 콜버그·뢰빙거·브로턴이 고안한 검사, 설리반Harry S. Sullivan [127]·그랜트Grant 부부의 검사, 아이삭스Susan Sutherland Isaaccs, 펙Robert F. Peck, 벌Ray Bull, 셀만Robert L. Selman, 그레이브스가 각각 고안한 검사들을 포함시킬 수 있다. 뢰빙거는 이런 여러 체계들이 **대략** 상호관계가 있음을 밝혀놓았다. 여하튼 그런 검사들은 집단이 포용하는 핵심적인 신념 체계에 의해 도달된 일반 구조 체계에 최초로 가깝게 접근하고 있다는 것만으로도 더할 바 없이 충분하다. **특정** 멤버의 점수를 확인할 수는 있지만(특히 상담을 원하는 사람은 확인할 필요가 있다) 우리는 그런 점수들에 그다지 관심을 기울이지 않는다. 그보다 우리는 집단이 **스스로를 규정하는** 핵심 신념 체계를 구조적으로 분석하길 원한다. 이것을 결정하는 한 가지 방법은 **집단 내에서 멤버십을 규정하는** 상황을 구조적으로 분석하는 것이다. 즉 사회적으로 이 집단의 구성원으로서 **인식되려면** 어떤 상호작용과 일련의 상호작용들 또는 신념 구조가 내면화될 필요가 있는가? 어떤 사람이 집단 "내부"에 공식적으로 속하기 전에 그 사람 "안에는" 무엇이 있어야 할까? "가

켄 윌버의 신

---

127 1892~1949, 미국의 신프로이트 정신과 의사이자 정신분석가. 주로 증상의 숨겨진 의미를 중심으로 정신분열증을 연구하였으며, 인격을 개인에게 내재된 것으로 보기보다는 인간 상호작용을 통해 펼쳐지는 발달의 맥락에서 드러나는 것으로 보고 내담자와 치료자 간의 상호작용을 중시하였다. 주요 저서로 《The Interpersonal Theory of Psychiatry》, 《Schizophrenia as a Human Process》 등이 있다.

족"이 되기 위해서 입문자가 소화해야 할 "음식" 수준은 어떤 수준일까? 집단이 자신의 자기정체성을 규정하고, 집단으로서의 집단이 필연적으로 그 주변을 선회하는 핵심 수준이나 기본 수준의 구조 체계를 특징짓는 것은 마나를 구현하는 바로 그러한 계기occasion이기 때문이다. 입문/신념에 수준이 존재한다면 분석은 각 수준에 적용된다(진정한 상위 수준을 검증하는 구조적 검사를 알고 싶으면 이 목록의 3항을 보라).

2 일단 핵심 수준의 심층 구조가 대략적으로 결정되면, 구조화의 발달 위계에서 상대적 위치가 어디쯤인지 정할 수 있다. 예를 들어 이 "종교적 참여"가 태고, 마술, 신화, 합리, 켄타우로스, 심령, 정묘, 원인, 비이원 중 어디인가?(또는 뢰빙거의 수준을 예로 들면 공생, 충동, 자기보호, 순응주의, 양심, 개인, 자율, 통합 중 어디인가? 등이다.)

이런 결정이나 이와 비슷한 결정은 상담 목적을 위해서는 특히 중요한데, 왜냐하면 심리치료(그리고 사회복지) 서비스에서 정신분석적 에고 심리학이 분명히 입증했듯이, 문제시되는 자기시스템이 도달한 구조화의 정도를 아는 것이 무척 유리하기 때문이다. 태곳적 융합 요소(자기와 집단 간의 비분리, 태곳적·우로보로스적 "합일", 구순적·식인적 경향성)가 있는가? 경계선적 구조(마술적·정신병적, 물활론적, 토템 혼동, 망상적인 기준 체계)가 있는가? 극단적인 신화적 멤버십 순응성(개별화에 대한 공포, 자기의지와 결정의 양도, 소속감과 사이비 종교식 결합을 향한 갈망, 권위적 인물에 대한 수동적 의존)이 있는가? 합리적 구조가 존재하지만 부차적인 복잡한 문제(다소 건강한 법 대립 경향이나 실제 신경증적인 해리, 증후)가 있을 수 있는가? 실제로 심령, 정묘, 원인 구조에 도달했지만 그 결과로 주류를 이루는 신화나 합리적 합의에서 소외(의사소통 저항communication viscosity, 사회적 고립, 우울 가능성)되었나?

이런 구조적 진단이 얼마나 중요한지는 아무리 강조해도 지나치지 않은데, 진단이 없다면 어떤 치료적 개입도 재앙을 불러일으킬 수 있기 때문이다. 단순한 예로서 전前합리 참여와 초超합리 참여 간의 차이를 들어보자. 합리적 구조와 에고의 힘이 절실하게 필요한 전합리적인 경계선적 개인에게 노력이 크게 필요한 초합리적인 명상요가 훈련을 도입해서는 안 되는데, 이런 훈련들은 합리적 구조를 일시적으로 **완화시키도록** 고안되어 있어 경계선자들에게 그나마 남아 있던 구조마저도 해체시키기 때문이다. 내 의견으로는 그런 내담자들이 "경험적" 치료를 접하게 해서는 곤란한데, 그들은 이미 지나칠 정도로 경험에 사로잡혀 있는 까닭에 마음 수준에서 충분히 살고 있지 못하기 때문이다. 반대로 심령·정묘 영역에로의 참된 변용이 시작되거나 이를 겪고 있는 사람은 정통 심리치료자들로부터 어떤 도움도 받을 수 없다. 이 심리치료자들은 초합리적인 발달을 모두 전합리적 퇴행으로 보는 경향이 있으므로, 이 사람에게 오로지 합리적인 구조를 재확립하는 데 도움을 줌으로써 그 사람의 영적 의식을 사산시키고 말 것이다. 그런 사람은 자격을 갖춘 영적 스승, 융식 치료자, 초개인심리학자나 진정성을 지향하는 그 밖의 서비스에 의뢰해야 한다.

간단히 요약하면, 구조 분석의 목표는 발달적 구조화와 체계의 **유형**을 결정하고, 이에 따른 **정도**를 결정하며, 종교성이 요구되는 상황인 경우 이와 관련된 진정성의 정도를 결정하는 데 있다.

3 물론 위의 분석은 궁극적으로는 우리가 여기서 제시했던 것보다 더 정교한 발달 구조적 위계에 달려 있다. 심리적 인지, 정체성, 지각, 규범화, 타고난 인식론 등에서 진행되는 지속적인 구조발달 단계 연구를 통해 이런 위계의 정교함과 복잡함이 생길 것이다. 정신분석적 발

달심리학, 인지심리학, 유전적 인식론, 발달 에고심리학 등의 이름으로 하의식과 자기의식 구조화 영역에서 이런 정교화 작업이 현재 이미, 또 벌써부터 일어나고 있었다. 관심과 연구가 점점 더 초의식 영역으로 확장됨에 따라 당연히 우리는 고차적인 관조 수준과 관련된 발달 구조적 위계의 정교함과 복잡함을 보게 될 것이다(나는 그렇게 가정한다). 처음에는 이런 단계들이 두 단계를 거칠 가능성이 있다.

(1) **권위 있는 경전들에 대한 해석학적 독해**: 연구 디자인과 전략을 계획하려면 어떤 식이든 작업가설을 설정할 필요가 있으며, 그런 작업가설들을 위한 최선의 자료는 전통적인 경전들이 제공하는 초의식 단계에 대한 실험적 지도일 가능성이 있다. 여러 (비교秘教적) 종교 경전을 주의 깊고도 체계적인 방식으로 해석학적으로 독해함으로써 실질적인 연구의 틀을 짜고 최초의 진전 정도를 판단할 작업가설 지도를 축적하는 데 도움을 받을 것이다. 《아트만 프로젝트》는 상위 단계 수준의 기본 심층 구조(켄타우로스, 하위 정묘, 상위 정묘, 하위 원인, 상위 원인, 궁극인데, 이 책에서 나는 이들을 심령, 정묘, 원인, 궁극으로 집약해놓았다)를 제안하기 위해서 **범문화적 유사 구조**들에 접근하고 있다는 점에서 이런 방향성을 띤, 기본적이지만 매우 일반적인 시도다. 다니엘 브라운Daniel Brown은[128] 상위 명상 상태, 마하무드라 상태에 관한 특정한 단계 개념을 해석학적으로 독해했는데, 이는 각 비교秘教 전통에서 우리에게 필요해질 상세한 해석학 유형으로서 이를 통해 우리는 범문화적인 유사성들과 결론들을 더 정확하게 끌어낼 수 있다. 파스칼 카플란Pascal Kaplan, 다니엘 골먼Daniel Goleman[129], 휴스턴 스미스, 프리초프 슈온Fritjof Schuon[130], 르네 게

128 시카고대학교에서 종교 및 심리학 분야에서 박사학위를 취득한 미국의 심리학자. 종교, 사회학, 종교사, 인류학, 인간발달 및 임상심리학 등 학제 간 연구에 관심을 기울인 한편 최면분석사로도 활동하였고, 불교 연구에도 참여하였으며, 켄 윌버·잭 엥글러와 《Transformations of Consciousness》을 공동 저술하였다.

농René Guénon[131]의 작업들은 이런 노력에서 소중한 안내자 역할을 하고 있다.

(2) **직접 탐구**: 정교화된 우리의 가설적 지도를 점검하기 위해서 우리는 초의식 발달과 적응에 진심으로 관여하고 있는 사람들의 집단으로부터 실제 자료를 축적할 필요가 있다. 이런 주제 자체는 책 한 권 분량으로 다루어야 하지만 이에 적합한 모든 주제(그리고 문제들)를 언급하는 대신, 나는 해석학적 작업 지도를 이용할 때 우리는 상위 구조 단계들의 성격으로 제시된 내용을 고안하고, 이런 특징들의 출현과 정도를 기록하고 측정할 적절한 검사를 구성하며, 마지막으로는 그 결과들을 피아제, 콜버그, 뢰빙거 등의 연구와 같은 표준적 구조 분석과 비교해볼 수 있을 거라고만 언급할 것이다. 범문화적 환경이라면(일본, 인도, 버마 등은 현재 미국만큼이나 매우 큰 규모의 명상 지구들이 존재한다) 어디에서나 이것들이 반복될 것이다. 이 분야에서 행해진 최초 작업의 예로는 말

282

켄 윌버의 신

---

129 1946~ , 미국의 저술가·심리학자·과학 저널리스트. 12년 동안 〈뉴욕타임스〉에 심리학과 뇌과학 분야의 영향력 있는 글을 기고했으며, 심리학·교육·과학·생태학적 위기 및 리더십에 관한 십여 권의 책을 저술하였다. 정서지능검사를 개발하였고, 명상을 체계적으로 연구하여 학문으로서의 명상학의 기초를 다졌다. 주요 저서로《The Varieties of Meditative Experience》, 《Emotional Intelligence》, 《Destructive Emotions》 등이 있다.

130 1907~1998, 스위스의 철학자. 아드바이타 베단타 철학의 영향을 받아 종교와 영성에 관한 여러 권의 서적을 저술하였다. 공식적인 학계에서 활동하지 않았지만 그의 저술들은 비교종교와 영성을 연구하는 학자들에게 많은 영향을 미쳤다. 주요 저서로《Esoterism as Principle and as Way》, 그의 저술들을 모아놓은 선집《Art from the Sacred to the Profane: East and West》 등이 있다.

131 1886~1951, 프랑스의 형이상학자로 상징주의 및 입문식에 대해 전통적인 입장을 취했다. 동양, 특히 힌두이즘의 형이상학적 원리를 보편적인 특징으로 규정하고 그 정신을 서양인들에게 적용할 필요성을 강조하였다. 주요 저서로《Man and His Becoming according to the Ved nta》, 《The Multiple States of the Being》 등이 있다.

리스제브스키Maliszewski, 트웸로Twemlow, 브라운, 엥글러Jack Engler[132], 가바드Gabbard, 존스Jones 등이 있다.

나는 이 분야가 특히 사회학자들에게 무르익었음을 느끼는데, 지금까지 거의 모든 연구는 구조적 적응의 하위뿐 아니라 상위 수준을 구성하고 있는 상관적 교환의 상호주관적 패턴을 간과해왔기 때문이다. 명상가를 대상으로 지각 변화, 인지 전환, 정서 재해석, 충동 통제에만 관심을 가져왔던 심리학자들은 인위적으로 고립시킨 자료들의 심리**사회적** 성질을 간과하는 경향이 있는데, 이는 "카우치에서의" 결과에 대한 분석이 말해줄 수 없는 사실이란 사회 전반이 병들 수 있으며 병든 사회에 적응하는 것은 "정신 건강"을 가늠하는 빈약한 기준일 뿐이라는 점을 정신분석가들이 간과하는 경향이 있는 것과 마찬가지다. 사회적 패턴 전반의 분석을 카우치에서 수행할 수 없듯이, 좌선 방석 위에서는 관조 영역을 구성하는 근본적인 심리사회적 관계를 확인할 수 없다. 초개인심리학은 결국 초개인사회학에서 스스로의 자리를 발견해야만 할 것이다.

간접적인 심리적 또는 사회적 자료 축적과 대조되는 초의식 영역에 대한 직접 탐구를 보려면 '그노시스를 직접 검증하는 방법'(291쪽)을 보라.

---

132 미국의 심리학자. 하버드 의과대학에서 심리치료를 가르쳤으며, 비파사나 명상과 불교심리학도 연구하고 가르쳐 자아초월 심리학의 개척자로 꼽힌다. 캘커타 불교 단체의 명상 수행자를 대상으로 불교 명상에 대한 광범위한 연구를 진행했으며, 각 문화의 불교 명상 단계에서 일어나는 심리적 변화를 연구하였다. 켄 윌버, 대니얼 브라운과 함께《Transformations of Consciousness》을, 대니얼 골만과 함께《Consumer's Guide to Psychotherapy》를 공동 저술하였다.

기능적 분석: 정당성 결정

1 구조 분석을 통해 일단 종교 표현의 진정성 정도가 결정되면, 정당성의 정도는 표준적 기능주의자들(시스템 이론)의 접근을 통해 결정할 수 있다. 특정한 종교 참여가 집단 **안에서**(내용 정당성), 집단과 집단이 속한 더 넓은 사회적 배경 **간에**(맥락 정당성) 안정성과 통합성을 얼마나 잘 제공하는가를 결정하는 것이 요점이다. 여기에서 모든 표준적인 기능 분석과 다소 실증적·분석적인 측정들, 즉 긴장 관리, 패턴 유지, 경계 설정, 내용 분석과 맥락 분석, 잠재적 기능과 명시적 기능 등이 갑자기 등장하지만 구조적 상호작용의 위계 수준과 관련해서는 정밀한 이해가 필요하다. 예를 들어 특정 집단이 (사전 구조 분석을 통해) 법 이전으로 결정되면, 그런 사실은 법과 관련해서 두 시스템 사이에서뿐만 아니라 시스템의 서로 다른 두 수준 사이의 경계를 설정하는데, 이런 사실은 기능주의 자체만으로는 탐지할 수 없다(규범적 위계가 부족하기 때문이다). 이런 경계 조건을 부과하기 위해서 우리는 발달구조론developmental structuralism을 이용해야만 하며, 그렇지 않을 경우 기능 분석은 서로를 덮어버리는(그리고 서로에게로 붕괴되는) 경향이 있다.

정당성 및 비정당성과 관련된 일반적인 내용과 맥락 패턴들을 일부 살펴보자. 종종 법 이전 계층들(또는 개인들)은 내용적으로나 맥락적으로 정당하지 않은데, 이는 그들의 상징학symbology과 상관적 교환이 내적 마나 및 통합뿐만 아니라 더 범위가 넓은 사회적 공존을(이 경우 그들은 항상 법 반대 참여에 근접해 있다) 거의 또는 전혀 제공하지 않음을 의미한다. 그렇지만 내용이나 맥락에서 정당한 법 이전 계층(전형적인 집시들을 예로 들 수 있는데 미국에서 그들은 항상 맥락의 비정당성, 즉 법 반대에 근접해 있다) 또는 "파트타임" 법 이전 계층들(예컨대 "낮에는" 사회적인 법 변환에 종사하지만 "밤에는" 해롭진 않으나 의식적인 법 이전 축제를 벌이는 경우로서 마녀들의 집회witches' coven[133]가 그 예다)을 발견하는 일은 흔하다. 그러나 가장 흔히 볼 수 있는 예로는 내용이 아무리 정당해도 맥락이 정당치 않은 법 이전 집단들(즉 폭주족들 같은 법 반대 집단)이다.

스펙트럼의 정반대 쪽에서는 법 초월이라는 **이유로** 맥락 정당성에서 곤경에 처한 **진정성 있는** 종교적 표현을 발견하는 일도 흔하다. 따라서 기능적 패턴 유지와 긴장 관리에 있어 그런 법 초월들은 유사한 생각을 가진 수행자들의 소규모 공동체(승가)를 형성하는 경향이 있는데, 이를 다른 식으로 표현하면 구조적 적응의 각 수준은 하나의 상관적 교환 수준이기 때문에 불가피하게 교환 파트너 공동체가 존재할 수밖에 없고, 정당성의 한 기준을 그런 공동체에서 찾게 된다(맥락 정당성)는 것이다. 그러나 우리는 또한 법 초월 집단과 법 사회 전반(맥락 정당성) **간에** 존재하는 경계 현상과 더불어 특정 개인의 경우 양쪽 구역에서 살아가는 구조적 긴장을 어떻게 다루고 (통합하고) 있는지를 살펴보고자 한다.

2 대체적으로 볼 때 사회적 상호관계의 전반적인 양상은 (1) 진정성의 정도 (2) 정당성의 정도로 일부 결정되며, 이들은 (3) 각 경계 상황boundary situation 내부와 (4) 각 경계 상황을 넘어서 입증되는 것 같다. 그러므로 주어진 집단의 내적 내용은 (법 이전, 법 대립, 법, 법 반대, 법 초월) × (정당한, 정당하지 않은)이라는 집합에 속할 것이다. 이와 마찬가지로 각 집단과 집단이 속한 더 큰 사회적 배경(맥락) 간에도 똑같이 열 가지 가능성이 존재한다(그러나 이중 하나, 법 반대 맥락의 정당성은 어

---

133 여름의 끝을 장식하는 풍자, 농담, 광기가 어우러진 이벤트.

떤 실용적 목적에서건 일어날 가능성이 없다). 전체 결과를 보면, 스무 가지(또는 열아홉 가지) 서로 다른 칸들이 펼쳐지고, 모든 심리사회적 교환 일반, 그리고 특히 모든 종교적 표현이 이 칸들에 떨어질 것이다.

그런 분석이 완전하다거나 적절하다는 뜻은 단연코 아니며, 다른 유형론을 배제시키고 싶지도 않다. 내가 말하고 싶은 유일한 요점은 표준적인 기능 분석에 기본 구조의 위계적 분석을 추가시킴으로써 우리는 수평저울(정당성)에 수직저울(진정성)을 추가하는 셈이 되며 이런 조합을 통해 우리의 사회학적 탐구를 운행할 수 있는 네 개 방위가 갖추어졌다는 것이다.

해석학

1 구조 분석과 기능 분석이 이런 접근에서 주축을 이루는 방법론이긴 하지만 이로써 필요한 접근들을 모두 갖추었다고는 볼 수 없다. 심층 구조 분석은 특정한 표층 구조의 내용과 가치를 결정할 수 **없는데**, 이는 체스 규칙이 당신에게 특정 플레이어가 실제로 어떻게 움직일지 알려줄 수 없는 것과 같은 이치다. 이때 기능주의 전체도 전혀 도움이 되지 않는데, 그것은 숲만 볼 뿐 나무를 보지 않기 때문이다. 그러므로 특정 개인의 가치, 의미, 표현을 구체적으로 이해하려면 우리는 항상 현상학적 해석학에 의존해야 한다. 이런 과업에서 도움이 되는 것은 사전에 실시한 구조적·기능적 분석인데, 왜냐하면 이들은 각각 이야기를 돋보이게 하는 적절한 장치narrative foil(즉 발달 위계)와 적절한 이야기 맥락(즉 개인 텍스트와 사회 전반과의 관계)을 제공하기 때문이다. 그러나 최후 분석에서 우리는 우리가 그 또는 그녀를 읽고 있는 사이 우리를

읽고 있는 살아 있는 사람과 마주하게 된다. 이런 공동 생성을 인간적 공유human sharing라 하며 그 안에서 쌍방이 서로 부응해서 풍성해지거나 약화된다.

이런 일반 현상학적 해석학에는 예를 들어, 가다머, 쉬츠Schütz, 버거 Berger와 루크만Luckman, 가핑클Garfinkle, 테일러Taylor, 리쾨르Ricoeur의 중요한 작업들이 있다.

특정 치료 서비스의 경우 해석학적 과정은 내담자가 문제로 여기는 증상의 의식적 **해석**을 포함하고 있으며, 진행 중인 구조화의 곡선을 조각내거나 파편화시킬 가능성이 있는 발달 실패를 재구축하는 일이 최종 목표다. 이런 파편화가 일어나면 의식의 측면들이 와해되어 그 의미가 불투명해진다. 그것은 자기로부터 소외된 측면, 해리된 **상징**인 "숨은 텍스트"로 되어 **증상**으로 드러난다. 상징으로서의 증상, 숨겨진 텍스트와 서브텍스트를 **해석**함으로써 치료자는 내담자가 그것들을 **다시 쓰고**re-authoring, 그리하여 거기에 다시 권한을 부여함으로써, 즉 그것들의 존재에 대해 의식적으로 책임을 짐으로써 자기의 그런 측면들을 재소유하게끔 돕는다.

이 지점에서 진행 중인 위계적 구조화로서의 발달에 대한 일반 지식이 그토록 중요해지는데, 역사적·해석적 절차는 현 수준에서 과거의 발달뿐만 아니라 **덜 구조화된** 과거 수준, 과거 **변용**에 대한 지식 없이는 그 의미를 **해석하기** 아주 어려운 수준으로 파고들어가기 때문이다. 예를 들어 치료자는 특정 메시지나 일련의 메시지들에 대한 내담자의 합리적·언어적·의식적 의사소통 안에는 숨겨진 의미, 서브텍스트가 존재함을 알 수 있다. 이런 불투명한 서브텍스트는 실로 매우 합리적일 수 있지만, 내담자가 인정하고 싶지 않는 메시지다(그 순간에는 금기사항이다). 치료자가 합리적인 서브텍스트를 인정할 수 있는 맥락을 제공하는 것이 치료다. 그러나 때로 숨겨진 메시지, 불투명한 의사소통, 서브텍스트는 **마술적** 소망 충족의 핵심을 담고 있는 **신화적** 구문mythic syntax 형태로 쓰여질 수 있다(이는 종종 태고의 **본능적** 또는 정서적·성적 관심을 통해 알려지거나 서브텍스트화된다).

그런 경우, 분명 초기 발달 과정의 어느 지점에서 마술적(그리고/또는 정서적) 서브텍스트가 금기로 간주되어 진행 중인 구조화 행진으로부터 방어적으로 떨어져 나가버린 것이다(억압되고, 해리된다). 구조는 항상 상관적 교환 구조이므로 이는, 그렇게 되지 않았다면 상호주관적 교환에서 하나의 단위가 될 수 있었던 것이 **사유화**privatization되었음을 의미한다. 즉 자기로부터의 소외는 타인으로부터의 소외기도 하다. 일단 개인적 이해로부터 차단되고 합의를 통한 해석이라는 온갖 가능성으로부터도 마찬가지로 배제되면, 그것은 진행 중에 있는 발달의 이야기로부터 고립된 정당치 않은 서브텍스트로 변한다. 따라서 직접적인 담화로부터 소외되고 고립되고 사유화된 상태에서, 그것은 여타의 금지된 요소들을 주변으로 끌어당기는 경향이 있다. 그러므로 **오역**mistranslation(왜곡된 상관적 교환)이 쌓이고 쌓여 마침내 이해할 수 없는 증상으로 의식에 침투한다. 이해할 수 없는 까닭은 자기와 타자 모두에게 숨겨진 이중 비밀 텍스트로 되어버려 거기에는 해석할 수 있는 지시대상이 없기 때문이다. 그것은 불투명한 상징과 애매모호한 충동이라는 옷을 걸친 채 남겨진다. 왜 그런 증상이 있는지, 증상들의 의미가 무엇인지 내담자에게 물어보면, "모르겠어요. 그래서 여기에 온 겁니다. 이런 증상이 왜 생겼을까요? 왜 멈추지 않는 걸까요?"라고 대답한다. 내담자는 보통 증상을 "나", "나를"이라고 하지 않고 "그것"으로 지칭한다(예컨대 "나는 손을 마음대로 움직이지만 증상, **그것은** 내 의지와 상관없이 일어납니다")는 바로 그 사실은 정확히 해리, 소외, 이질적인 상태를 반영하고 있으며, 숨겨진 충동과 서브텍스트 또는 그림자 메시지는 이제 그 상태에 빠지고 만 것이다. 실로 프로이트가 "그것이 있었던 곳에 내가 있을 것이다Where it was, there I shall become"(이는 "그곳이 있었던 곳이 에고로 될 것이다"로 오역되었다)로 치료의 목적을 요약했을 때, 그는 본질적으로 이 결정적인 점을 염두에 두고 있었음에 틀림없다.

그러므로 일부 치료 과정은 여러 서브텍스트들의 숨겨진 의미를 해석하는 이야기 맥락으로서 구조적 발달(태고, 마술, 신화, 합리)에 관한 지식을 이용하는 것이다. 그들의 의미가 내담자에게 또다시 투명해질 때까지(즉 비억압화) 말이다. 이 지점에서 증상은 약화되기 시작하는데, 증상의 상징적 내용이 사유화된 소외로부터 해방되어 상관적 교환이라는 공동체와 재결합하고, 증상이 보유했던 생체에너지적 요소(이런 것을 갖고 있다면)가 정서적·성적 공동 소유에 신체적으로 참여하기 위해 해방되며, 증상의 전체적인 의미 메시지가 진행 중에 있는 개인의 이야기 전개와 재결합하기 때문이다. 이 전체 과정에서 발달구조주의는 우리에게 이야기를 돋보이게 만드는 외적인 장치를 제공하며, 해석학은 다양한 서브텍스트들이 이야기 장치 자체와는 반대로 전개될 때(그리고 이야기 장치 때문에) 그 서브텍스트들의 여러 가지 내적·개인적 의미를 우리에게 제공한다.

3 앞에서 이미 언급했듯이, (세계의 비교秘敎적 전통의 경전 분석을 통해) 상위 영역에 관한 작업 지도를 최초로 제시할 때 해석학이 수행하는 역할이 있다. 여기에서 나는 한 가지 경종을 울리고 싶은 것이 있다. 다니엘 브라운 같은 연구자처럼 비교秘敎의 경전을 해석학적으로 독해하는 일은 관조적 발달이 전개되는 위계적인 단계를 보여준다. 그러나 위계나 발달 개념 자체는 해석학적으로 드러날 수 **있지 않음**을 기억하는

게 중요하다. 단계들은 실제 수행과 진화에서의 발달적 논리, 즉 이야기를 돋보이게 만드는 장치를 통해 드러난다. 이렇게 연속적으로 **창발하는** 계기들은 어디에서나 내러티브를 놀라게 만든다. 그러나 전체 결과가 한 텍스트 속으로 들어가면 겉보기에는 그것들이 텍스트에 의해 창조되어 해석학에 의해서만 발견될 수 있는 것처럼 보인다. 내가 1장 '그것 자체로서의 그것'에서 제시하려 했듯이 이것이 전부는 아니다.

해방의 시간

요점을 상세히 논하지는 않겠지만, 나는 전반적인 치료가 과거에 대한 해석과 있을 수 있는 오역(숨겨진 텍스트)에 대한 비판적인 자기성찰을 수반한다는 점을 자명한 사실로 받아들일 것이다. 나는 이것이 개인뿐 아니라 사회 전반(분명 특성들은 다양하지만)에 대해서도 진실이라고 믿는다. 그런 성찰은 **수평적 해방의 관심**, 과거의 오역(숨겨진 서브텍스트, 억압, 탄압, 해리)을 "해소하려는" 욕망에 의해 추동된다. 복합개체의 위계 내부에 비밀리에 숨어 있는 이런 왜곡들은 해방적 관심을 추동하는 구조적 긴장과 초조감을 낳는다. 그런 고착/억압을 기억하고, 다시 서술하고, 재통합하면, 이전에는 낮은 수준의 구조화에 갇혀 있던 개인의식(또는 사람들 집단)의 측면들이 해방되거나 상향으로의 변용이 가능해짐으로써, 자신들의 증상적 호소를 포기하고 더 상위 구조화의 평균 양상과 재결합하는데, 이것이 중심자기central self (또는 사회 전반)의 특징이다. 그런 변용적 진보는 발달과 진화 자체에 내재하는 **수직적 해방의 관심**에 의해 추동된다.

그노시스를 직접 검증하는 방법

　마지막으로 상위(초의식) 수준 자체를 **직접**(텍스트적인 것과 상반된다) 탐구하는 방법론적인 문제가 있다. 여기에서 우리는 마지막 두 가지 주된 탐구 양식, 즉 이런 수준을 직접 이해하기 위한 그노시스 및 즈나나와, 비록 역설적이긴 하지만 그것들을 언어적 상징으로 소통하기 위한 만달라적 논리를 참고로 할 것이다. 왜냐하면 영적 지식 자체는 상징적이지 **않으며**, 영에 대한 직접적·비간접적인 초상징적 직관과의 동일시를 수반하기 때문이다. 내가 다른 곳에서도 제시하려 했던 것처럼, **타당한 인지적 지식을 얻기 위한 온갖 다른 형태의 지식과 마찬가지로** 이런 영적 지식은 실험적이고 반복 가능하며 공적으로 확인할 수 있는 지식인데, 다른 모든 타당한 양상과 마찬가지로 그것은 세 가지 요소로 구성되어 있기 때문이다.

　1 **지시**injunction: 항상 "알고 싶으면 이것을 행하라"는 형태를 띤다.
　2 **파악**apprehension: 지시가 초점을 두고 있는 "대상 영역"에 대한 인지적인 파악 및 계발illumination.
　3 **공동체의 확증**communal confirmation: 지시적이며 계발적인 요소들을 제대로 완성한 다른 사람들과 결과를 검토하는 것.

　실증적·분석적 과학이 채용하는 세 가지 요소 모두를 갖춘 예를 한 가지 들어보자. 세포 한 개가 핵을 실제로 갖고 있는지 알고 싶으면, 당신은 (1) 현미경을 작동시키는 방법을 배우고, 조직학적 절편을 취하는 방법을 배우며, 세포를 염색하는 방법을 배우는 등을 해야만 한다(지시). 그런 다음 (2) 눈으로 확인하고(파악), 그런 다음 (3) 당신의 이해를 다른 사람들의 이해와 비교해본다(공동체의 확증). 다른 사람들이란, 당신이 방금 시작한 초심자라면 특히 자격을 갖춘 교사가 되고, 전문적으로 경력을 쌓고 있는 중이라면 동료인 과학적 숙련자들로 구성된 공동체가 된다.

지시가 불량한 이론들(1번)은 일치하지 않은 파악(2번)에 의해 묵살될 것이며, 그 결과 연구자들의 공동체(3번)에 의해 거부될 것이다. 포퍼 Karl R. Popper[134]가 말한 비검증 가능성 원리nonverifiability principle[135]를 구성하는 것은 이런 잠재적인 거절이다.

진정성을 갖춘 영적 지식도 마찬가지다. 선禪을 예로 들어 세 가지 요소와 비교해보자. 선은 수년간의 특수 훈련과 결정적으로 중요한 수련이라는 지시적 요소를 갖고 있다. 즉 명상이나 좌선 수행으로서 이는 인지적 노출cognitive disclosure을 가능하게 만드는 지시적 수단이 된다. 그렇다면 그것은 항상 "불성이 있는지를 알고 싶으면 우선 이것을 해야만 한다"는 형태를 띠는데, 전혀 놀라울 것이 없다. 이것이 **실험적**이면서 **경험적인** 지시다.

이 요소에 숙달되면, 탐구자는 이 경우에는 깨달음satori이 되는 파악 및 계발에 해당하는 두 번째 요소에 노출된다. 깨달음은 "자신의 성품을 직접 보는 것"으로, 세포핵을 보기 위해 현미경을 들여다보는 것처

134 1902~1994, 오스트리아 태생의 영국 철학자. 1937년 나치의 탄압을 피해 뉴질랜드로 망명하였으며, 제2차 세계대전이 끝난 후 대학교수로 재직하면서 논리학과 과학방법론을 가르쳤다. 그의 '비판적 합리주의'는 비엔나 학파의 논리실증주의를 비판하면서 그 대안으로 제시한 반증주의로 특징지을 수 있다. 주요 저서로《The Logic of Scientific Discovery》,《Conjectures and Refutations》,《Objective Knowledge》등이 있다.

135 포퍼의 과학철학의 핵심을 이루고 있는 것은 어떤 명제, 진술, 가설이 실험이나 관찰에 의해 검증되거나verification 반증될 가능성falsifiability이 있는 논리적 비대칭 관계이다. 반증 가능성을 보여주는 증거들이 그 명제, 진술, 가설들의 진위를 가리는 데 더 많은 정보를 담고 있으므로 과학적으로 참과 거짓의 경계를 짓는 준거로 사용되기에 더 적합하다는 것이다.

럼 직접적이다. 각각의 경우 중요한 단서, 훈련된 눈으로만 볼 필요가 있다는 단서가 붙는다.

세 번째 요소는 선 스승과 참여자 명상가들로 구성된 공동체 모두에 의한 주의 깊은 확증이다. 이것은 반사적으로 등 두드리며 상호 동의하고 끝나버리는 사회로 그치는 게 아니다. 그것은 엄격한 **테스트**이며, 2번 요소에서 겪어낸 특정의 모든 파악을 잠재적으로 강력하게 거절하고 **검증하지 않는 일**nonverification로 되어 있다. 선 스승과 강력하게 사적으로 상호작용하고(독대獨對), 진정성에 대한 엄격한 테스트에 공적으로 참여하기를 요구하는(소참小參) 가운데 **모든 파악**은 초월자에게 적합한 인지적 눈을 가진 사람들로 구성된 공동체라는 난관에 부딪힌다. 그렇게 파악한 것들이 유사한 기질을 띤 사람들의 공동체를 통해 드러난 초월에 관한 사실들과 부합하지 않으면 건전한 방식으로 확증이 거부된다(그리고 여기에는 그 시대 기준으로는 진실이었지만 현재는 더 정교화된 경험을 통해 낮게 평가되거나 부분적임이 밝혀진 과거의 파악도 포함된다).

우리가 제시한 방법론 목록이 완성되는 것은 그노시스, 검증 가능한 그노시스를 통해서다. 나는 또한 그노시스로 초개인사회학에 대한 나의 비공식적 개요를 마무리하고 싶다. 당신이 초월 영역 자체에 대해 실제로 알고 싶다면, 초개인심리학이 사회학에 기여할 수 있는 마지막 부분을 위해서는 관조적 및 명상 수행을 택한 후(지시) 스스로 발견하라(계발). 그 지점에서 일체를 포함하는 초월계가 당신에게 스스로를 드러낼 것이며, 유사한 기질을 띤 사람들의 열정 속에서 검증받을 것이다(확증). 이 시점에서, 신은 당신의 의식 속에 들어 있는 단지 하나의 상징이기를 멈추고, 당신 자신의 복합적 개체성과 구조적 적응의 최정상 수준이자 또한 즉 있을 수 있는 모든 사회의 통합체가 되며, 당신은 이제 그것을 자신의 진정한 자기로 인식한다. 그리고 신이 있을 수 있는 모든 사회의 통합체로 보일 때, 사회학 연구는 예상치 못했던 새로운 의미를 띠게 되고, 우리 모두는 이미 형성된 동시에 형성되어가는, 해방된 동시에 해방시키는 사회적인 신sociable God, 즉 타자로서는 참여를 요구하고, 참자기로서는 동일성을 요구하는 신 안에 잠겨 있음을 알게 된다.

아래의 내용은 모든 것을 포괄하고 있거나 대표적인 문헌 목록이 결
코 아니다. 이것은 단지 본문에서 직접 언급되거나 인용한 작업들의
목록일 뿐이다. 기본 원칙들에 익숙하지 않을 수 있는 사람들을 위해
서 초개인심리학에서 추천하고 있는 간단한 도서 목록을 포함시켰다.

1 A *Course in miracles.* 3 vols. New York: Foundation for Inner Peace, 1977.

2 Anthony, D. "A phenomenological-structuralist approach to the scientific study of religion," chap. 8, *On religion and social science.* D. Anthony et al., eds., University of California, forthcoming.

3 Anthony, D., and Robbins, T. "From symbolic realism to structuralism." *Journ. Sc. Study Rel.*, vol. 14, no. 4, 1975.

4 Anthony, D., and Robbins, T. "A typology of nontraditional religions in modern America." Paper, A.A.A.S., 1977.

5 Arieti, S. *The intra-psychic self.* New York: Basic Books, 1967.

6 Assagioli, R. *Psychosynthesis.* New York: Viking, 1965.

7 Aurobindo. *The life divine, and the synthesis of yoga*, vols. 18~21.

Pondicherry: Centenary Library, n.d.

8   Baldwin, J. *Thought and things.* New York: Arno, 1975.

9   Bateson, G. *Steps to an ecology of mind.* New York: Ballantine, 1972.

10 Becker, E. *The denial of death.* New York: Free Press, 1973.

11 ———. *Escape from evil.* New York: Free Press, 1975.

12 Bell, D. *The end of ideology.* Glencoe: Free Press, 1960.

13 Bellah, R. *Beyond belief.* New York: Harper, 1970.

14 ———. *The broken covenant.* New York: Seabury, 1975.

15 Berdyaev, N. *The destiny of man.* New York: Harper, 1960.

16 Berger, P., and Luckmann, T. *The social construction of reality.* New York: Doubleday, 1972.

17 Blanck, G., and Blanck, R. *Ego psychology: theory and practice.* New York: Columbia Univ. Press, 1974.

18 Broughton, J. "The development of natural epistemology in adolescence and early adulthood." Doctoral dissertation, Harvard, 1975.

19 Brown, N. *Life against death.* Middletown: Wesleyan, 1959.

20 Brown, D., "A model for the levels of concentrative meditation." *Int. J. Clin. Exp. Hypnosis*, vol. 25, 1977.

21 Brown, D., and Engler, J. "A Rorschach study of the stages of mindfulness meditation." *J. Transp. Psych.*, 1980.

22 Bubba (Da) Free John. *The paradox of instruction.* San Francisco: Dawn Horse, 1977.

23 Campbell, J. *The masks of God: primitive mythology.* New York: Viking, 1959.

24 Chomsky, N. *Problems of knowledge and freedom.* London: Barrie and Jenkins, 1972.

25 Clark, G., and Piggott, S. *Prehistoric societies.* New York: Knopf, 1965.

26 Deutsch, E. *Advaita Vedanta.* Honolulu: East-West Center Press, 1969.

27 Eliade, M. *Shamanism.* New York: Pantheon, 1964.

28 Fairbairn, W. *An object-relations theory of the personality.* New York: Basic Books, 1954.

29 Fenichel, O. *The psychoanalytic theory of neurosis.* New York: Norton, 1945.

30 Fenn, R. "Towards a new sociology of religion." *J. Sc. Study Rel.*, vol. 11, no. 1, 1972.

31 Freud, S. *The future of an illusion.* New York: Norton, 1971.

32 Gadamer, H. *Philosophical hermeneutics.* Berkeley: Univ. Cal. Press, 1976.

33 Garfinkel, H. *Studies in ethnomethodology.* Englewood Cliffs: Prentice-Hall, 1967.

34 Geertz, C. *The interpretation of cultures.* New York: Basic Books, 1973.

35 Goleman, D. *The varieties of the meditative experience.* New York: Dutton, 1977.

36 Greenson, R. *The technique and practice of psychoanalysis.* New York: Int. Univ. Press, 1976.

37 Gue'non, R. *Man and his becoming according to the Vedanta.* London: Luzac, 1945.

38 Habermas, J. *Knowledge and human interests.* Boston: Beacon, 1971.

39 ———. *Legitimation crisis.* Boston: Beacon, 1975.

40 ———. *Theory and practice.* Boston: Beacon, 1973.

41 ———. *Communication and the evolution of society.* Boston: Beacon, 1976.

42 Hartmann, H. *Ego psychology and the problem of adaptation.* New York: Int. Univ. Press, 1958.

43 Hartshorne, C. *The logic of perfection.* La Salle: Open Court, 1973.

44 ———. *Whitehead's philosophy.* Lincoln: Univ. Nebr. Press, 1972.

45 Hegel, G. *The phenomenology of mind. Baillie, J.,* trans. New York: Humanities Press, 1977.

46 ———. *Science of logic.* Johnston and Struthers, 2 vols., London: Allen & Unwin, 1951.

47 Horkheimer, M. *Critical theory.* New York: Seabury, 1972.

48 Hume, R., trans. *The thirteen principal Upanishads.* London: Oxford Univ. Press, 1974.

49 Ihde, D. *Hermeneutic phenomenology: The philosophy of Paul Ricoeur.* Evanston: Northwestern, 1971.

50 Jacobson, E. *The self and the object world.* New York: Int. Univ. Press, 1964.

51 James, W. *The varieties of religious experience.* New York: Collier, 1961.

52 Jonas, H. *The gnostic religion.* Boston: Beacon, 1963.

53 Jung, C. G. *The basic writings of C. G. Jung.* DeLaszlo (ed.). New York: Modern Library, 1959.

54 Kohlberg, L., and Gilligan, C. "The adolescent as philosopher." In Harrison, S., and McDermott, J. (eds.), *New directions in childhood psychopathology.* New

York: Int. Univ. Press, 1980.

55 Kaplan, P. "An excursion into the 'undiscovered country.'" In Garfield, C. (ed.), *Rediscovery of the body.* New York: Dell, 1977.

56 Lasch, C. *The culture of narcissism.* New York: Norton, 1979.

57 Loevinger, J. *Ego development.* San Francisco: Jossey-Bass, 1976.

58 Maliszewski, M., *et al.* "A phenomenological typology of intensive meditation." *ReVision*, vol. 4, no. 2, 1981.

59 Marin, P. "The new narcissism." *Harpers*, Oct. 1975.

60 Marx, K. *Selected writings.* Bottomore, T. (ed.). London, 1956.

61 Maslow, A. *The farther reaches of human nature.* New York: Viking, 1971.

62 Merton, R. *Social theory and social structure.* Glencoe: Free Press, 1957.

63 Mishra, R. *Yoga sutras.* Garden City, N.Y.: Anchor, 1973.

64 Needham, J. *Science and civilization in China.* vol. 2, London: Cambridge, 1956.

65 Needleman, J. *Lost Christianity.* New York: Doubleday, 1980.

66 Neumann, E. *The origins and history of consciousness.* Princeton: Princeton Univ. Pres, 1973.

67 Ogilvy, J. *Many-dimensional man.* New York: Oxford Univ. Press, 1977.

68 Palmer, R. *Hermeneutics.* Evanston, 1969.

69 Parsons, T. *The social system.* Glencoe, 1951.

70 Piaget, J. *The essential Piaget.* Gruber, H., and Voneche, J. (eds.). New York: Basic Books, 1977.

71 Polanyi, M. *Personal knowledge.* Chicago: Univ. of Chic. Press, 1958.

72 Radin, P. *The world of primitive man.* New York: Grove, 1960.

73 Rank, O. *Psychology and the soul.* New York: Perpetua, 1961.

74 ———. *Beyond psychology.* New York: Dover, 1958.

75 Rapaport, D. *Organization and pathology of thought.* New York: Columbia, 1951.

76 Rapaport, D., and Gill, M. "The points of views and assumptions of metapsychology." *Int. J. Psychoanal.*, vol. 40, 1959.

77 Robbins, T., and Anthony, D. "New religious movements and the social system." Ann. *Rev. Soc. Sc. Rel.* 2, 1978.

78 ———. *In gods we trust.* San Francisco: Transaction Books, 1981.

79 Ricoeur, P. *Freud and philosophy.* New Haven: Yale, 1970.

80 Roheim, G. *Magic and schizophrenia.* New York, I.U.P. 1955.

81 Schuon, F. *Logic and transcendence.* New York: Harper, 1975.

82 Schutz, A. *The phenomenology of the social world.* Evanston: Northwestern, 1967.

83 Schutz, A., and Luckmann, T. *The structures of the life-world.* Evanston: Northwestern, 1973.

84 Selman, R. "The relation of role-taking to the development of moral judgement in children." *Child Development,* 42, 1971.

85 Singh, K. *Surat shabd yoga.* Berkeley: Images Press, 1975.

86 Smith, H. *Forgotten truth.* New York: Harper, 1976.

87 Sullivan, H. *The interpersonal theory of psychiatry.* New York: Norton, 1953.

88 Suzuki, D. T. *Studies in the Lankavatara Sutra.* London: Routledge and Kegan Paul, 1968.

89 Taimni, I. *The science of yoga.* Wheaton: Quest, 1975.

90 Takakusu, J. *The essentials of Buddhist philosophy.* Honolulu: Univ. of Hawaii, 1956.

91 Teilhard de Chardin, P. *The future of man.* New York: Harper, 1964.

92 Twemlow, S., et al. "The out-of-body experience." Submitted *Am. J. Psych.*

93 Washburn, M. "The bimodal and tri-phasic structures of human experience." *ReVision,* vol. 3, no. 2, 1980.

94 Watts, A. *Beyond theology.* Cleveland: Meridian, 1975.

95 Werner, H. *Comparative psychology of mental development.* New York: Int. Univ. Press, 1957.

96 ———. "The concept of development from a comparative and organismic point of view." In Harris (ed.), *The concept of development.* Minneapolis: Univ. of Minnesota, 1957.

97 Whitehead, A. *Process and reality.* New York: Free Press, 1969.

98 Whyte, L. L. *The next development in man.* New York: Mentor, 1950.

99 Wilber, K. "Eye to eye." *Revision,* vol. 2, no. 1, 1979.

100 ———. "Physics, mysticism, and the new holographic paradigm." *ReVision,* vol. 2, no. 2, 1979.

101 ———. *The Atman project.* Wheaton: Quest, 1980.

102 ———. "The pre/trans fallacy." *ReVision,* vol. 3, no. 2, 1980.

103 ———. "Ontogenetic development?two fundamental patterns." *Journal of*

Transpersonal Psychology, vol. 13, no. 1, 1981.

104 ———. "Reflections on the new age paradigm." *ReVision*, vol. 4, no. 1, 1981.

105 ———. *Up from Eden.* New York: Anchor/Doubleday, 1981.

106 ———. "Legitimacy, authenticity, and authority in the new religions." Privately circulated ms.

107 Wilden, A. "Libido as language." *Psychology Today.* May 1972.

108 Zilboorg, G. "Fear of death." *Psychoanal. Quart.* vol. 12, 1943.

109 Assagioli, R. *Psychosynthesis.* New York: Viking, 1965.

110 Benoit, H. *The supreme doctrine.* New York: Viking, 1959.

111 Campbell, J. *The masks of God.* 4 vols. New York: Viking, 1959~1968.

112 Fadiman, J., and Frager, R. *Personality and personal growth.* New York: Harper, 1976.

113 Goleman, D. *The varieties of the meditative experience.* New York: Dutton, 1977.

114 Govinda, L. *Foundations of Tibetan mysticism.* New York: Weiser, 1969.

115 Green, E., and Green, A. *Beyond biofeedback.* New York: Delacorte, 1977.

116 Grof, S. *Realms of the human unconscious.* New York: Viking, 1975.

117 Hixon, L. *Coming home.* New York: Anchor, 1978.

118 Huxley, A. *The perennial philosophy.* New York: Harper, 1944.

119 James, W. *The varieties of religious experience.* New York: Collier, 1961.

120 Jung, C. G. *Memories, dreams, reflections.* New York: Vintage, 1965.

121 Kornfield, J. *Living Buddhist masters.* Santa Cruz: Unity, 1977.

122 LeShan, L. *Alternate Realities.* New York: Ballantine, 1977.

123 Maslow, A. The farther reaches of human nature. New York: Viking, 1977.

124 Needleman, J. *Lost Christianity.* New York: Doubleday, 1980.

125 Neumann, E. *The origins and history of consciousness.* Princeton: Princeton Univ. Press, 1973.

126 Roberts, T. (ed.). *Four psychologies applied to education.* Cambridge: Schenkman, 1974.

127 Schumacher, E. *A guide for the perplexed.* New York: Harper, 1977.

128 Smith, H. *Forgotten truth.* New York: Harper, 1976.

129 Tart, C. *States of consciousness.* New York: Dutton, 1975.

130 Walsh, R., and Vaughan, F. *Beyond ego.* Los Angeles: Tarcher, 1980.

131 White, J. *The highest state of consciousness.* New York: Doubleday, 1973.

132 Wilber, K. *The Atman project.* Wheaton: Quest, 1980.

133 ———. *Up from Eden.* New York: Anchor/Doubleday, 1981.

134 Zaehner, R. C. *Mysticism Sacred and Profane.* Oxford: Oxford Univ. Press, 1961.

302

옮긴이

조옥경

고려대학교 대학원에서 심리학으로 박사학위를 받았으며, 인도 뿌나 대학교에서
요가심리학을 수학하였다. 인도 아엥가 센터와 미국 히말라야 연구소에서 요가 수
련을 하였으며 현재는 서울불교대학원대학교 심신통합치유학과 교수로 재직하고
있다. 역서로는 《세상에서 가장 아름다운 용기》(한언, 2006, 공역), 《통합심리학》(학지
사, 2008), 《에덴을 넘어》(한언, 2009, 공역), 《영원의 철학》(김영사, 2014)과 《마음챙김을
위한 요가》(학지사, 2009, 공역), 《웰니스를 위한 비니요가》(학지사, 2011) 등 요가 관련
역서가 있다. 그 외에도 켄 윌버 통합사상과 관련된 몇 편의 논문과 요가 관련 논문
다수가 있다. 현재는 윌버의 통합사상을 대중에게 소개함은 물론, 의식의 변용과
확장을 위해 요가 수행을 기반으로 몸-마음-영성의 통합적 건강 및 성장 패러다
임을 연구하고, 지도하며, 임상적으로 적용하는 데 주로 관심을 기울이고 있다.

김철수

고려대학교 대학원에서 심리학으로 박사학위를 받았으며, 계명대학교 심리학과 교
수로 재직한 바 있다. 역서로는 켄 윌버의 《아이 투 아이》(대원출판, 2004), 《무경계》
(정신세계사, 2012) 및 《아이 오브 스피릿》(공역, 2015)이 있으며, 논문으로는 〈의식의
구조와 자기의 발달과정〉[사회과학논총, 24(1), 2005, 계명대학교], 〈Wilber의 통합모델
(AQAL)과 통합 방법론적 다원주의〉[사회과학논총, 26(1), 2007, 계명대학교] 등 켄 윌버의
통합사상과 관련된 몇 편의 논문이 있다. 윌버의 AQAL 모델을 기반으로 한 통합
연구와 그 성과를 정치, 교육, 리더십, 조직문화 등 현실 문제에 적용하는 데 관심이
있으며, 요즘은 종교와 영성 분야에도 관심을 기울이고 있다.